111 GRÜNDE, SINGAPUR ZU LIEBEN

Für Titus, den Weltenbummler

Nadine Dietl-Augst

111 Gründe, Singapur zu lieben

Eine Liebeserklärung an
das schönste Land der Welt

SCHWARZKOPF & SCHWARZKOPF

Inhalt

»Fine City«, kultureller Schmelztiegel – und unsere neue Heimat

Vorwort

Meine erste Begegnung mit Singapur hatte ich Mitte der 1990er-Jahre. Ein Klassenkamerad trug in der Schule häufig und mit großem Stolz ein T-Shirt mit dem Aufdruck *Singapore – A Fine City*. Aufgedruckt waren zahlreiche Verbotsschilder: *No Smoking, No Urinating, No Chewing Gum, No Littering, No Flower-Picking, No Spitting*, zusammen mit dem Verweis auf die jeweilige Geldstrafe. Darüber amüsierten wir uns alle natürlich köstlich, und Singapur erschien mir wie eine seltsame, fremde Welt, von der ich nichts ahnte, außer, dass das Leben dort scheinbar unglaublich streng reglementiert sein musste.

Bis ich tatsächlich den Fuß in den inzwischen zu einer Wirtschaftsmacht herangewachsenen Stadtstaat setzte, vergingen gut 20 Jahre, in denen ich während vieler Reisen eine große Leidenschaft für asiatische Kultur, Essen und die unterschiedlichsten Länder entwickelt hatte.

Am 1. August 2017 stiegen mein Mann Norman, unser damals dreijähriger Sohn Titus und ich in Singapur aus dem Flugzeug. Nicht für einen der üblichen Zwischenaufenthalte. Nein, wir waren gekommen, um zu bleiben. Denn Norman hatte das Angebot seiner Firma, für ein paar Jahre nach Südostasien zu wechseln, gerne angenommen. Wir waren begeistert, wollten wir doch immer schon einmal die Erfahrung machen, für ein paar Jahre im Ausland zu leben.

Singapur eroberte unser Herz im Sturm; diese Stadt zu lieben, ist leicht. Sie ist einfach zu großartig, bunt, vielfältig, überraschend, lebenswert und spannend. Jeden Tag lerne ich seither etwas Neues, sowohl über asiatische Lebenskultur als auch über mich. Von »Fine City«, einer Stadt voller Strafen und Strenge, kann im Alltag keine Rede sein.

Der Besucherstrom aus der Heimat, der seit zwei Jahren nicht abreißt, ließ mich eine Reiseführerin und Botschafterin für Singapur werden. Wenn ich sehe, wie begeistert unsere Gäste von der Atmosphäre, dem Essen, den Sehenswürdigkeiten und dem ganz normalen Alltag Singapurs sind, fühle ich eine Art Besitzerstolz. Ja, ich bin stolz, für ein paar Jahre Teil dieser quirligen Metropole und vor allem seiner freundlichen, hilfsbereiten, toleranten und buntgemischten Bevölkerung zu sein!

Nadine Dietl-Augst

1. Kapitel

Historisches

1. Grund

Weil Singapur älter ist als gedacht

2019 sollte eigentlich ein großes Jahr für Singapur sein. Schließlich lässt sich auf den Tag genau belegen, dass Sir Stamford Raffles am 29. Januar 1819 mit seinem Segelschiff am südlichsten Zipfel des Malaiischen Archipels landete, um im Auftrag der Britischen Krone nach dem idealen Platz für einen Handelsstützpunkt zu suchen.

Nur neun Tage später, am 6. Februar 1819, war man sich mit dem Sultan von Johor handelseinig: Die Stadt Singapur war geboren. Doch die umfassenden Feierlichkeiten, die man für so einen 200. Geburtstag erwarten könnte, blieben 2019 eher verhalten.

Denn auch wenn es lange Zeit so dargestellt wurde, dass Raffles nichts als einen sumpfigen Dschungel mit ein paar verschlafenen Fischerdörfern vorfand, weiß man inzwischen aus umfangreichen archäologischen Funden und Untersuchungen, dass genau dieses Fleckchen Erde schon viele Hundert Jahre vorher für die gesamte Region und ganz Südostasien von Bedeutung war.

Sicherlich wusste auch der vermeintliche Stadtgründer um die Vorgeschichte, hatte er doch viele Jahre auf den Nachbarinseln Java und Sumatra gelebt und dort intensiv die *Sejarah Melayu* (»Malaiische Annalen«) studiert. Das Werk stammt vermutlich aus dem späten 16. Jahrhundert und enthält die Geschichte der malaiischen Könige über einen Zeitraum von 600 Jahren. Aus Raffles Funden aus seiner Zeit in Java, die er gewissenhaft katalogisierte und nach England schickte, stammt die bis heute älteste Abschrift dieser Annalen, datiert auf das Jahr 1612. Später verfasste er sogar das Vorwort für die englische Übersetzung, die 1821 veröffentlicht wurde.

Ein ganzes Kapitel in der *Sejarah Melayu* dreht sich um eine Insel namens *Temasek* (malaiisch für »Ort, der vom Wasser umgeben ist«). Ausführlich wird beschrieben, wie dort 1299 ein Königreich gegründet wurde, weil Prinz Sang Nila Utama beim Jagen auf der

Insel ein hübsches Stück Land findet, auf dem er kurzerhand eine Stadt gründet.

Diese Stadt namens *Singapura* prosperiert innerhalb weniger Jahre und lockt indische, javanische und chinesische Händler an, da sie an einem strategisch günstigen Punkt für die Verlängerung der Seidenstraße auf dem Wasserweg liegt und von dort aus ganz *Nusantara* (das maritime Südostasien) erreicht werden kann.

Archäologische Grabungen auf dem heutigen *Fort Canning Hill* und an den Ufern des *Singapore Rivers* förderten weitere Beweise dafür zutage: Hier gab es eine blühende Stadt mit einer massiven Stadtmauer, einen Stadtgraben, Stein- und Ziegelgebäuden und einem Hafen. Für Letzteres spricht auch die Vielzahl von Funden, bei denen es sich um Waren handelt, die eindeutig nicht aus *Singapura* selbst, sondern aus dem gesamten asiatischen Raum stammen: Baumwolle und Seide, chinesisches Porzellan, Kupfermünzen, Goldschmuck, Keramik, indische Glaswaren …

Der malaiische Name von *Fort Canning Hill, Bukit Larangan* (»Verbotener Hügel«), gibt Hinweise darauf, dass sich hier die Grabstätten der Könige aus der Vergangenheit des Reichs befinden. Die britischen Kolonialherren fanden dazu passende Sandsteinfundamentblöcke aus dem 14. Jahrhundert.

Wenn auch bezweifelt werden darf, ob die Legenden in der *Sejarah Melayu* wahr sind: Überlieferte Aufzeichnungen chinesischer Händler aus dem frühen 14. Jahrhundert belegen eindeutig die Existenz einer Handelsstadt auf *Temasek*. *Singapura* fungierte offenbar bereits im 13. Jahrhundert als Tor für den internationalen Handel, aber auch als Hauptsitz organisierter Piratenbanden. Trotzdem spricht der Bau einer Stadtmauer – eher ungewöhnlich für Südostasien – für ein ausgeprägtes Gemeinwesen.

Was die chinesischen Händler aber laut ihren Aufzeichnungen am meisten erstaunte, war die Tatsache, dass innerhalb dieser Stadtmauer Chinesen, Malaien und andere Südostasiaten Seite an Seite gleichberechtigt nebeneinander lebten, während üblicherweise Ausländer entlang der großen Handelsstraßen abgeschottet und ohne Kontakt zu den Einheimischen wohnen mussten. Bereits damals war die Stadt offenbar ein Schmelztiegel, dessen Weltoffenheit den Handel begünstigte.

Ende des 14. Jahrhunderts floh der letzte König von *Singapura* namens Parameswara (oder auch Iskandar Shah) vor Eroberern aus Java nordwärts und gründete das Sultanat von Malakka. Von dort aus regierte er über *Singapura*, das nach der Eroberung Malakkas durch die Portugiesen im 17. Jahrhundert seine Bedeutung verlor – bis ins Jahr 1819.

Dank der erst in den 1980er-Jahren begonnenen Bemühungen, die Stadtgeschichte mittels Ausgrabungen und Forschung zu erkunden, gerät langsam, aber sicher das ursprüngliche Bild der weitsichtigen Briten, die aus dem Nichts eine heute blühende Metropole aus dem Boden stampften, ins Wanken.

Deshalb fallen die Festivitäten zum 200. Stadtgründungsjubiläum auch so verhalten aus – denn Singapur ist mindestens 600 Jahre älter, als die meisten denken. Zum Jahrestag 2019 wurde neben der überlebensgroßen Statue von Sir Stamford Raffles, die an der Stelle am Ufer des Singapore Rivers steht, an der er damals sein Schiff anlegte, eine ebenso große Statue von Sang Nila Utama, des laut *Sejarah Melayu* eigentlichen Stadtgründers, aufgestellt.

2. Grund

Weil der Name der Stadt auf einem Missverständnis beruht

Singapur, die Löwenstadt: Das Wahrzeichen des Stadtstaats ist seit 1964 ein Wasser speiendes Mischwesen mit dem Kopf eines Löwen und einem Fischschwanz. Der *Merlion* (aus dem altenglischen Worten *mer* für »Meer« und *lion* für »Löwe«) verkörpert perfekt die historische Bedeutung der südostasiatischen Metropole. Fische sollen auf die enge Verbindung mit dem Meer und auf die Vergangenheit der Stadt als malaiisches Fischerdorf verweisen, und der Löwe ist schließlich ein mächtiges, furchtloses und deshalb äußerst beliebtes Wappentier.

Außerdem lässt sich die Sage um die Stadtgründung direkt mit dem König der Tiere in Verbindung bringen: In der *Serajah Melayu*, einem aus dem 16. Jahrhundert stammenden Buch über die Geschichte der malaiischen Könige, wird ausführlich beschrieben, wie ein Prinz beim Jagen ein ihm unbekanntes Stück Land findet, das ihn sofort in seinen Bann zieht (siehe 1. Grund). Zufällig begegnet Sang Nila Utama, so der Name des blaublütigen Jägers, bei einem Erkundungsgang einem ihm unbekannten Tier mit rotem Fell, weißem Bauch und schwarzem Kopf. Seine Minister behaupten, es handle sich dabei um einen Löwen. Das hielt der Prinz für ein so gutes Omen, dass er 1299 dort eine Stadt mitsamt Königreich gründete und ihr den Namen *Singapura* (*Singa Pura*, Sanskrit für »Stadt des Löwen«) verpasste.

Ein Löwe in Asien? Mit an Sicherheit grenzender Wahrscheinlichkeit handelte es sich dabei wohl eher um einen Malaysia-Tiger. Zwar gab es im nördlichen Indien ein paar Exemplare Asiatischer Löwen, doch dass diese sich bis nach Singapur verirrten, scheint unmöglich. Vielleicht handelte es sich aber auch um einen Orang-Utan, denn Sumatra und Borneo sind nicht weit.

Die gesamte Namensgebung des Stadtstaats beruht also auf einer Verwechslung. Das hielt jedoch die Tourismuskommission nicht davon ab, 1964 den Auftrag für ein Stadtlogo zu vergeben und Alec Fraser-Brunner mit seinem *Merlion*, der sich auf oben genannte Legende bezieht, als Sieger zu küren. Seit 1972 steht die Statue an der Mündung des Singapore Rivers sowie auf der Vergnügungsinsel Sentosa und ziert T-Shirts, Postkarten und sonstige Werbeartikel.

Dabei wäre ein Fisch mit einem Tigerkopf die korrektere Version. Denn Tiger gab es in den Primärwäldern in großer Zahl.

Nachdem sich jedoch der natürliche Lebensraum der Raubtiere von Jahr zu Jahr durch zunehmende Einmischung der wachsenden Bevölkerung verkleinert hatte, waren die Tiere dazu gezwungen, sich auf Plantagen und Siedlungen nach Nahrung umzusehen. In der Mitte des 19. Jahrhunderts starb täglich ein Mensch in Singapur aufgrund eines Tigerangriffs. Die Regierung setzte daraufhin ein Kopfgeld auf Tiger aus, und der Jagdtrieb der Bürger war geweckt. Der letzte frei lebende Tiger wurde in Singapur in den 1930er-Jahren erschossen.

3. Grund

Weil Singapur schon immer ein kultureller Schmelztiegel war

Vieles, was als typisch singapurisch gilt, geht auf die Kultur der Volksgruppe der *Peranakan* zurück – von denen ich bis zu unserem Umzug hierher zugegebenermaßen noch nie etwas gehört habe.

Wer oder was sind eigentlich *Peranakan*?

Die *Peranakan* sind Nachfahren der Chinesen, die ab dem 16. Jahrhundert in die Gegend des heutigen Singapurs kamen – zum Geldverdienen, denn in China herrschte Armut, und die Männer zogen in die Welt hinaus und ließen sich als Arbeiter, Händler und Minen- und Plantagenbesitzer entlang der Küste von *Malakka*, im heutigen Singapur, in Malaysia und in Indonesien, nieder. Dort heirateten sie in einheimische Familien ein.

Aus der Vermischung von muslimischen Malaysierinnen oder Indonesierinnen und buddhistisch-taoistischen Chinesen entstand bald eine einzigartige Kultur mit eigener Sprache, eigenem Kleidungs- und Baustil, Bräuchen und einer eigenen Küche.

Die Nachkommen dieser Mischehen nennen sich bis heute entweder *Peranakan* (*akan* bedeutet Abkömmling, Nachfahre), *Baba-*

Nyonya (Baba steht dabei für die männlichen und *Nyonya* für die weiblichen Angehörigen der Volksgruppe) oder *Straits Chinesen* (nach der *Straße von Malakka*). Mit diesen Bezeichnungen grenzten sie sich von der zweiten großen chinesischen Einwanderungswelle im 19. Jahrhundert ab.

Ihre Anpassungsfähigkeit ist legendär, schließlich vereinen sich in ihren Familien die verschiedensten Traditionen und Glaubensrichtungen: Oft wird deshalb eine Mischung aus buddhistisch-taoistischer, christlicher (nach britischem Vorbild, Konvertierungen waren üblich) und muslimischer Lebensweise gelebt.

Die oft extrem geschäftstüchtigen Familien formten in vielen Generationen eine Elite innerhalb der prosperierenden Stadt, identifizierten sich deutlich mehr mit dem Britischen Königreich als mit dem chinesischen Herkunftsland und finanzierten nicht unerheblich den Ausbau Singapurs mit. Mitunter wurden sie sogar als *King's Chinese* bezeichnet, so königstreu waren sie. Demzufolge nahmen sie oftmals wichtige Verwaltungsposten in der Stadt ein.

Erfolgreich waren sie vor allem als Händler und fungierten als Mittelsmänner zwischen England und China, da sie – meist nach englischem Vorbild erzogen – mindestens zwei oder gar mehr Sprachen beherrschten: Englisch, Malaiisch, eine oder mehrere chinesische Sprachen und *Baba Malay*, die Sprache der *Peranakan*. *Baba Malay* ist angelehnt an *Bahasa Malaysia*, durchsetzt von Wörtern in *Hokkien*. Heute sprechen nur noch etwa 1.000 Bewohner Singapurs diese Sprache.

In der *Kampong Kapor Methodist Church* in Singapur wird nach wie vor jeden Sonntag der Gottesdienst auf *Baba Malay* gehalten.

Die Abkömmlinge indischer Auswanderer, die in malaysische Familien eingeheiratet haben, formen eine etwas kleinere Bevölkerungsgruppe innerhalb Singapurs und Malaysias und werden als *Chitty* bezeichnet, die Nachfahren von portugiesischen/chinesischen Mischehen als *Kristang* – Portugal beherrschte im 15./16. Jahrhundert das Gebiet des heutigen Malakka als Kolonialmacht.

Die Geschichte der *Peranakan* wurde erst spät beachtet und aufbereitet. Nach Singapurs Unabhängigkeit von England bekannte man sich vor allem zu China, schließlich stammen knapp 80 Prozent der Bevölkerung von dort.

Mit Kinder- und Kochbüchern, Fernsehserien, Filmen, Zeitschriften und Führungen wollen verschiedene Gesellschaften (z.B. *The Peranakan Association Singapore*) das Interesse an der Kultur und Sprache der *Peranakan* wieder erneuern.

Um mir den Alltag einer solchen Familie näher anzuschauen und ein bisschen in die Geschichte einzutauchen, besuche ich das *Baba House*. Erbaut in den 1890er-Jahren, lebten in diesem Haus in der *Neil Road 57* über sechs Generationen der Familie Wee, bevor die letzte Verbleibende (Agnes Tan) es 2006 der *National University of Singapore* als Schenkung überließ. Besichtigt werden kann das original erhaltene Wohnhaus nur im Rahmen einer Führung.

Bereits von außen fällt das schmale Haus auf: Die strahlend blaue Fassade leuchtet in der Sonne, die Keramikkacheln mit den Glücksymbolen Phoenix, Reh, Kranich und Pfingstrosen sind gut erhalten.

Auch in anderen Stadtteilen wie *Little India*, *Joo Chiat* und am *Emerald Hill* sieht man solche Fassaden, leider sind heute nicht mehr allzu viele erhalten, diese stehen dafür aber durchweg unter Denkmalschutz. Schmal sehen sie alle von außen aus, schließlich ist für den Passanten nicht zu erkennen, dass es einen ganzen Häuserblock entlang nach hinten weitergeht und manchmal sogar zwei hintereinander liegende Häuser miteinander verbunden wurden.

Innen ist die Ausstattung so aufwendig wie außen: holzgeschnitzte Türstöcke, hohe Teakholzdecken, Stühle und Tische mit Marmorsitzflächen (die in Singapurs Hitze schön kühl bleiben) und feinsten Perlmutt-Einlegearbeiten.

Typisch für *Peranakan*-Häuser ist die Raumaufteilung: Jeder Besucher betritt zunächst den Empfangsraum, in dem gearbeitet und Geschäftliches verhandelt wird.

Dahinter schließt sich der Aufenthaltsraum der Familie an, mit Esstisch, Familienporträts an den Wänden und dem obligatorischen Lichtschacht nach oben, der für Luftzirkulation sorgt und bei Regen das darunter liegende Becken auffüllt. In den Schränken steht feinstes chinesisches Porzellan, natürlich gibt es einen großen Hausaltar, und überall finden sich in den Einlegearbeiten, Schnitzereien und Wandbehängen chinesische Glückssymbole (z.B. Fledermäuse – das chinesische Wort *fook* kann auch »Reichtum« bedeuten), unterbrochen von typisch holländischen Kacheln.

Die an den Aufenthaltsraum anschließende Küche besteht vornehmlich aus einem großen Herd, der mit Feuerholz angeheizt wurde. In der Sprache der *Peranakan* ist das Wort für »Küche« gleichbedeutend mit »Magen (bzw. Seele) des Hauses«. Dementsprechend zeitaufwendig sind die typischen Speisen, die heute als *Fusionsküche* bezeichnet werden dürften, sind sie doch eine Kombination aus chinesischer, malaysischer und indonesischer Landesküche.

Typische *Nyonya*-Gerichte (nach den Frauen, die für die Zubereitung der Speisen zuständig sind) sind z.B. die in Singapur allgegenwärtige *Laksa* (Nudelsuppe mit Kokosmilch), *Nyonya Kuehs* (süßes Gebäck aus Reismehl), *Mee Siam* (Nudelgericht), *Chendol* (Süßspeise mit Kokosmilch) und *Kueh Pie Tee* (herzhaftes gefülltes Gebäck).

Die Weitergabe der Rezepte erfolgte über Generationen ausschließlich mündlich, mangels überlieferter Anleitungen und wegen der aufwendigen Zubereitungsart gibt es nicht viele Restaurants, die sich die Mühe machen, heutzutage diese Gerichte zu servieren.

Eines davon ist *Old Bibik's Peranakan Kitchen*, dessen Inhaber es sich zur Aufgabe gemacht hat, ausschließlich die Rezepte seiner Großmutter nachzukochen. Dort kommt man z.B. in den Genuss von *Buah Keluak Fried Rice*, der mit der Nuss des Pangibaumes schwarz eingefärbt wurde. Eigentlich sind die Kerne hochgiftig; erst durch ein Verfahren, bei dem die Kerne gekocht und anschließend in der Glut 40 (!) Tage gegart werden, werden sie essbar und eine

Delikatesse; sie gelten als malaysische Trüffel. Wie überhaupt jemand jemals auf diese Art der Zubereitung kam, bleibt ungeklärt. Der Geschmack erinnert jedenfalls an schwarze Oliven.

Im ersten Stock des *Baba House* kann das mit exquisiten Möbeln ausgestattete Schlafzimmer besichtigt werden, das gleichzeitig auch als Aufenthaltsraum für die Damen des Hauses genutzt wurde. Diese durften nicht mit Besuchern in Kontakt treten, deshalb finden sich im Fußboden Gucklöcher – so konnten die Frauen wenigstens im Verborgenen sehen und hören, was unten gesprochen wurde.

Webrahmen zeugen von den Handarbeitskünsten, die traditionelle Kleidung war stets aufwendig gearbeitet und aus feinsten Stoffen. Die berühmte Uniform der *Singapore Airlines*-Flugbegleiterinnen, entworfen von Pierre Balmain 1972, erinnert an diese *Sarong Kebaya*.

Das Hochzeitsbett zeugt von den aufwendigen Eheschließungen; eine *Peranakan*-Hochzeitsfeier dauert zwölf Tage und folgt genau festgelegten Riten. Bis heute ist es in *Peranakan*-Familien üblich, in China auf Braut- bzw. Bräutigamschau zu gehen und so die chinesische Linie innerhalb der Familie nicht abreißen zu lassen.

Während der Führung versuche ich mir vorzustellen, wie die Familie mit ihren zahlreichen Kindern und Hausangestellten, von denen die Fotos an den Wänden zeugen, hier gelebt hat. Auch wenn das Haus groß ist, ist es kein Palast, und in diesem Mehrgenerationenhaus gab es nicht für jeden Bewohner Raum für Privatsphäre. In der Küche war es sicherlich wegen des Herdes immer drückend heiß, auch wenn durch die geschnitzten und damit gleichzeitig abgedunkelten Fenster und Türen sowie durch das offene Dach stets ein wenig Zugluft ins Innere kam. Bei Singapurs tropischen Temperaturen ein Muss! Die tönernen Fliesen auf dem Fußboden sorgten zusätzlich für ein kühleres Raumklima.

Wer mehr über die *Peranakan* in Singapur erfahren will, sollte auch das *Peranakan-Museum* und das *Intan-Museum* besuchen.

Weil Singapurs Nationalsymbole für den Vielvölkerstaat stehen

Als Singapur im Jahr 1959 eine selbstregierte Kronkolonie wurde, hatte es endlich die Möglichkeit, eine Flagge zu kreieren, die ganz ohne die Symbole anderer Herrschermächte auskommen konnte, nachdem mehr als 140 Jahre lang der britische *Union Jack* die Fahne zierte.

Eine eigene Nationalflagge, ein Wappen und eine Hymne sind unverzichtbar für das Selbstverständnis eines Volkes und seiner Identifikation mit seiner Nation, und deshalb einigte man sich im zuständigen Komitee unter der Leitung des Vize-Premierministers Toh Chin Chye schnell auf die Grundfarben Weiß und Rot. Dabei symbolisiert Rot die Brüderlichkeit und Gleichheit der Menschen und ist der chinesischen Bevölkerungsmehrheit geschuldet. Weiß steht für Tugend und Reinheit, und der zunehmende Halbmond ist eine Reminiszenz an die aufblühende junge Nation, deren Ursprünge teilweise aus der muslimischen Gemeinschaft Malaysias entstanden sind.

Zum Mond gesellen sich fünf weiße Sterne; sie stehen für Demokratie, Frieden, Fortschritt, Gerechtigkeit und Gleichheit.

Mond und Sterne auf rotem Grund sind ebenfalls auf dem 1995 neu entworfenen Wappen zu sehen. Links und rechts sind ein Löwe und ein Tiger abgebildet; sie halten als Nationaltier Singapurs und als Nationaltier Malaysias den Schild.

Enthüllt wurden Fahne und Wappen bei einem Festakt am 3. Dezember 1959, bei dem erstmals auch die neue Nationalhymne erklang: *Majulah Singapura* (»Weiter, Singapur«), komponiert vom Singapurer Komponisten Zubir Said. Gesetzlich verankert ist, dass der Text der Hymne auf Malaiisch gesungen werden muss – laut Verfassung die Staatssprache Singapurs, aus Respekt vor dem malaiischen Erbe der Stadt. Nach Singapurs Unabhängigkeit von Malaysia 1965 behielt man die Fahne, das Wappen und die Hymne bei.

Seither tragen die Singapurer stolz ihre Nationalfarben, nicht nur am Nationalfeiertag. Die Fahne selbst durfte ursprünglich von Privatpersonen und Nichtregierungsorganisationen nur rund um den Feiertag selbst gehisst, getragen oder am Auto spazieren gefahren werden; dieses Gesetz wurde aber 2004 deutlich gelockert. Bei hoher Geldstrafe ist es allerdings nach wie vor verboten, die Landesflagge unterhalb einer anderen Fahne aufzuhängen oder sie gar den Boden berühren zu lassen.

In Schulen und Militäreinrichtungen wird morgens die Flagge gehisst, dabei wird das Gelöbnis gesprochen und die Nationalhymne gesungen.

Natürlich musste für den jungen Staat auch eine eigene Währung her. Wo vorher mit dem *Malaya- und Britisch-Borneo-Dollar* gezahlt wurde, wurden ab 1967 die ersten Scheine und Münzen des *Singapur-Dollars* ausgegeben. Geld ist im finanzkräftigen und geschäftstüchtigen Stadtstaat bis heute das wichtigste Identifikationsmerkmal.

5. Grund

Weil der Hafen Singapurs Vergangenheit und Zukunft ist

Singapur hat eine lange Verbundenheit mit dem Meer. Funde aus dem frühen 14. Jahrhundert belegen, dass bereits damals der kleine Flecken an der Südspitze der Malaiischen Halbinsel mit dem Namen *Temasek* ein Handelszentrum war. Vertrieben wurden hier Luxusgüter wie Nashornvogelschnäbel, kostbares Lakaholz und Baumwolle, später kamen Porzellan aus China und Palisanderholz hinzu. Nach dem 16. Jahrhundert gab man den Hafen aus nicht vollständig geklärten Gründen auf.

1819, mit dem Eintreffen von Sir Stamford Raffles und Generalmajor William Farquhar und der Gründung des Freihafens, begann die bis heute anhaltende Erfolgsgeschichte. England brauchte einen Hafen, um gegenüber der höchst erfolgreichen Niederländischen Ostindien-Kompanie (die von Java aus operierte) mit einem eigenen Umschlagplatz für den Handel zwischen Asien und Europa wettbewerbsfähig zu bleiben.

Die kleine Insel Singapur bot im Gegensatz zu vielen anderen Stützpunkten, die auf der monatelangen Suche erwogen wurden, Schutz vor Monsun und Gezeiten, konnte bereits mit einem Naturhafen an der Mündung des *Singapore Rivers* aufwarten, und die Gewässer rundum waren tief genug für große Frachtschiffe.

Nach erfolgreichen Verhandlungen kaufte Raffles dem Sultan von Johor die Insel ab. Die 150 dort wohnhaften malaiischen Fischer wurden nicht darüber informiert, dass sie nun Bewohner einer Kronkolonie waren.

Fünf Jahre später, 1824, verzeichnete Singapur bereits 16.000 Einwohner, 1881 besiedelten 180.000 Menschen Singapur, nachdem Raffles im Auftrag der Britischen Krone den Bau eines Hafens, von Verladeanlagen und Lagerhäusern vorangetrieben hatte – lag die Stadt doch entlang des stark befahrenen und gewinnträchtigen Schifffahrtswegs von China nach Europa, mit direkter Anbindung an Indonesien und Indien. Mit den Schiffen kamen nicht nur Waren, sondern auch Siedler in die Stadt. Arme Bauern aus China, die sich als Kulis (Hafenarbeiter) verdingten, Deutsche, die für die großen Reedereien vor Ort arbeiteten, Engländer, die als Regierungsbeamte entsandt waren, Geschäftstüchtige aus aller Welt, die ihr Glück als Plantagenbesitzer oder im Handelsgeschäft versuchen wollten. Schließlich konnte man von hier aus verschicken, was der Westen unbedingt haben wollte – und viel Geld dafür zu zahlen bereit war: Gewürze, Reis, Stoffe, Tropenhölzer. Und das ohne Kosten für Zölle, denn England behielt das Prinzip des Freihafens bei, sicherte man sich doch so einen Wettbewerbsvorteil gegenüber anderen Häfen.

»Singapore's raison d'être was its port. Singapore must strive to remain a major port hub«, betonte der ehemalige Premierminister Lee bei einer Rede 2007 (»Singapurs Daseinsberechtigung war stets sein Hafen. Singapur muss bestrebt sein, ein wichtiger Umschlaghafen zu bleiben.«). Also setzte die Regierung nach der Unabhängigkeit vom Vereinigten Königreich und kurz darauf von Malaysia alles daran, als Hafen attraktiv zu bleiben: mit Freihandelszonen, großem Engagement in Welthandelsorganisationen und dem Einsatz modernster Technik.

Heute ist der ehemalige Freihafen der zweitgrößte Containerhafen und der größte Verladeplatz für Güter von Container- auf kleinere Frachtschiffe (Transshipment) weltweit sowie ein bedeutender Wirtschaftsfaktor des Landes. Jährlich werden hier 130.000 Schiffsladungen abgewickelt. Auch die Kreuzfahrtschiffe mit ihren Tausenden Passagieren werden jährlich mehr.

Die verschiedenen Hafenanlagen verteilen sich über rund 30 Kilometer entlang der Südwestküste und auf verschiedene Inseln. Dabei haben Stückgut, Massengüter, Fisch, Öl- und petrochemische Produkte, Container- und Passagierverkehr jeweils ihre eigenen Häfen.

Alle Singapurer Frachthäfen bilden zusammen den größten Hafen der Welt nach Tonnage, Güterumschlag und Umladung. Hier wird die Hälfte der jährlich weltweit transportierten Menge an Erdöl und deren Produkten umgeschlagen. Es gibt 100 Liegeplätze und etwa 1.000 zusätzliche Ankerplätze. In den Häfen stehen etwa 300 Be- und Entladekräne bereit, von hier aus können 600 Häfen weltweit direkt angefahren werden.

Den Häfen steht in den nächsten Jahren ein gigantischer Umzug und das Ende einer mehr als 200-jährigen Ära bevor: Zwischen 2027 und 2040 werden sämtliche bestehenden Terminals geschlossen, und ab 2021 wird sukzessiv der neue und einzig verbleibende *Tuas Megaport* in Betrieb genommen.

Automatisierung wird ein wesentlicher Bestandteil der neuen Hafenanlage sein. Über 1.000 batteriebetriebene fahrerlose Fahrzeuge und die weltweit größte Flotte von fast 1.000 automatisierten Kränen werden für den Hafen entwickelt, die die größten Containerschiffe der Welt be- und entladen können. Singapur wird mit dem größten vollautomatisierten Containerhafen der Welt auch in der Zukunft einen neuen maritimen Rekord aufstellen.

6. Grund

Weil in Singapur britische Militärgeschichte geschrieben wurde

Dass der Zweite Weltkrieg nicht ein rein europäischer Krieg war, sondern tatsächlich rund um den Erdball tobte, lässt sich ja anhand seines Namens erahnen. Welche Dimensionen dieser Weltkrieg allerdings in Südostasien annahm, ist wohl den wenigsten Europäern bewusst. Eventuell ist *Pearl Harbour* ein Begriff, aber welche wichtige Rolle Malaysia und Singapur in den erbitterten Kämpfen zwischen Japan und Großbritannien spielten, erfuhr ich erst bei einem Besuch im Museum *The Battle Box.*

Dieses befindet sich mitten auf dem *Fort Canning Hill*, dem ältesten besiedelten Ort Singapurs. Sir Stamford Raffles befand diesen Hügel, von dem aus man einen ungehinderten Blick über Flussmündung, Meer und späteres Stadtgebiet hatte, jedenfalls für geeignet, um dort ab 1823 sein Domizil zu errichten und den Regierungssitz zu etablieren. Später gesellte sich das britische Militär dazu, der strategisch so günstige Ort wurde zu einer Festung umfunktioniert und mit Kanonen, Baracken und Offiziersheimen versehen. Deren Überreste sind heute noch zu besichtigen.

Nach dem Ersten Weltkrieg wurde diese Festungsanlage noch vergrößert, modernisiert und 1936 mit einem unterirdischen Bunkersystem versehen, welches den obersten Entscheidungsträgern im Falle eines Angriffs oder einer Belagerung Zuflucht bieten sollte.

Diese *Battle Box* ist heute noch im Rahmen einer Führung zu besichtigen.

Denn sie ist Schauplatz eines der wichtigsten geschichtlichen Ereignisse im Pazifikkrieg:

Die japanischen Truppen überrannten im Dezember 1941 in einem Blitzkrieg *Malaya* (heute: Malaysia) in nur 55 Tagen. Sämtliche britischen Verteidigungsversuche blieben erfolglos. Die Japaner nutzten kleine, wendige Panzer, mit denen sie auf den engen Trampelpfaden durch eigentlich unwegsamen Urwald problemlos vorankamen. Ihnen folgte die japanische Artillerie – auf Fahrrädern, und damit viel schneller, als Fußsoldaten normalerweise unterwegs sind.

Die Briten hatten ihnen nichts entgegenzusetzen, denn über dschungelgeeignete Fahrzeuge oder gar Panzer verfügten sie nicht, und die Soldaten waren zu Fuß unterwegs und damit deutlich langsamer als die japanischen Truppen, sodass herbe Verluste an Mensch und Material zu verzeichnen waren.

Der Rückzug endete an der *Straße von Johor*, dem südlichsten Punkt der Malaiischen Halbinsel. Japan hatte ganz *Malaya* von Nord nach Süd erobert, und deshalb zogen sich die britischen Truppen über die Meerenge nach Singapur zurück und zerstörten dabei die damals einzige Brücke, den heute noch bestehenden *Causeway*.

Die Lage war nun mehr als kritisch: Da Großbritannien in Europa alle Hände voll mit dem Krieg gegen Hitlerdeutschland zu tun hatte, konnte es kaum die angefragten militärischen Mittel bereitstellen. Die nur zwei entsandten Kriegsschiffe wurden im Dezember 1941 von der japanischen Luftwaffe bombardiert und sanken, von den 600 angeforderten Flugzeugen kamen nur 180 in Singapur an, von denen wiederum die Hälfte noch am Boden zerstört wurde, bevor sie überhaupt an Kampfhandlungen teilnehmen konnten.

Die britische Militärführung verbarrikadierte sich Anfang Februar 1942 im Bunker von *Fort Canning*, um mögliche Strategien zu entwickeln. Die *Battle Box* bot eigentlich ausreichend Platz mit ihren 23 Räumen, doch füllten sich diese im Lauf dieser »heißen Phase« mit 300 bis 500 Angehörigen der Streitkräfte. Eine moderne Luftzirkulationsanlage versorgte die Insassen mit gefilterter Luft, so war man gegen mögliche Giftgasangriffe gefeit, doch gegen die unerträgliche Hitze neun Meter tief unter der Erde half sie nicht. Die wenigen Toiletten waren bald verstopft und unbrauchbar, und die Laune war sicherlich auch angesichts der schier aussichtslosen Kriegslage nicht die beste.

Oberbefehlshaber Lieutenant General Arthur Ernest Percival hatte eine schwierige Entscheidung zu treffen, nachdem am 9. Februar 1942 die japanischen Truppen trotz ihrer zahlenmäßig massiven Unterlegenheit tatsächlich Singapurer Boden betreten und die Stadt bis auf das Gebiet rund um den *Fort Canning Hill* besetzt hatten. Die britischen Truppen und auch die Zivilbevölkerung waren damit von sämtlichem Lebensmittel-, Wasser-, Benzin- und Waffennachschub abgeschnitten, und eine Lösung musste innerhalb weniger Tage gefunden werden.

Aus London kam von Winston Churchill persönlich die Order, dass Singapur in jedem Fall gehalten und verteidigt werden müsse; notfalls bis zum letzten Mann der 120.000 starken Streitkräfte, die zu großen Teilen aus indischen und australischen Soldaten bestanden, die teilweise schlecht ausgebildet und ausgestattet waren. Und ebenfalls notfalls auf Kosten der Zivilbevölkerung: »There must at this stage be no thought of saving the troops or sparing the population. The battle must be fought to the bitter end at all costs.« (»Zu diesem Zeitpunkt darf nicht daran gedacht werden, die Truppen zu retten oder die Bevölkerung zu schonen. Die Schlacht muss um jeden Preis bis zum bitteren Ende geführt werden.«), Winston Churchill, 10. Februar 1942.

Nachdem diverse Pläne, die besetzten Gebiete zurückzuerobern, verworfen worden waren und die Japaner unaufhörlich vorrückten, berief Percival in der Nacht vom 14. auf den 15. Februar 1942 eine dringende Besprechung ein. Nach nur 15-minütiger Beratung wurde trotz deutlich überlegener britischer Truppenstärke beschlossen, sich Churchills Befehl zu widersetzen – und zu kapitulieren.

Am Morgen des 15. Februars 1942 verließ Percival in Begleitung eines Übersetzers und zweier Kommandeure den immer noch nicht eingenommenen Bunker, um den Oberbefehlshaber der japanischen Truppen, General Yamashita, auf neutralem Boden zu treffen und über die Bedingungen der Kapitulation zu verhandeln. Natürlich mit weißer Fahne – und doch leider erfolglos: Yamashita bestand auf eine bedingungslose Kapitulation, die nach zwei Stunden Gesprächsdauer denn auch von beiden Seiten unterzeichnet wurde. Der Kampf um Singapur war damit beendet.

Im Königreich wurde die Kapitulation als bitterer Meilenstein der britischen Militärgeschichte mit Entsetzen aufgenommen: »The worst disaster and largest capitulation in British history.« (»Die schlimmste Katastrophe und die größte Kapitulation der britischen Geschichte.«), Winston Churchill, 15. Februar 1942.

In den darauffolgenden Tagen kamen 80.000 britische Soldaten in japanische Kriegsgefangenschaft, die Jahre andauern sollte. Die Zivilbevölkerung wurde großteils interniert. Dieses dunkle Kapitel in Singapurs Geschichte, das bis heute ein traumatisches Erlebnis für die Bewohner ist, dauerte bis zum Abzug der Japaner im Herbst 1945. Und auch England knabberte lange an dieser Niederlage; Churchill soll noch Monate später gesagt haben: »I cannot get over Singapore.« (»Ich komme nicht über Singapur hinweg.«).

In der Gegenwart wird die Atmosphäre, die in den letzten Kriegstagen in Singapur herrschte, in der *Battle Box* bewahrt. Im Museum selbst sind sämtliche Räume im Originalzustand belassen bzw. wiederhergestellt. Alle relevanten Kommandeure wie Percival und seine militärischen Berater sind täuschend echt als Wachspuppen vertreten, sitzen konzentriert am Besprechungstisch und schauen sorgenvoll auf Landkarten mit Truppenbewegungen. Neben den durchaus beklemmend wirkenden Räumlichkeiten sorgen kurze Einspielfilme mit zeitgenössischem Film- und Tonmaterial dafür, dass sich die

Besucher in die Geschichte der Kapitulation von Singapur einfühlen können. Die Museumsführer ergänzen die Informationen und Eindrücke zusätzlich durch fundiertes Detailwissen. Dieser Abstecher in die britische Militärgeschichte lohnt sich wirklich.

7. Grund

Weil Singapurs strikte Drogenpolitik historisch bedingt ist

Sobald Singapurs Freihafen eröffnet war, strömten wahre Massen an Arbeitssuchenden in die Stadt. Die meisten von ihnen stammten aus den verschiedensten chinesischen Provinzen, die von Armut und Hungersnöten beherrscht wurden.

Die Neuankömmlinge, die meist nicht viel mehr bei sich trugen als ihre Kleidung, fanden sich vor Ort bald in landsmannschaftlichen Vereinigungen zusammen, in denen sie ihre Kultur und Sprache pflegen und sich gegenseitig bei der Arbeitssuche und Eingewöhnung unterstützen konnten.

Getrennt waren sie nach Sprachen und Dialekten (Hakka, Hokkien, Teochew, Kantonesisch), entwickelten bald Aufnahmerituale und wurden als *Kongsi* (chinesisch für »Firma, Geschäft, Clan«) und *Secret Societies* (»Geheimbunde«) bezeichnet. Sie wurden von *Towkays* (chinesisch für »Chef, Boss«) angeführt, boten ihren Mitgliedern Zuflucht und Schutz sowie ein Gefühl von Heimat. Andererseits wurde gleichzeitig jegliche Integration unterbunden. In Singapur wollte man Geld verdienen, keine Wurzeln schlagen.

Die Geheimbünde trieben bald auch den Transport von chinesischen und japanischen Frauen nach Singapur voran, denen man Arbeit als Hausmädchen versprach. Nach ihrer Ankunft verschwanden viele von ihnen in der Prostitution, denn die Abertausenden von männlichen Tagelöhnern, die schwer schufteten, um ein wenig vom

Wirtschaftsboom Singapurs profitieren zu können, verlangten nach weiblicher Gesellschaft. Das Verhältnis von Männern zu Frauen – auch bedingt durch die vielen Seeleute, die den Hafen anliefen – belief sich auf 14:1. Daran konnten Zuhälter äußerst gut verdienen. Andere, nur vermeintlich glücklichere Frauen mussten schwere Arbeit auf Baustellen oder lebenslang als Dienstboten verrichten.

Der Menschenhandel bezog sich aber vor allem auf die männlichen chinesischen Arbeitskräfte, die für wenig Geld als Kulis (Tagelöhner) Lasten von den Häfen zu den Warenhäusern schleppten, Rikschas zogen und andere schwere Tätigkeiten leisten mussten und ein anstrengendes Leben führten. Das meiste ihres Verdiensts wanderte in die Taschen der Geheimbundbosse, da ja der Preis der Überfahrt abgearbeitet werden musste – zu einem horrenden Zinssatz, versteht sich. *Pig Trade*, »Schweinehandel«, nannte man dieses Gewerbe in Singapur.

Viele Kulis wurden ausgebeutet und missbraucht, und die harte Arbeit, die sie leisten mussten, sowie die schlechten Lebensbedingungen in beengten Unterkünften mit teilweise unvorstellbaren hygienischen Zuständen forderten ihren Tribut.

Es ist daher wenig überraschend, dass sich die männlichen und weiblichen Tagelöhner häufig in Form eines Opiumrausches Erleichterung und die Flucht vor der Realität ihres Lebens suchten. Beim Rauchen ließen sich geschundene und schmerzende Knochen besser ertragen und das Heimweh und die Sorgen vergessen. Damit spielten sie natürlich wieder in die Hände der Clanchefs, machten Schulden und mussten noch schwerer schuften. Ein äußerst perfider und lukrativer Teufelskreis.

Bald existierten in Singapur zu viele der untereinander konkurrierenden Geheimbünde, die eng verstrickt mit den kriminellen Organisationen der chinesischen Triaden waren, sodass es immer öfter zu blutigen Auseinandersetzungen kam.

Die britische Regierung stand diesen Untergrundorganisationen eher machtlos gegenüber und wollte wohl auch gar nicht allzu sehr in deren Geschäfte involviert werden. Außerdem verdiente man gut an der damals legalen Einfuhr von Opium und den damit verbundenen Zöllen und Steuern.

1851 und 1854 kam es zu schweren Ausschreitungen mit vielen Hundert Toten und niedergebrannten oder geplünderten Häusern; daraufhin sahen sich die britischen Behörden genötigt, Maßnahmen zu ergreifen.

Sämtliche Geheimbünde mussten sich ab sofort offiziell registrieren lassen, und um ihnen langfristig zu schaden und die Einnahmequellen versiegen zu lassen, kümmerte sich fortan das von den Briten eingerichtete »Chinesische Protektorat« um die Belange neuer Einwanderer.

1890 wurden die Geheimbünde endgültig verboten und wanderten vollständig in den Untergrund ab. Von dort betrieben sie munter weiter ihre Geschäfte: Prostitution, Opium und Glücksspiel prosperierten, Schutzgelderpressungen waren an der Tagesordnung.

1933 wurde vor allem durch den Arzt, Philanthropen und Aktivisten Chen Su Lan der Kampf gegen Opium aufgenommen und die erste Klinik für Opiumabhängige eröffnet. Zu diesem Zeitpunkt war jeder vierte chinesische Erwachsene vom Rauschgift abhängig.

Erst 1946 folgte die britische Regierung seinem Rat und erließ ein Verbot für Opiumbesitz, doch blühte der Handel damit im Untergrund nach wie vor ungehindert.

Es dauerte bis nach Singapurs Unabhängigkeit, bis man mit harter Hand gegen diese Geschäftsgebaren und Vereinigungen vorging. Die Gesetze gegen organisierte Kriminalität wurden dramatisch verschärft, und deren Ausübung wurde sehr ernst genommen.

Drogenbesitz und -handel wurden ab 1975 kompromisslos unter schwerste Strafen (seit 1989 bis zur Todesstrafe) gestellt, Prostitution dagegen legalisiert.

Seither gilt »Keine Macht den Drogen« im Stadtstaat, und man schreckt nicht davor zurück, das Todesurteil auch regelmäßig zu vollstrecken.

8. Grund

Weil ein deutsches Mädchen als Glücksgöttin verehrt wird

Pulau Ubin, eine der Singapur vorgelagerten Inseln in der Straße von Johor, ist sehr ursprünglich. Ein großer Urwald bedeckt einen Großteil der Landfläche. Als die Engländer Singapur zum Freihafen machten, diente *Pulau Ubin* als Granitlieferant für die anstehenden Bauvorhaben. Die Steinbrüche liegen inzwischen brach, nur noch etwa 100 Menschen leben heute dort, wo sich früher große Fischerdörfer an der Küste befunden haben.

Heutzutage ist *Pulau Ubin* am Wochenende ein äußerst beliebtes Ausflugsziel: Die Insel selbst ist großteils autofrei, man kann also wunderbar wandern oder mit (Leih-)Fahrrädern mitten durch den Dschungel fahren, wo einem Affen, Wildschweine und Warane über den Weg laufen und Nashornvögel in den Wipfeln sitzen.

Am Westende der Insel, in der Nähe des *Ketam Quarry*, stößt man bei einem Rundgang auf eine besondere Sehenswürdigkeit: den sogenannten *German Girl Shrine* (Untertitel: *Schrein des deutschen Mädchen* (sic!)).

Die Geschichte dieses Schreins zu Ehren eines deutschen Mädchens beginnt um 1910, als sich auf *Pulau Ubin* zwei deutsche Familien ansiedeln, um dort eine Kaffeeplantage zu betreiben. Die Familienoberhäupter sind Daniel Brandt und Hermann Muhlingan, davon zeugt das Grundstücksregister.

Als der Erste Weltkrieg ausbricht, interniert das britische Militär alle Deutschen in Singapur und fordert auch die deutschen Plantagenbesitzer und ihre Familien auf der Insel auf, ihnen in die *Tanglin Barracks* auf Singapurs Festland zu folgen. Alles deutsche (Privat-)Eigentum wird konfisziert, die Exportgeschäfte werden eingestellt.

Eines der Kinder der Plantagenbesitzer, ein etwa 18 Jahre altes Mädchen, ist von der drohenden Internierung verängstigt, dass es stattdessen den Wald flüchtet. Einige Tage später finden einheimische Plantagenarbeiter die über und über mit Termiten bedeckte Leiche des Mädchens. Wahrscheinlich hatte sie sich verlaufen und war von einer der Klippen in den Tod gestürzt. Die Arbeiter bedecken die Leiche mit Sand und bringen von da an jedes Mal, wenn sie an ihr vorbeigehen, Gebete, Blumen und Räucherstäbchen dar. Schließlich bringt eine Gruppe chinesischer Arbeiter ihre sterblichen Überreste auf den Hügelkamm des Steinbruchs und gibt ihr ein ordentliches Begräbnis.

Nach dem Krieg werden die deutschen Plantagenbesitzer befreit. Sie kehren nach *Pulau Ubin* zurück, um herauszufinden, was mit ihrer Tochter passiert ist. Aufgrund von Sprachschwierigkeiten können sie jedoch nicht feststellen, wo genau sich ihre Überreste befinden. Sie verlassen *Pulau Ubin* und Singapur und kehren niemals zurück. Deshalb ist die genaue Identität des Mädchens bis heute unbekannt.

Nach Erzählungen der Inselbewohner trieb sich der Geist des Mädchens viele Jahre lang in der Gegend herum. Um ihn zu besänftigen und ihm eine angemessene Heimat zu errichten, erbauten die Insulaner einen Schrein und betitelten diesen mit einem Schild über der Eingangstür aus unerfindlichen Gründen mit *Berlin Heiligtum*. In ihm befindet sich eine Urne, die ursprünglich eine blonde Locke und ein Kruzifix enthielt, die angeblich dem deutschen Mädchen gehörten. Heute ist die Urne allerdings leer. Einem Dorfbewohner erschien das Mädchen ein paar Jahre später im Traum und befahl ihm, ihr eine Barbie-Puppe zu schenken. Natürlich erfüllte ihm der Mann in typisch asiatisch-pragmatischem Aberglauben den Wunsch, und viele folgten seitdem seinem Beispiel.

Deshalb ist der Schrein heute auch unter dem Namen *Barbie Doll Temple* bekannt, und das deutsche Mädchen wird von den Asiaten wie eine Göttin verehrt. Sie bringen der jungen Dame Opfergaben wie Puppen, Kosmetikprodukte, Spiegel und Haarschmuck, und der Schrein ist stets voller Geschenke.

Über die Jahre hat sich der Aberglaube eingeschlichen, dass demjenigen, der hier betet, eine bessere Gewinnchance in der Lotterie oder bei anderen Glücksspielen winken soll. Also pilgern die wett- und spielbegeisterten Singapurer ebenso wie die benachbarten Malaysier hierher, um für Glück im Spiel zu beten, während die, die einen Gewinn eingeheimst haben, mit großen Geschenken anrücken, um sich bei der vermeintlich wohlmeinenden »Heiligen« zu bedanken.

Eine beachtliche posthume Karriere für ein deutsches Mädchen, das heute Teil der Geschichte *Pulau Ubins* und Singapurs ist!

9. Grund

Weil das Singapore Girl weltweit bekannt ist

Normalerweise spricht man nicht über das Alter einer Frau. Beim weltbekannten *Singapore Girl* ist das anders, denn das weibliche Gesicht der Stadt erblickte 1972 das Licht der Welt – als Werbefigur der neu gegründeten *Singapore Airlines.* Ein großer Marketing-Coup, der dazu führte, dass die Fluggesellschaft zur bekanntesten Marke wurde und das Bild, das Besucher von Singapur haben, bis heute prägt.

Um so ein *Singapore Girl* zu werden, müssen die Anwärterinnen einen harten Auswahlprozess überstehen und eine mehrmonatige, harte Schule durchlaufen.

Auch wenn im Arbeitsvertrag keine Angaben zu den Äußerlichkeiten der angehenden Stewardessen gemacht werden, sind sie doch alle durchweg attraktiv, anmutig, rank und schlank, charmant und elegant. Denn nur so kommt die unverwechselbare Dienstkleidung, der *Sarong Kebaya*, am besten zur Geltung, die der traditionellen Kleidung der *Peranakan* nachempfunden ist und vom Pariser Designer Pierre Balmain kreiert wurde. Die Uniformen sind Maßanfertigungen für jedes Besatzungsmitglied und unterscheiden sich nur in der Farbgebung, die den Rang der Trägerin anzeigt. Dazu tragen die Damen (außer bei Start und Landung) die ebenfalls von Balmain entworfenen Pantoffeln und Handtaschen. Seit 2008 gibt es das Pendant dazu für die männlichen Flugbegleiter, die inzwischen immerhin 40 Prozent der Crew ausmachen.

Dass neben der Kleidung auch der Rest des Aussehens streng geregelt wird, versteht sich von selbst. Nur maximal schulterlanges Haar ist erlaubt, längere Haare müssen in einer der erlaubten drei Dutt-Varianten getragen und so festgesteckt werden, dass kein Härchen mehr hervorlugt. Überhaupt werden nur schwarze oder braune Haare akzeptiert, Strähnchen sind tabu. Im *Singapore Airlines Training Center* besuchen die Neulinge Schminkseminare, damit der Look absolut perfekt aussieht – auch nach einem Langstreckenflug.

Dazu lernen die Nachwuchskräfte natürlich alles über das Verhalten in Notsituationen, aber auch Weinkunde, leises Gehen und die richtige Bedienung der Fluggäste. Dabei ist genau festgelegt, wie z.B. der Kaffee einzuschenken ist. Nämlich so, dass der Strahl, der aus der Kanne herausschießt, zu sehen ist – egal, durch welche Turbulenzen die Maschine gerade fliegt. Und der Zucker zum Kaffee hat an einem genau festgelegten Platz auf dem Tablett zu liegen.

Singapore Airlines werben seit der Gründung ausschließlich mit echten Flugbegleiterinnen, nie mit Models. Sie erscheinen stets mit Dauerlächeln, grazilem Schwebeschritt und makellosem Auftreten und werben für exotische Reiseziele und perfekten Service an Bord, wobei sie das Stereotyp einer typisch diskreten, höflichen und eher demütigen asiatischen Frau bedienen. Frauenrechtlerinnen sind die Werbekampagnen zunehmend ein Dorn im Auge. Trotzdem lieben die Singapurer ihre Ikone, und die *Singapore Girls* verstehen sich als globale Botschafterinnen der Stadt.

10. Grund

Weil hier der Singapore Sling erfunden wurde

Singapur, Anfang des 20. Jahrhunderts. Das ehemalige Fischerdorf auf dem Malaiischen Archipel wächst kontinuierlich, seit Stamford Raffles (damals noch nicht zum Ritter geschlagen) Anfang 1819 das Gelände an der Mündung des *Singapore Rivers* zum britischen Freihafen erklärt hat.

Bereits 100 Jahre später blüht die Stadt, etwa 200.000 Menschen aus aller Herren Länder siedeln hier, arbeiten für europäische Schifffahrtsgesellschaften, exportieren Gewürze, Opium oder Seide und überziehen das ehemalige Sumpfgelände mit Plantagen für Muskatnüsse, Kautschuk, Zuckerrohr und exotische Früchte.

Natürlich brauchen die Gäste der Stadt, die per Schiff nach einer beschwerlichen, mehrmonatigen Reise in Singapur ankommen, eine angemessene Unterkunft. 1887 wird deshalb das *Raffles Hotel* von vier Brüdern der armenischen Familie Sarkies erbaut: ganz modern im Kolonialstil, mit luftigen Fensteröffnungen, um der tropischen Hitze zu trotzen, und in bester Lage.

Schnell wird das Hotel weltweit bekannt und eine echte Ikone. Jeder, der etwas auf sich hält und das nötige Kleingeld mitbringt, steigt hier ab.

In der Hotelbar, der *Long Bar*, trifft sich ab dem späten Nachmittag jeder, der in der prosperierenden Stadt etwas gilt, zur *Tea Time*, oder besser gesagt: zum Drink unter Freunden. Die Herren der Schöpfung, allesamt gut betucht und trotz der Tropenhitze im dreiteiligen Anzug mit passendem Tropenhut gekleidet, sprechen dabei dem Gin zu, ganz nach britischem Vorbild. Den Damen ist zum einen streng genommen der Konsum von alkoholischen Getränken in der Öffentlichkeit nicht gestattet, zum anderen sagt ihnen dieses scharfe Getränk gar nicht zu. Sie bevorzugen eher Mischgetränke, in denen zusätzlich zum obligatorischen Gin Cherry Brandy, andere

Liköre und Eis enthalten sind – sogenannte *Slings*, die auf den ersten Blick auch als alkoholfreie Fruchtsäfte durchgehen.

Da diese Mischdrinks – anfangs gelten sie ebenfalls als unfein – immer populärer werden, experimentiert der findige Barkeeper der *Long Bar*, Ngiam Tong Boon (hainanesischer Abstammung), mit diversen Mischverhältnissen, bis er zwischen 1910 und 1915 (die Experten sind sich über das genaue Datum uneinig) den *Straits Sling* oder *Gin Sling* auf die Karte setzt: eine Mischung aus Gin, Cherry Brandy, Limettensaft, Bénédictine und Soda. Die Damen lieben das erfrischende Getränk, die Herren ebenfalls – der Cocktail wird ein Verkaufsschlager. Und der Erfinder verwahrt sein Originalrezept fortan in einem Hotelsafe.

Das *Raffles Hotel* erlebt in den Folgejahren eine bewegte Geschichte: Die Weltwirtschaftskrise sorgt für einen finanziellen Engpass, während des Zweiten Weltkriegs und der japanischen Besatzung im Anschluss bleiben die ausländischen Gäste aus. 1967 übernimmt Roberto Pregarz den Posten des Direktors, das Hotel steht kurz vor dem Aus. Das italienische Marketing-Genie verhindert die Schließung. Pregarz lädt Journalisten und berühmte Persönlichkeiten aus aller Welt ein und sorgt für ständige Präsenz in der Presse. Als er das Rezept für den berühmten Drink findet, benennt er diesen werbewirksam in *Singapore Sling* um, lässt ihn in einem speziellen Glas servieren und fügt ein paar exotische Zutaten wie Orangenlikör, Grenadine, Angosturabitter und Ananassaft hinzu. Geboren ist der bis heute bekannteste asiatische Cocktail, Aushängeschild eines ganzen Landes, der seinen Siegeszug durch die Clubs und Cocktailbars der Welt antrat.

Am Originalschauplatz kann man auch heute noch das Flair vergangener Zeiten spüren und einen guten Drink genießen. Nach langen Renovierungsarbeiten eröffnete 2018 die *Long Bar* im heute an der *North Beach Road* / Ecke *Bras Basah Road* gelegenen *Raffles Hotel* wieder. Die über die Jahrzehnte immer wieder umgebaute Bar wurde in ihren ursprünglichen Zustand zurückversetzt.

Man darf sich als Gast nur nicht davon stören lassen, dass der Boden über und über mit Erdnussschalen bedeckt ist, die unter den Schuhsohlen knirschen. Auf jedem Tisch steht ein großer Leinensack; die darin enthaltenen Erdnüsse dürfen gratis geknabbert werden, und nach alter Tradition fegt man sämtliche Abfälle tatsächlich einfach vom Tisch auf den Boden. An der Decke hängende Fächer sorgen für ein wenig frische Luft (obwohl es inzwischen natürlich eine Klimaanlage gibt). Die Fächer sind an langen Bändern aufgehängt, die früher sicher von einem einheimischen Angestellten gezogen wurden – heute versetzt ein elektrischer Motor die Aufhängung in Bewegung. Die Atmosphäre erinnert durch die Rattanmöbel und das sehr gedämpfte Licht tatsächlich an das Plantagenbesitzerleben von vor 100 Jahren, der handbetriebene Eiscrusher rattert hin und wieder, und man kann beim Schluck aus dem Cocktailglas förmlich Ernest Hemingway, Rudyard Kipling und Charlie Chaplin in ihren Leinenanzügen vor sich sitzen sehen, die hier häufig zu Gast waren.

Darauf einen *Singapore Sling*!

2. Kapitel

Land und Leute

11. Grund

Weil alles staatlich reglementiert ist und deshalb bestens funktioniert

Bag-Down Benny, Stand-Up Stacey, Move-In Martin, Hush-Hush Hannah und Give-Way Glenda gehören bei uns fast schon zur Familie. Die fünf putzigen Figuren aus der *Graciousness on Public Transport*-Kampagne der Verkehrsbehörde sollen die Singapurer dazu erziehen, sich gegenseitig maximal zuvorkommend zu behandeln. In allen Zügen hängen großflächige Plakate, die mit mal mehr, mal weniger gelungenen Sprüchen (»*Bags by your side – more spacious ride*«, »*Offer your seat, that's real sweet*«) für ein möglichst reibungsloses Miteinander sorgen sollen.

Diese Kampagne steht sinnbildlich dafür, wie gnadenlos Singapur seine Bürger erzieht. Keiner kann sich den allgegenwärtigen Verhaltensregeln, die als höfliche Empfehlungen formuliert sind, entziehen. Jeder kleinste alltägliche Schritt wird von Reglements begleitet. Wie habe ich mich gegenüber dem Busfahrer zu verhalten, auf welchem vorgezeichneten Weg habe ich die U-Bahn zu verlassen, wie gehe ich mit der Rolltreppe um, was esse ich am besten auf dem *Hawker Centre* – gar nicht erst selbst überlegen, sondern einfach den Hinweisschildern folgen. Singapur weist allen den Weg, jeder tägliche Gang ist gepflastert mit Schildern und Tafeln.

Der Ton ist stets passiv-aggressiv. Die Aufpasser im Botanischen Garten lassen einen immer sehr höflich und freundlich wissen, dass Fahrrad- oder Rollerfahren nur auf bestimmten Wegen gestattet ist: »Sie wissen schon, dass Sie hier nicht fahren dürfen?« Polizisten sieht man dagegen praktisch nie, deshalb hat man nicht das Gefühl, dass man streng beaufsichtigt wird.

Dadurch steht Singapur in der öffentlichen Wahrnehmung nicht als Polizeistaat da. Das Prinzip des »Nicht-Denkens und Folgens« ist das Resultat des autoritären politischen Systems, in dem die Bürger mit Wohlstand und Sicherheit für ihr vorbildliches Verhalten belohnt werden.

Die *People's Action Party*, die Singapur seit 1959 als alleinige Partei regiert, wirkt dabei wie ein Familienoberhaupt, das seine Kinder mit harter Hand und rigorosen Strafen erzieht und dabei gleichzeitig Werte wie Liebe, Anteilnahme, Fürsorge und Respekt hochhält – zu ihrem eigenen Besten, versteht sich. Und die Kinder bzw. Bürger? Die spielen gerne mit, denn diese gesteuerte Freiheit verspricht einen sorglosen Alltag für alle, gepaart mit dem Versprechen von stetigem Wirtschaftswachstum.

Um dieses Versprechen auch einzuhalten, optimiert sich Singapur ständig selbst. Ein Beispiel: Elektro-Tretroller bevölkern seit Jahren zunehmend die Gehwege, die Unfälle häuften sich – zack, schon war ein Gesetz zur Registrierung erlassen, inklusive Tempolimit und drohender Gefängnisstrafe bei Nichtbeachtung. Es gibt zu viele Autos auf der Straße? Zack, Gesetz erlassen, keine Neuzulassungen mehr erlaubt. Das Einparteiensystem macht solche Entscheidungen einfach.

Singapur ist das Land der Bürger-Erziehung; mit teils absurden Kampagnen wird versucht, die verschiedensten »Verhaltensauffälligkeiten« (oder -normalitäten?) auszumerzen. *National Courtesy Campaign, Be a Good Neighbour, Small Families – Brighter Future, Keep Singapore Clean, Safe Water, Wash Your Hands, Speak Good English Movement* – sie alle sollen die Singapurer zu besseren Bürgern machen. Dass diese Erziehungsmethoden sogar auf den »stillsten Örtchen« zum Einsatz kommen, ist allerdings gewöhnungsbedürftig: Die *Clean Public Toilets Campaign* vom *Ministry of the Environment* erklärt mithilfe lustiger Comics die Verhaltensregeln auf öffentlichen Toiletten – unübersehbar auf der Innenseite der Toilettentür.

12. Grund

Weil Singapur mit vorbildlichem öffentlichen Wohnungsbau beeindruckt

Singapurs Bevölkerung lebt zu über 80 Prozent in Eigentumswohnungen. Dass das in einer der teuersten Städte der Welt überhaupt möglich ist, liegt am staatlichen Wohnungsbauprogramm der in den 1960er-Jahren eingerichteten Behörde *Housing and Development Board* (*HDB*).

Im Stadtstaat war der Wohnraum schon immer knapp, denn Singapur ist in allen vier Himmelrichtungen von Wasser umgeben. Deshalb kann – trotz massiver Landgewinnungsmaßnahmen in den letzten Jahren – nicht endlos expandiert werden. Die Folge: Wohnungsnot, die besonders in den Jahren nach dem Zweiten Weltkrieg durch die massiven Schäden und die wachsende Bevölkerung akut war.

Das *British Housing Committee* befand 1947, dass Singapur »einen der schlimmsten Slums der Welt [habe] – eine Schande für eine zivilisierte Gemeinschaft«. Die durchschnittliche Bevölkerungsdichte lag in diesem Jahr bei 18,2 Bewohnern pro Gebäude.

Nach Singapurs Erlangung der Selbstverwaltung wurde 1960 umgehend das *Housing and Development Board* gegründet, um den Wohnungsmangel zu beheben und der Bevölkerung preiswerte Wohnungen anbieten zu können. Gleichzeitig wurde begonnen, die noch Ende der 1960er-Jahre in besetzten Gebäuden und Ladenlokalen hausenden Menschen (1966: etwa 550.000) in staatliche Wohnungen umzusiedeln.

Der Weg dorthin führte zu einer großen Bautätigkeit, es sollten möglichst viele Wohneinheiten entstehen, die hauptsächlich zur Vermietung an Einkommensschwache vorgesehen waren. Gleichzeitig wurde ein Programm entwickelt, das es auch diesen ermöglichte, Wohneigentum zu erwerben, statt zu mieten, indem der *Central Pro-*

vident Fund (die Singapurer Pensionkasse) zum Kauf genutzt werden konnte. Diese neue Regelung diente zugleich als Absicherung gegen Inflation und bot den Hausbesitzern finanzielle Sicherheit. Der Staat folgt dabei einer einfachen Rechnung: Auf sein Eigentum gibt man mehr Acht als auf eine Mietwohnung.

Von 1960 bis 1969 wurden vom *HDB* 147.000 Wohneinheiten gebaut, das entspricht gut 14.000 pro Jahr. Im Vergleich dazu entstanden jährlich »nur« rund 2.500 privat finanzierte. Aus Platzgründen baute man in die Höhe, und damit entsprach das *HDB*-Programm ganz der neu ausgerufenen Linie der nun unabhängigen singapurischen Regierung: sozialer Zusammenhalt, Integration und Patriotismus. So entstanden die ersten Neubausiedlungen in *Queenstown, Toa Payoh, Ang Mo Kio, Jurong* – also über die ganze Stadt verteilt.

Als Zugereister wohnt man in Singapur immer zur Miete und meist in den privat erbauten *Condominiums*. Darum wissen viele Nicht-Singapurer nur wenig über diese einzigartigen Wohnareale. Dabei ist das System faszinierend:

Käufer kann laut der *Permanent Resident Quota* nur ein Singapurer Staatsbürger werden, der über 21 und verheiratet ist. Singles können sich frühestens ab 35 für eine Wohnung bewerben. Das führt dazu, dass in Singapur jung geheiratet und sofort eine Wohnung gekauft wird. Dabei ist das Haushaltseinkommen gedeckelt: Wer über 12.000 Singapur-Dollar (rund 8.000 Euro) pro Monat verdient, hat keinen Anspruch auf eine *HDB*-Wohnung.

Die Zuteilung erfolgt nach einem äußerst detaillierten Verteilungsschlüssel, dabei spielen vor allem Lebensalter und Bedarf eine Rolle. Außerdem gibt es Priorisierungen: Besonders unterstützenswert sind demnach Wohnungssuchende, die in drei Generationen zusammenleben, Familien mit drei oder mehr Kindern und Senioren. Ein kinderloses Paar wird kaum eine Vierzimmerwohnung bekommen. Es darf im Lauf eines Lebens dann aber gerne getauscht werden: Wird die Wohnung zu klein, da Kinder oder andere Verwandte hinzukommen, meldet man sich bei der *HDB*-Verwaltung.

Offiziell gibt es deshalb keine Obdachlosigkeit im Stadtstaat, und auch keine Gentrifizierung – auch Krankenschwestern, Polizisten, Lehrer, also Angehörige der Mittelschicht, können sich mitten in der Stadt Wohneigentum leisten. Im Vergleich dazu schneiden andere Metropolen wie New York, London oder auch München ziemlich schlecht ab.

Ausländer haben keine Möglichkeit, die preislich erstaunlich günstigen Wohnungen zu erwerben (Durchschnittspreis: 4.000 Singapur-Dollar pro Quadratmeter, also rund 2.600 Euro). Allerdings können Eigentümer nach fünf Jahren Besitz ihre Wohnungen unter bestimmten Bedingungen an Nicht-Staatsbürger vermieten. Verschiedene ethnische Gruppen und Einkommensschichten werden sowohl beim Verkauf als auch bei der Vermietung gemischt, um soziale Schichtung und Gettoisierung zu vermeiden. Der Verteilungsschlüssel orientiert sich dabei am Anteil der Gesamtbevölkerung Singapurs.

Ganze *HDB*-Städte sind so innerhalb Singapurs entstanden; die einzelnen Wohnblöcke haben Nummern, die die Lage innerhalb des Viertels angeben. Inzwischen geht man beim Bau verstärkt auf die Bedürfnisse der alternden Gesellschaft ein, indem barrierefreie Zugänge mit eingeplant und kleinere Wohnungen angeboten werden.

Hatten die ursprünglichen *HDB*-Anlagen noch maximal zehn Stockwerke, wird heutzutage meist über 40 Stockwerke hoch gebaut. Mehr Wohnraum für mehr Menschen!

Jeder öffentliche Wohnblock wird als eigenständige Gemeinschaft betrachtet, als »Stadt in der Stadt«.

Die Wohnanlagen sind stets so angelegt, dass es nicht zwingend notwendig ist, das Wohngebiet zu verlassen, um sämtliche Bedürfnisse zu befriedigen. Innerhalb eines *HDB*-Areals finden sich Schulen, Ärztehäuser, Parks, Gemeinschaftsgärten, Sportanlagen, Spielplätze, Kindergärten ebenso wie ein Markt mit einem *Food Court*, Friseure, Einzelhandel und Dienstleister in den kleinen Ladenlokalen im Erdgeschoss der Hochhäuser. Ein moderner Dorfplatz.

Jeder Wohnblock verfügt über einen eigenen Gemeinschaftsbereich, der die soziale Interaktion fördern soll. Diese sogenannten *Void Decks* (»leerer Raum«, den Begriff gibt es nur in Singapur), meist gut zugänglich im Innenhof eines Wohnblocks gelegen, stehen für sämtliche Veranstaltungen und Festivitäten der Bewohner offen. Dabei wird streng darauf geachtet, dass keinerlei Diskriminierung stattfindet. So finden im *Void Deck* sowohl muslimische Hochzeiten als auch buddhistische Begräbniszeremonien, Karaoke-Partys, Flohmärkte oder Gymnastikstunden statt.

Besonders bei älteren Wohnanlagen gibt es lange Flure vor den Wohnungen, die über die gesamte Länge eines Stockwerks verlaufen. In Singapur ist es wegen des Klimas üblich, die Wohnungstür offen zu lassen, um ein wenig Durchzug zu generieren. Über die Flure findet also allein schon durch die täglichen Wege ein stetiges nachbarschaftliches Miteinander statt, Kinder sind immer gern gesehen, und die Eigentümer schätzen das Gefühl des interessierten Zusammenlebens.

Mir fällt jedenfalls immer wieder auf, wie viel in so einem *HDB*-Areal los ist. Jeder Platz auf dem *Hawker Centre* ist vormittags und mittags besetzt. In den Friseurläden stehen die Menschen Schlange, auf dem Markt wird Gemüse begutachtet und mit den Nachbarn das tägliche Schwätzchen gehalten. An den Sportanlagen halten sich die Senioren fit, die philippinischen Haushaltshilfen schleppen Einkäufe nach Hause oder schieben Rollstühle. Sämtliche Wege sind innerhalb des Wohnblocks bis hin zur nächsten Bushaltestelle überdacht: Das schützt vor Regen ebenso wie vor der heißen Tropensonne.

Im Gemeinschaftsgarten rupft jemand Unkraut und schwatzt mit der Nachbarin im zweiten Stock, die gerade die Wäsche auf den Trockenvorrichtungen vor den Fenstern aufhängt.

Kommt man hierher, ist man meist die einzige »Langnase« (so werden Europäer und Amerikaner von Asiaten gerne bezeichnet), und wird begrüßt wie ein alter Freund. Stets ertönt ein freundliches

»Welcome to Singapore!« – die Bewohner scheinen allesamt höchst zufrieden mit ihrem Leben hier zu sein.

Die Singapurer sind zu Recht stolz auf diesen einzigartigen staatlichen Wohnungsbau, der es mit dem Bau von *Executive Condominiums* auch Besserverdienern recht zu machen versucht. Während die älteren und einfachen *HDBs* eine recht gleichförmige Architektur haben, orientiert man sich bei den Neubauten an den privaten Hochhauskomplexen. *The Pinnacle@Duxton* ist seit 2010 das höchste *HDB*-Gebäude in Singapur mit sieben miteinander verbundenen 50-stöckigen Türmen, in denen insgesamt 1.848 Wohneinheiten untergebracht sind.

Einen guten Einblick in die unterschiedlichsten Bauweisen und Bewohner des einzigartigen *HDB*-Programms gibt der kiloschwere Bildband *HDB: Homes of Singapore* von KEYAKISMOS und Tomohisa Miyauchi.

Der öffentliche Wohnungsbau des *HDB*: eine echte Erfolgsgeschichte!

13. Grund

Weil in Singapur sämtliche Weltreligionen friedlich miteinander leben

Spaziert man in Singapur durch ein beliebiges Stadtviertel, zeigt sich meist folgendes Bild: Von der Moschee an der Ecke ruft der Muezzin fünfmal täglich zum Gebet, vom buddhistischen Tempel ein paar Häuser weiter schwebt der Geruch der ewig brennenden Räucherstäbchen herüber, die Kirchenglocke läutet fast nebenan zur Sonntagsmesse und die Mantren aus den farbenprächtigen hinduistischen Tempeln bilden den Klangteppich im Hintergrund.

Rund 33 Prozent der Bevölkerung sind buddhistischen Glaubens, elf Prozent hängen den chinesischen taoistischen Glaubenslehren an. 14 Prozent sind als Muslime registriert, weitere 18 Prozent sind Christen jeglicher Ausprägung und fünf Prozent Hinduisten. Rund 17 Prozent der Bevölkerung gibt an, keiner Glaubensgemeinschaft anzugehören. Der Rest verteilt sich auf Juden, Sikhs, Jains, Zoroastrier und andere. Insgesamt sind 136 religiöse Gemeinschaften in der Stadt registriert. Die beeindruckende Vielfalt der Glaubensrichtungen resultiert aus Singapurs bewegter Einwanderungs- und Kolonialgeschichte.

Das Zusammenleben der großen und kleinen Glaubensgemeinschaften ist von gegenseitigem Respekt geprägt – keiner fühlt sich von der Religionsausübung der anderen gestört. Manche Gemeinden nutzen ihre Gebetsorte sogar gemeinschaftlich: Im *Loyang Tua Pek Kong*-Tempel beten Taoisten, Hinduisten und Buddhisten gleichermaßen.

Jedes große Fest wird von der ganzen Stadt begangen, die Feiertage sind über das Jahr gleichmäßig unter den großen Religionen aufgeteilt. In Singapur feiert man das christliche Weihnachtsfest genauso begeistert wie das hinduistische Lichterfest *Deepavali*.

Bei den Feierlichkeiten und Umzügen zu *Thaipusam* werden ganze Straßenzüge in der Innenstadt abgeriegelt, das Gleiche gilt dann auch für das muslimische Fastenbrechen an *Hari Raya Puasa*.

Der Vielvölkerstaat garantiert seinen Einwohnern per Gesetz Religionsfreiheit. Diese ist aber nicht absolut und uneingeschränkt, die Regierung überprüft streng jede Glaubensgemeinschaft. Religiöse Überzeugungen werden grundsätzlich geachtet und geschützt, aber (mögliche) daraus resultierende Aktivitäten, die gegen die Gesetze von Singapur verstoßen oder das friedliche Zusammenleben der verschiedenen Religionen gefährden könnten, stehen unter Strafe. Aktuell sind die Zeugen Jehovas und die Vereinigungskirche verboten.

In den Glaubensstätten ist jeder Besucher, egal welcher religiöser Herkunft, stets willkommen. Passende Kleidung wird ohne viel Aufheben ausgehändigt, kritische oder gar abweisende Blicke sucht man hier vergebens. Zeigt man Interesse, findet man schnell

Gesprächspartner, die ihre Religionspraktiken gerne erklären, ohne dabei belehrend zu wirken oder gar bekehren zu wollen. Infotafeln im Eingangsbereich der größten Moschee klären über die Gepflogenheiten des Islam auf, im hinduistischen Tempel lädt der Priester ein, bei der *Puja*, der rituellen Opfergabe, mitzumachen, und beim islamischen Opferfest werden stets ausschließlich Schafe geschlachtet. Aus Respekt für die hinduistischen Nachbarn wird auf Rinder verzichtet.

Der deutsche Leitsatz, dass das Thema Religion beim Small Talk auszusparen sei, gilt hier nicht.

Jeder Taxifahrer zeigt offen seine Glaubenszugehörigkeit mittels der Devotionalien an, die er auf dem Armaturenbrett zur Schau stellt. Da stehen winkende Buddhas, knallbunte Hindu-Gottheiten, christliche Kreuze und Christophorus-Plaketten oder ein Kompass, der Richtung Mekka zeigt. Aberglaube jeglicher Ausprägung ist weit verbreitet, nicht selten bedient man sich dabei an verschiedenen Religionen gleichzeitig. Viel hilft viel. Die Gretchenfrage wird hier ganz offen gehandelt, keiner stößt sich daran, wenn das Gegenüber eine andere Weltanschauung vertritt als man selbst. Religionsfreiheit gehört zum Alltag und ist eine Selbstverständlichkeit.

14. Grund

Weil Kinder ausdrücklich erwünscht sind

Kinder gehören in Singapur zum Stadtbild dazu. Die Singapurer sind – wie praktisch alle Asiaten – unheimlich kinderlieb und aufmerksam. Niemals muss man mit Kleinkind im Bus stehen, stets passen Fremde mit auf, dass unser Sohn mit seinem Tretroller nicht auf die Straße fährt, er bekommt praktisch ständig eine Kleinigkeit geschenkt und wird angesprochen – Kinder sind überall willkommen und gern gesehen!

In jedem Lokal gibt es Kinderstühle, meist auch ein eigenes Kindermenü, Malsachen oder eine Spielecke, und für die Singapurer ist es relativ normal, das Kind abends ins Restaurant oder zu sonstigen Freizeitvergnügungen mitzunehmen. Schlafenszeiten werden hier nicht so ernst genommen wie in Deutschland, deshalb sind die Kinder auch abends einfach mit dabei und dürfen erste Erfahrung mit Stäbchen oder scharfen Speisen machen. Dabei kümmern sich die Angestellten gerne um die Kleinen, nehmen sie mit in die Küche oder spielen in einer freien Minute mit ihnen.

Jedes Stadtviertel hat Spielplätze, in jeder Shoppingmall gibt es einen *Nursery Room*, in dem man ungestört stillen kann, ausgestattet mit bequemen Sesseln, einem Wasserkocher für das Fläschchen und manchmal sogar Zeitschriften. Wickeltische stehen sowohl in Herren- als auch in Damentoiletten, und dort gibt es stets ein Kinder-WC und ein Kinderwaschbecken. Für stillende Mütter, die bereits wieder arbeiten, gibt es in den Büros gesetzlich vorgeschrieben einen eigenen Raum zum Abpumpen.

Das ist auch nötig, denn die Regierung in Singapur tut alles, um den Kindersegen anzukurbeln. Auch in Singapur ist die Bevölkerung überaltert, und der Staat fördert verstärkt 2- bis 3-Kind-Familien mit staatlichen Kampagnen und inzwischen sogar arbeitsrechtlichen Regelungen.

Für jedes Kind gibt es ab Geburt einen – teilweise staatlich geförderten – Kinderbetreuungsplatz. Krippen und Kindergärten stehen an jeder Ecke, und sobald man sich für eine Einrichtung entschieden hat, ist sofort ein Platz verfügbar. Allerdings werden dafür stolze Preise verlangt: Die internationalen Kindergärten und Schulen kosten um die 25.000 Euro pro Jahr. Zwar gibt es auch *Public Schools*, doch im karriereorientierten Asien wird mit allen Mitteln versucht, die lieben Kleinen auf eine zukunftsfördernde *Private School* zu schicken.

Deshalb arbeiten meist beide Elternteile Vollzeit, da sie sich den kompletten Verdienstausfall eines Elternteils in der teuren Stadt nicht leisten können. Teilzeitjobs sind die Ausnahme, Singapur ist eine Stadt der Workaholics, und so treffe ich nachmittags, wenn ich meinen Sohn vom Kindergarten abhole, fast ausschließlich auf Nannys. Denn eigentlich jeder Haushalt mit Kind und berufstätigen Eltern hat eine sogenannte *Maid*, also eine Haushaltshilfe (meist aus Indonesien oder den Philippinen), die bei der Familie wohnt und sechs Tage pro Woche für Kinderbetreuung, Einkäufe, Putzen und Kochen zuständig ist. Es ist außerdem völlig normal, dass die Kinder ab etwa ein bis zwei Jahren morgens um 7 Uhr vom Schulbus abgeholt und um 18 Uhr abends wieder zurückgebracht werden.

Frühförderung wird groß geschrieben, schließlich soll das Kind später einmal alle Voraussetzungen für ein erfolgreiches Berufsleben mitbringen. Bereits im Kindergartenalter ist es üblich, Lesen, Schreiben und Rechnen sowie die Mehrsprachigkeit zu fördern. Dabei herrscht durchaus ein gewisser Drill: Die Kinder besuchen nicht nur stets in Vollzeit Kindergarten oder Schule, sondern werden zusätzlich auch am Wochenende noch in Englisch-, Schach- oder IQ-steigernde Kurse geschickt, und natürlich sind Geigen-, Ballett- und Schwimmkurs obligatorisch.

Die Kinder in Singapur sind auf den ersten Blick alle sehr ruhig. Für Herumtoben draußen ist es einfach viel zu heiß, sie müssen ihre Energien dann eher im Pool oder drinnen abbauen, wenn sie denn überhaupt Zeit – oder Energie – nach dem langen Schultag haben.

Allerdings sieht man diese Kinder niemals alleine, sie werden auch bis ins fortgeschrittene Schulalter stets beaufsichtigt. Die *Maid* ist ja extra dafür zuständig. Der Straßenverkehr ist teilweise so gefährlich, dass selbst Zehnjährige noch nicht alleine eine Straße überqueren sollten, und Selbstständigkeit oder Naturerfahrungen werden hier in der Erziehung nicht besonders in den Vordergrund gestellt. Dass ein Kind sich draußen beim Toben mal so richtig schmutzig macht, kommt praktisch nie vor.

Einheimische Kinder müssen vor allem funktionieren, und während bei einem Kleinkind ein lautes Lachen oder ein Kommentar in der vollen U-Bahn noch belustigt hingenommen wird, ernten Kinder ab zehn Jahren dafür schon eher mahnende Blicke. Kinder haben den Erwachsenen mit Respekt zu begegnen, werden aber gleichzeitig wie ein Augapfel gehütet und verwöhnt. Vor allem westlich aussehende Kinder bekommen überall Aufmerksamkeit, entsprechen sie doch mit ihrem »exotischen« Aussehen, den hellen Haaren und den großen Augen dem Schönheitsideal.

Insgesamt sind Kinder also sehr in den Alltag integriert. Kinder zu haben ist der Normalzustand, und keiner hat ein Problem damit, wenn der Babysitter kurzfristig ausfällt und man das eigene Kind dann doch spontan zur Chorprobe oder notfalls zum Meeting mitbringt.

Für unseren Sohn ist es jedenfalls völlig normal, dass er in jedem Erwachsenen einen potenziellen Spielgefährten findet, sei es der Hausmeister, Taxifahrer, Gärtner oder Kellner. Da hat Deutschland schon noch etwas Nachholbedarf.

15. Grund

Weil man als Ausländer nicht auffällt

Singapur ist ein echter Schmelztiegel. Seit jeher siedelten sich auf diesem kleinen Stück Land Menschen aus aller Herren Länder an. Menschen aus ganz Asien trafen auf Araber und handelstreibende Europäer, im 20. Jahrhundert gesellten sich Australier, Neuseeländer und Amerikaner dazu.

Bis heute verzeichnet Singapur bei einer Gesamtbevölkerung von knapp 5,7 Millionen einen Ausländeranteil von 40 Prozent (Stand: 2017) und ist damit im weltweiten Vergleich Spitzenreiter. Jeder einzelne Bewohner wird damit quasi gezwungen, tolerant zu sein. Kontakte zu knüpfen ist einfach, denn irgendwie ist jeder hier ein »Zugereister«.

Es gibt nicht DEN Singapurer, viele der Staatsbürger entstammen Mischfamilien. Bewegen wir uns durch die Stadt, dreht sich niemand nach uns um, auch wenn wir tatsächlich einmal im Bus oder der MRT die einzigen »Langnasen« sind. Denn hier fällt man als Deutscher nicht auf, wenn man draußen unterwegs ist. So viele verschiedene Nationen bevölkern diesen kleinen Stadtstaat auf engstem Raum, dass eine europäische Familie mehr oder weniger nicht ins Gewicht fällt. Nie werden wir für Touristen gehalten, nie begafft oder gar anders behandelt – zu normal ist der Anblick von Nicht-Asiaten im täglichen Stadtbild.

Wer je durch Indien gereist ist oder außerhalb von Chinas Großstädten unterwegs war, weiß, was ich meine. In Singapur dagegen können wir uns völlig ungehindert bewegen, was uns die Eingewöhnung wirklich erleichtert hat. Die Stadt ist außerdem ein Paradies für interkulturelle Paare und deren Kinder, denn in der Stadtgeschichte ist eine Völkervermischung so normal, dass befremdete Blicke oder das lästige Nachfragen nach der Herkunft entfallen.

16. Grund

Weil man auch in Singapur ein Stück Heimat finden kann

Laut aktueller Schätzung der Deutschen Botschaft leben in Singapur rund 8.000 Deutsche. Eine ganze Menge, und zählt man noch Österreicher und Schweizer hinzu, kommt man auf eine noch höhere Zahl an deutschsprachigen Bewohnern.

Singapur lockt mit seiner großen Anzahl an deutschen Unternehmen (aktueller Stand: 1.400) eben auch dementsprechend viele Mitarbeiter aus dem deutschen Sprachraum an, die sich hier schnell heimisch fühlen. Singapur wird nämlich auch als »Deutschland Südostasiens« bezeichnet, da es hier so geordnet, sauber, effizient und sicher zugeht. Nicht erst seit der Unabhängigkeit siedeln sich hier so viele Landsleute an; bereits nach der Gründung des Freihafens im 19. Jahrhundert schickten die deutschen Reedereien und Handelshäuser wie Norddeutscher Lloyd, Behn Meyer und Katz Brothers ihre Mitarbeiter zu diesem wichtigen Umschlagplatz in Südostasien, um auf den gewinnträchtigen Handelsrouten zwischen China, Indien und Europa mitzumischen.

Bald lebten hier so viele Deutsche unter den gut 350.000 Bewohnern Singapurs, dass man sich organisierte und am Beispiel der Briten 1856 einen Verein mit 21 Mitgliedern gründete. Damit dieser auch angemessen residieren konnte, beauftragte man den Architekten Regent Alfred John Bidwell, der zuvor das Raffles Hotel entworfen hatte, mit dem Bau eines Klubhauses. 1900 wurde die Eröffnung des *Teutonia Clubs* mit über 300 illustren Gästen gefeiert. Das Klubhaus erinnert in seiner monumentalen Bauweise an die Rheinschlösser und sollte den heimwehgeplagten Deutschen einen geeigneten Platz zur Zerstreuung bieten.

Mit dem Ausbruch des Ersten Weltkrieges war es vorbei mit dem entspannten Leben. Die Deutschen galten als britische Feinde und wurden kurzerhand interniert beziehungsweise des Landes verwiesen. Das Heim des *Teutonia Clubs* wurde konfisziert, umgebaut und im Jahr 1929 als *Goodwood Park Hotel* wiedereröffnet. Bis heute ist es in Betrieb und thront es oberhalb der *Scotts Road.*

Erst 1935 gründeten die in Singapur verbliebenden und neu angesiedelten Deutschen erneut einen Verein unter dem Namen *Deutsches Haus.* Der Zweite Weltkrieg setzte dem ein Ende, wieder konfiszierten die Briten das feindliche Eigentum, das unter japanischer Besatzung durch einen Brand endgültig zerstört wurde.

Nach dem Ende des Zweiten Weltkriegs kehrten die Deutschen in großer Zahl zurück nach Singapur, die deutsche Gemeinschaft wächst seitdem beständig. Es gibt einen *German Marketplace*, also einen Supermarkt mit ausschließlich deutschen Lebensmitteln, man trifft sich jährlich im Juni zum Spargeldinner (die weißen Stangen werden dafür extra aus Deutschland eingeflogen) und im Dezember zum Adventskranzbinden. In deutschen Restaurants wie *Paulaner*, *Brotzeit* oder *Stuttgart Blackforest* kann man zwischen Nussknackern und Kuckucksuhren heimischen Genüssen wie Schweinshaxe, Bratwurst, Spätzle und den Erzeugnissen deutscher Braumeister frönen. Die Deutsche Auslandshandelskammer kümmert sich um Geschäftsbeziehungen zwischen Landsleuten und Einheimischen, und der *Swiss Club* (!) veranstaltet jährlich ein viertägiges Oktoberfest nach Münchener Vorbild, bei dem sich im klimatisierten Festzelt praktisch alle deutschsprachigen Bewohner Singapurs versammeln, um gemeinsam zur Musik der aus Bayern eingeflogenen Musikkapelle zu schunkeln und »Ein Prosit der Gemütlichkeit« zu grölen. Die *German European School of Singapore* (GESS) unterrichtet 1.500 Schüler aus 40 Ländern und bietet neben dem *International Baccalaureate* (IB) auch den Weg zum deutschen Abitur an.

Heimweh muss also wirklich niemand haben. Seit 1955 gibt es auch wieder einen deutschen Klub – inzwischen allerdings ohne eigenes Klubhaus, denn vernetzen kann man sich dank sozialer Medien inzwischen auch ohne festen Treffpunkt. Das ändert aber nichts daran, dass die Deutschen in Singapur fest zusammenhalten und eine Art Dorfgemeinschaft innerhalb der Stadt bilden – wie wahrscheinlich auch die ortsansässigen Franzosen, Dänen, Australier und überhaupt alle Zugereisten.

17. Grund

Weil man alles und jeden fotografieren darf

So gut wir uns in Singapur auch akklimatisiert haben und so heimisch wir uns fühlen – in einer Sache bleiben wir durch und durch europäisch geprägt: Keiner von uns kriegt ein perfektes Selfie hin, denn mal ganz abgesehen davon, dass wir überhaupt keine Lust haben, stundenlang dafür ins eigene Handydisplay zu grinsen oder zu schmachten, kommen wir uns dabei immer noch ein bisschen seltsam vor.

Asiaten haben da überhaupt keine Scheu – ausgerüstet mit Selfie-Stangen wird stundenlang in die Handykamera posiert, mit Schmollmund, hüpfend, alberne Posen einnehmend. Dass man dabei mitten im Weg steht oder sehr gekünstelt aussieht, ist egal. Die fertigen Bilder werden dann mit Filtern bearbeitet, bis niedliche Hasenohren, Glitzer und ein schmeichelndes Licht hinzugefügt sind.

Als Deutsche ist uns dieses Phänomen völlig fremd. Eine Selfie-Stange ist ein absolutes No-Go, nie stimmt der Winkel beim Fotografieren – und im Gegensatz zu den Einheimischen, die keinerlei Scheu haben, ihre fertigen, natürlich perfekt gestylten Fotos in den sozialen Medien zu teilen, bekommen wir ein mulmiges Gefühl. Stichwort Datenschutz! Der ist den Singapurern völlig egal, hier wird munter veröffentlicht und geteilt. Selbst der Kindergarten unseres Sohnes postet wöchentlich auf Facebook und per E-Mail-Newsletter Bilder der spielenden Kinder – in Deutschland völlig undenkbar.

Wie oft wurde unser Sohn schon von kichernden Teenies oder Großfamilien umringt und musste als Fotomotiv herhalten. Das Handy hat eh jeder ständig in der Hand, da wird ungeniert drauflosgeknipst. Ich fotografiere, also bin ich. Umgekehrt gilt natürlich dasselbe: Auch wir dürfen einfach alles und jeden knipsen, egal ob Mönche im Tempel oder alte Damen auf dem Markt – jeder grinst freundlich in die Handykamera.

Bedienungen im Restaurant fragen von sich aus, ob sie ein Gruppenfoto schießen sollen, sobald man mit mehr als zwei Personen am Tisch Platz genommen hat. Vor jeder Sehenswürdigkeit überbieten sich die Nebenstehenden dabei, sich als Fotograf anzubieten – Gegenleistung gerne erwünscht. In Museen, Zoos und auf öffentlichen Plätzen gibt es manchmal sogar extra *Photo Hot Spots*, die auf den besten Blickwinkel für einen Schnappschuss hinweisen.

Mein schönstes und typischstes Selfie-Erlebnis hatte ich im *Selfie Coffee-Shop* in der *Haji Lane*. Der Name ist dort Programm: Jeder Kunde darf mit einem geschäftseigenen Handy ein Selfie machen, gerne ausgestattet mit Perücken, Hüten, Brillen und sonstigen Accessoires, die dafür bereitliegen. Das fertige Selbstbildnis wird anschließend in einer dicken Sahneschicht auf die bestellte Kaffeespezialität gedruckt. Ein ziemlich teurer Spaß, bei dem es sicher nicht allein um das Getränk geht. Denn die asiatische Mädchengruppe am Nebentisch versuchte so lange, das möglichst perfekte Foto von sich UND gleichzeitig dem Kaffee-Selbstporträt zu machen, bis sie vor lauter Posen und Austesten des richtigen Blickwinkels das Getränk noch vor dem ersten Verkosten komplett verschütteten. Egal, Hauptsache, der Fotobeweis war erbracht.

18. Grund

Weil Singapur die vielleicht sicherste Stadt der Welt ist

Gemeinsam mit Island liegt Singapur auf dem dritten Platz mit der geringsten Mordrate weltweit (Stand: 2017), nur knapp hinter Macau und Zwergstaaten wie Liechtenstein, Vatikan und Monaco.

Verbrechen lohnt sich schlichtweg nicht, die Strafen sind astronomisch hoch. Nicht umsonst sind T-Shirts als Mitbringsel sehr beliebt, auf denen Singapur als *Fine City* (ein Wortspiel mit den zwei Bedeutungen von *fine*: »nett, schön« und »Bußgeld«) bezeichnet wird.

Essen oder Trinken in der U-Bahn kostet 500 Singapur-Dollar (rund 320 Euro), Rauchen an nicht ausgewiesenen Plätzen 1.000 Singapur-Dollar (rund 650 Euro), und wer Müll wegwirft, wird mit 2.000 Singapur-Dollar (rund 1.300 Euro) Strafe belangt.

Kampagnen mit griffigen Slogans wie »Low crime doesn't mean no crime« (»Eine geringe Verbrechensrate bedeutet nicht, dass es keine Verbrechen gibt«) ermahnen die Bevölkerung dazu, aufmerksam zu sein und Vergehen zu melden. Die örtlichen Polizeidienststellen stellen gerne Schautafeln auf belebten Plätzen auf, auf denen die aktuelle Verbrechensstatistik (*Crime Alert*) für das Viertel vermerkt ist. Über jedes noch so kleine Vergehen wird in der Tageszeitung berichtet, selbstverständlich immer mit Täterfoto und vollständigem Namen.

Diese Abschreckung – neben den Geldstrafen – wirkt, in Singapur muss man sich zum Beispiel kaum Gedanken um Diebstahl machen. Wer eine Weile hier lebt, wird sorglos. Die Handtasche wird unverschlossen mitten im überfüllten Bus während des Berufsverkehrs achtlos neben den Sitz gestellt, und das auf dem Tisch im *Food Court* vergessene Handy liegt nach einer halben Stunde immer noch unberührt am selben Platz.

Zwar ist die Polizeipräsenz kaum spürbar, doch sind die Gesetzeshüter dank großräumiger Videoüberwachung stets über alles im Bilde. Niemand riskiert auch nur das kleinste Vergehen. Wer will schon für Fahren eines Elektrorollers auf der Straße statt auf dem Gehweg ins Gefängnis? Denn auch damit droht der Staat. Noch immer gelten in Singapur hohe Haftstrafen sowie die Todesstrafe für Verbrechen wie z.B. Drogenhandel. Im Jahr 2018 wurden 13 Menschen durch Hängen hingerichtet, unzählige zum Tode Verurteilte sitzen in Singapurs Haftanstalten.

Bei Verbrechen wie sexueller Belästigung und Vandalismus oder bei Verstößen gegen das Einwanderungsgesetz wird zusätzlich zur Haftstrafe die Prügelstrafe angewandt. Bei dem sogenannten *Caning* wird den Delinquenten (ausschließlich Männer unter 50, die vorher einen ausgiebigen Gesundheitscheck durchlaufen) mit einem zuvor in Wasser eingelegten Rattanstock mit genau 1,27 Zentimetern Durchmesser der nackte Hintern versohlt. In Ausnahmefällen kann das Gericht sogar männliche Jugendliche unter 16 Jahren zu Stockschlägen verurteilen. Ob Ausländer und Singapurer, spielt bei der Gesetzausübung keine Rolle.

Die Regierung selbst geht tatsächlich mit gutem Beispiel voran. Gemäß dem Jahresbericht von *Transparency International* verzeichnet der Stadtstaat die geringste Korruptionsrate in Asien und liegt aktuell weltweit auf Platz 3 der am wenigsten korrupten Länder (von insgesamt 180).

Geschäftsbereiche, die häufig mit Verbrechen in Verbindung stehen, werden schlichtweg ausgehebelt. So ist in Singapur Prostitution legal und in registrierten Betrieben erlaubt, ganz ohne zwielichtige Umgebung oder Abtauchen in den Untergrund. Erkennbar sind die Etablissements von außen oft nur durch ihre roten Hausnummern oder die zu bestimmten Uhrzeiten draußen aufgehängte Bettwäsche.

Dank der strengen Gesetze gilt Singapur als sicherste Metropole der Welt. Selbst nach Mitternacht können sich Kinder, die vom spät angesetzten Nachhilfeunterricht nach Hause kommen, und Frauen praktisch unbesorgt draußen bewegen. In welcher Weltstadt kann man das schon? Leider fährt allerdings die MRT nur bis kurz vor Mitternacht.

19. Grund

Weil Singen zur Völkerverständigung beiträgt

Musik ist eine Sprache, die überall auf der Welt verstanden wird. Die menschliche Stimme ist ein allzeit verfügbares Instrument, und gemeinsames Musizieren verbindet. Also betrat ich bereits wenige Tage nach unserer Ankunft in Singapur den Probenraum des *International Festival Chorus Singapore*. Denn ein gemeinsames Hobby ist perfekt, um neue Leute kennenzulernen!

Die Rechnung ging auf: Der knapp 100 Mitglieder starke Chor rekrutiert seine Sänger aus über 20 Nationen – wobei die Deutschen darunter den Löwenanteil innehaben. Denn Musik und Sangeskultur haben eben einen hohen Stellenwert in Deutschland, auch wenn wir unser Licht dabei gerne unter den Scheffel stellen. Schnell waren erste Freundschaften geschlossen, und ich war beeindruckt von diesem Sänger-Völkergemisch. Das Programm ist ebenso international: Klassische europäische und amerikanische Chorwerke stehen ebenso auf dem Programm wie chinesische, malaiische, japanische und philippinische Lieder. Für mich ist deshalb der kulturelle Lerneffekt viel größer als der musikalische!

Anfangs verstand ich zum Beispiel überhaupt nicht, warum meine asiatischen Mitsänger Schwierigkeiten haben, sobald wir ein Stück mit jazzigem Rhythmus ins Programm nehmen. Offbeat oder Synkopen scheinen unlösbar für manche zu sein.

Aber zumindest die große asiatische Mehrheit im Chor wurde eben gerade nicht mit amerikanischer oder europäischer Popmusik sozialisiert – woher soll dann also bei denjenigen der *Beat* oder *Groove* kommen? Die Namen Chuck Berry oder »Grease« kennt kaum jemand, zumindest von Frank Sinatra haben manche schon gehört, aber damit aufgewachsen ist kaum einer der Einheimischen.

Ganz ähnlich ergeht es vielen mit ganz klassischen Stücken von Bach oder Vivaldi. Wo einem halbwegs musikinteressierten Mitteleuropäer meist schon klar ist, in welche tonale oder rhythmische Richtung es innerhalb des Stückes gehen wird, müssen die meisten meiner asiatischen Mitsänger sich Ton für Ton, Intervall für Intervall und Rhythmus für Rhythmus erarbeiten. Denn diese Art von Klangbild wurde ihnen nicht automatisch in die Wiege gelegt.

Ausgleichende Gerechtigkeit herrscht spätestens dann, wenn es darum geht, Stücke in Sprachen wie Hokkien oder Mandarin zu erarbeiten. Hier sind mir Harmonik und vor allem Aussprache völlig fremd, und ich bin froh um jede Hilfestellung meiner Kollegen.

Doch auch neben den Proben ergaben sich Freundschaften, und bald trudelte die erste Einladung zu einem Karaoke-Abend ein. Mir war dabei etwas mulmig, Karaoke war für mich stets ein eher abschreckendes Freizeitvergnügen. Vor einer Horde angetrunkener Bar-Besucher irgendwelche vermeintlichen Hits ins Mikrofon zu singen, war genau das Gegenteil eines entspannten Abends. Großes Staunen meinerseits also, als ich mich zum verabredeten Zeitpunkt am richtigen Ort einfand: In Singapur ist es üblich, Karaoke im eher intimeren Rahmen abzuhalten. Deshalb ist von einer Bar weit und breit nichts zu sehen, stattdessen melden wir uns an der Rezeption im zweiten Stock eines Einkaufszentrums an und bekommen ein Zimmer zugewiesen.

Dieses ist ausgestattet mit einem riesigen Ledersofa, einem Billardtisch, Massagesesseln und diversen Musikinstrumenten sowie natürlich mit zwei großen Monitoren für die Liedtexte. Wie in einem Hotel reihen sich über zwei lange Gänge verteilt rund 50 solcher Räume aneinander, und je später der Abend wird, umso lauter ertönt daraus Gesang und Gelächter. Oder auch nicht, denn viele Singapurer nehmen Karaoke sehr ernst. Ich entdecke junge Pärchen oder Cliquen, die mit ernstem Gesicht den Monitor anstarren und dabei ihren perfekt einstudierten Gesang erklingen lassen.

Wir lassen uns natürlich nicht lumpen, per Touchscreen und dank Internetverbindung können wir aus Abertausenden von Songs in jeder nur erdenklichen Sprache wählen. Doch obwohl wir eine internationale Truppe aus Indern, Australiern, Deutschen, Chinesen, Singapurern und Franzosen sind, einigen wir uns bald auf echte Mitsing-Klassiker. Denn die Hits von ABBA, The Beatles, Simon & Garfunkel, Prince oder Aretha Franklin kann doch erstaunlicherweise jeder mitsingen. Wir erzählen uns, warum bestimmte Songs für uns mit ganz besonderen Erinnerungen verknüpft sind, und stellen dabei viele Gemeinsamkeiten fest, obwohl wir auf verschiedenen Kontinenten aufgewachsen sind. Zu meiner größten Verwunderung kennen praktisch alle Singapurer die Lieder der Band *Münchner Freiheit*, die offenbar mit einer englischen Version ihrer Hits wochenlang die asiatischen Charts beherrschte. Für mich sind das Heimatklänge, was wiederum zu großer Belustigung meiner Mitsänger führt. Musik dient eben der Völkerverständigung! Ob wir am Ende dabei jeden Ton treffen oder nicht, spielt keine Rolle.

20. Grund

Weil Spielplätze so wichtig sind

Dass die Singapurer sehr kinderfreundlich sind, ist ein eigenes Kapitel wert (siehe 14. Grund). Aber nicht nur im täglichen Umgang miteinander, sondern auch im Stadtbild kommt dies zum Tragen.

Die Spielplatzdichte ist so hoch wie nirgends sonst, rühmt man sich; bereits seit den Anfängen der urbanen Stadtgestaltung in den 1960er Jahren gehören Spielflächen fest zum Planungsbestand und werden als Beitrag zum gemeinschaftlichen, generationsübergreifenden Zusammenleben gesehen.

Spielplätze sind ein Identifikationsmerkmal, jedes Stadtviertel und jeder größere Wohnbereich der öffentlichen Wohnungsbaugesellschaft wartet mit einer besonders auffälligen Gestaltung auf. Dabei werden Elemente aus den verschiedenen Kulturen verwendet oder ein Bezug zum jeweiligen Stadtviertel hergestellt. Im früheren chinesischen Siedlungsbezirk *Toa Payoh* ist der Spielplatz zum Beispiel der chinesischen Sagenwelt nachempfunden und durchgehend im Drachendesign gehalten. In *Sengkang* – der Name des Viertels bedeutet etwa »florierender Hafen« – symbolisieren die Kletterelemente auf meerblauem Untergrund ein Schiff. In *Woodlands*, wo sich früher ein undurchdringlicher Urwald befand, haben die Spielelemente die Form riesiger Insekten.

Dieses Aufgreifen der Geschichte und die Einbettung der Rutschen, Wippen und Schaukeln in die natürliche Umgebung sollen dabei helfen, die Spielplätze nicht nur für Kinder, sondern für alle Generationen zu einem Wohlfühlort und einem gern besuchten Treffpunkt zu machen. Dabei wird besonders darauf Wert gelegt, dass Spielplätze für jedes Alter etwas zu bieten haben – vom Kleinkind bis zum Teenager gibt es angemessene Spielgeräte, von Babyschaukeln bis zu anspruchsvollen Balance-Übungen. Inklusion steht dabei ebenfalls im Vordergrund. Im Flughafen *Changi* ist das

Klettergerüst im neuesten Spielplatzbereich extra so gestaltet, dass Erwachsene sich ebenfalls gerne dort austoben dürfen.

Kürzlich widmete das ehrwürdige Nationalmuseum den Singapurer Spielplätzen und ihrer Geschichte sogar eine eigene Ausstellung, die selbstverständlich nicht nur mit Fakten, sondern auch mit einem ausgesprochen liebevoll gestalteten Kinderbereich aufwartete.

Außerdem wurden sämtliche Besucher, große und kleine, befragt, wie sie sich den idealen Spielplatz der Zukunft vorstellen. Die Antworten wurden vom *Housing and Development Board* ausgewertet und für weitere Planungen sehr ernst genommen.

In keiner Wohnanlage würden die Planer auf einen Kinderbereich verzichten, verspricht dieser doch ein zusätzliches Verkaufsargument. Das nutzen auch Einkaufszentren: keine Mall ohne Spielplatz! Vor allem an den Wochenenden locken diese zusätzlich mit Kinderbetreuung, Bastelaktionen oder musikalischen Darbietungen. Die Rechnung geht auf: Sind die Kinder zufrieden, sitzt bei den Eltern der Geldbeutel locker.

21. Grund

Weil die Singapurer auch eine nie gewählte Präsidentin lieben

Seit 2017 hat Singapur zum ersten Mal in seiner Geschichte ein weibliches Staatsoberhaupt. Halimah Yacob (geboren 1954), ehemalige Sprecherin des Parlaments, trat als achte Präsidentin des Landes am 14. September 2017 ihr Amt an.

Das Rennen um die Stelle als Staatschef, der hauptsächlich repräsentative, zeremonielle Aufgaben erfüllt und laut Verfassung nur gegen den Gebrauch der Staatsrücklagen und bei der Besetzung einiger Ministerposten ein Veto einlegen darf, war berechenbar. Denn die nationale Wahlbehörde hatte im Vorfeld nur einen einzigen Kandidaten zugelassen. Die ursprünglichen vier Mitbewerber Yacobs wurden vorab aussortiert; die Verfassung stellt hohe Auflagen an Kandidatinnen und Kandidaten:

Einer von ihnen entstammt nicht der malaiischen Ethnie und fiel damit aus. Nach fünf Legislaturperioden, die seit dem letzten malaiischen Präsidenten vergangen waren, war es laut Verfassung an der Zeit, dieser Bevölkerungsgruppe bei den Wahlen den Vorzug zu geben.

Die anderen beiden Kandidaten – malaiischer Abstammung – hatten bislang nicht an der Spitze eines nach singapurischen Maßstäben ausreichend großen Unternehmens (mit mindestens 500 Millionen Singapur-Dollar an Eigenkapitel) gestanden. Damit verblieb am Ende nur Halimah Yacob auf der Kandidatenliste.

Die schon geplante und terminierte Wahl durch die Bevölkerung wurde infolgedessen schlichtweg abgeblasen und Yacob zur Siegerin erklärt.

Kritische Stimmen, die dieses Vorgehen infrage stellten, beschwichtigte sie mit: »Whether there is an election or no election, my passion and commitment to serve the people of Singapore remains the same.« (»Ob es nun eine Wahl gibt oder nicht – mein Engagement, der Bevölkerung von Singapur zu dienen, bleibt dasselbe.«)

Noch bis 2023 hat Singapur damit zum ersten Mal seit der Unabhängigkeit eine Frau als Staatsoberhaupt, die dazu noch der malaiischen Minderheit angehört und bekennende Muslimin ist – und die nie gewählt wurde.

Auch wenn anfangs die Richtigkeit dieser Ernennung ohne Wahl angezweifelt worden war, haben sich die Singapurer inzwischen mit ihrer Präsidentin versöhnt. Besonders begeistert nimmt die Bevölkerung es auf, dass Yacob nach wie vor in ihrer eigenen *HDB*-Wohnung (siehe 12. Grund) lebt und darauf verzichtet hat, in den Präsidentenpalast einzuziehen.

Ihre Volksnähe geht sogar noch weiter: Zusätzlich zu den bisher üblichen fünf großen nationalen Feiertagen, an denen der Präsidentenpalast und der dazugehörige Park für die Bevölkerung geöffnet wird, fügte sie im Jahr 2019 erstmals einen weiteren Tag der Offenen Tür anlässlich des 150. Geburtstags des Palastes ein – die Bevölkerung dankt es ihr mit großer Teilnahme.

22. Grund

Weil die Namen der Stadtviertel die Diversität Singapurs widerspiegeln

Am Anfang wirkt Singapur schier unübersichtlich. Die ganzen Stadtviertel sagten uns ja zunächst überhaupt nichts; das erschwerte die Wohnungssuche.

Durch viele, viele Busfahrten bekam ich nach und nach ein Bild von der Lage der verschiedenen Ortsteile. Aber die Namen konnte ich mir partout nicht merken – bis ich mich aus Langeweile während einer besonders langen Fahrt damit beschäftigte, was die Namen eigentlich bedeuten und woher sie stammen.

Bestimmte Wörter wie *bukit* tauchen zum Beispiel mehrmals auf – das liegt schlichtweg daran, dass *bukit* das malaiische Wort für »Hügel« ist. Das nordöstlich vom Zentrum gelegenen *Bukit Timah* bezeichnet den von *Temak* (zu Deutsch: »Shorea-Bäumen«) bewachsenen Hügel, der heute zum *Bukit Timah Nature Reserve* gehört.

Das angrenzende *Bukit Batok* hat seinen Namen wahrscheinlich vom Granit (*batu* auf Malaiisch), der dort früher abgebaut wurde, oder vom Geräusch der Explosionen, mit denen die Steinbrocken herausgebrochen wurden (*batok* bedeutet so viel wie »Husten« auf Malaiisch). Ebenfalls zu diesem Hügel gehörig ist *Bukit Panjang*, wobei *panjang* auf Malaiisch ganz einfach »lang, groß« bedeutet.

Bukit Merah dagegen liegt an der Westküste der Stadt. Der dort gelegene Hügel ist mit Laterit-Gestein durchzogen, das ihm eine rötliche Farbe gibt. *Merah* ist das malaiische Wort für »rot«, das auch in *Tanah Merah* auftaucht. Diese Gegend hieß bereits auf den portugiesischen Landkarten aus dem 17. Jahrhundert so und bedeutet so viel wie »rote Klippe«.

Aber das war nur der Anfang. Als Nächstes beschäftigte ich mich mit *Toa Payoh, Tiong Bahru* und *Tanjong Pagar.* Diese drei Ecken Singapurs verwechselt mein Mann bis heute ständig, klingen die Namen doch für europäische Ohren ziemlich ähnlich.

Toa Payoh, nördlich des Zentrums gelegen, ist das Ergebnis eines für Singapur so typischen Sprachgemischs: *toa* ist Hokkien für »groß«, und *payoh* das malaiische Wort für »Sumpf«. Hier scheint also der sumpfige Boden Namensgeber gewesen zu sein. Das Gleiche gilt übrigens auch für *Paya Lebar* im Osten der Stadt (*paya/payoh* = »Sumpf«, *lebar* = »breit«, beides Malaiisch).

Tiong Bahru im Westen ist ebenfalls eine Wortneuschöpfung, die Rückschlüsse auf die früheren örtlichen Gegebenheiten zulässt: *tiong* ist Hokkien für »Friedhof«, und *bahru* ist Malaiisch für »neu«.

Tanjong Pagar ist das Geschäfts- und Ausgehzentrum der Stadt. Aber erst seit der Unabhängigkeit, denn zuvor scheint sich hier ein Fischerdorf befunden zu haben: Die Übersetzung aus dem Malaiischen bedeutet so viel wie »Kap der Pfahlbauten«. *Tanjong Katong* im Südosten deutet auf eine Wasserschildkrötenart hin (*katong* auf Malaiisch), die hier offenbar einst heimisch war.

Bei der Benennung der Stadtviertel stand also oft der historische oder geografische Hintergrund Pate, das Ergebnis ist meist eine Mischung verschiedener in Singapur häufiger Dialekte und Sprachen. Die derart abgebildete Diversität bewirkt, dass ich mich mit dem Völker-, Sprach- und Kulturgemisch beschäftigen muss – und sie hilft mir dabei, mich in der Stadt zu orientieren.

23. Grund

Weil Frauen Singapurs Gesellschaft veränderten

Singapurs Stadtgeschichte ist eine von Männern dominierte – so scheint es zumindest: von Prinz Sang Nila Utama über Sultan Iskandar Schah bis hin zu Stamford Raffles und dem legendären ersten Premierminister Lee Kuan Yew.

Frauen waren zunächst billige Arbeitskräfte, die zu Tausenden aus den armen Gegenden Chinas verschleppt oder von den eigenen Eltern verkauft wurden, um im prosperierenden Singapur Geld zu verdienen. Dabei landeten sie häufig in Bordellen oder schufteten auf Baustellen.

Gesellschaftlich hatten diese Frauen nichts zu melden, und auch die mitgereisten Damen der britischen und anderen europäischen Geschäftsleute waren politisch gesehen völlig unbedeutend.

Doch von Anfang an fanden sich in der neugegründeten Stadt Frauen, die einen wichtigen Beitrag dafür leisteten, die Gesellschaft so zu formen, dass sie heute ein Vorbild für viele andere Staaten ist.

Deshalb möchte ich exemplarisch einige von ihnen vorstellen: Ganz vorne steht Fatimah binte Sulaiman. Die aus Malakka im heutigen Malaysia stammende Dame lebte wahrscheinlich von 1754 bis 1852 – wobei die genauen Daten nicht gesichert sind – und übernahm nach dem Tod ihres zweiten Ehemannes kurzerhand seinen Schifffahrtsbetrieb, den sie so erfolgreich leitete, dass sie äußerst wohlhabend war.

Doch sie nutzte diesen Reichtum nicht für sich selbst, sondern gründete damit im malaiischen Viertel *Kampong Glam* Armenhäuser und ließ 1845 eine Moschee bauen, die heute ihren Namen (*Masjid Hajjah Fatimah*) trägt. Eine Ehre, die bisher nicht allzu vielen Frauen im Islam zuteilwurde.

Lee Choo Neo (1895–1947) erkämpfte sich 1911 den Zugang zum Medizinstudium und schloss dieses 1919 als erste Ärztin Singapurs erfolgreich ab. Sie eröffnete daraufhin eine eigene Klinik, die sich auf Frauenmedizin spezialisierte. Daneben gründete sie die Chinesische Frauenvereinigung, in der sie benachteiligte Frauen ausbildete, Sportangebote bereitstellte, Gesundheitsaufklärung betrieb sowie eine Art Frauenhaus einrichtete. Sie war wegweisend an den Vorverhandlungen zur 1961 verabschiedeten *Women's Charter* beteiligt, die das Ehegesetz revolutionierte.

Für die malaiische Bevölkerung kämpfte Che Zahara (1907–1962) um die Rechte von Frauen und Kindern. Sie gründete die *Malay Women's Welfare Association*, eine muslimische Wohlfahrtsorganisation, in der sie sich um Frauen und Waisen unabhängig von Rasse oder Religion kümmerte, ihnen ein Zuhause gab und sie in grundlegenden wirtschaftlichen Fähigkeiten unterrichtete, damit sie künftig finanziell unabhängig agieren konnten. Auch sie arbeitete aktiv an einer Neuausrichtung des Ehe- und Scheidungsgesetzes und damit an der Verabschiedung der *Women's Charter* mit.

In der indischen Minderheit bekämpften ebenfalls Frauen die Ungerechtigkeit in der Gesellschaft. Checha Davies (1898–1979) nahm die Sache in die Hand, indem sie 1952 zusammen mit Shirin Fozdar (1905–1992) Gründungsmitglied der *Singapore Council of Women* wurde und der *Young Women's Christian Association* (YWCA) vorstand. In dieser Position setzte sie alles daran, die Rechte der Frauen und ihre Position in Singapur zu stärken.

Bis heute wird von den Frauen in Singapur erwartet, dass sie einen Beruf ausüben und Karriere machen (42 Prozent der Arbeitskräfte sind weiblich); Eltern investieren schließlich viel Zeit und Geld in die Ausbildung ihrer Kinder, und der Arbeitsethos ist im Stadtstaat sehr hoch. Gleichzeitig sollen Frauen dabei aber die sehr traditionelle Rolle der Ehefrau und Mutter erfüllen, was viele vor schier unlösbare Probleme stellt.

Immerhin ist die Gesetzgebung und gesellschaftliche Wahrnehmung von Frauen im Singapur dank der oben genannten Vorkämpferinnen eine sehr fortschrittliche und gleichberechtigte, auch wenn der Frauenanteil im Parlament erschreckend niedrig ist. Es braucht also nach wie vor mutige Vorkämpferinnen unter den Singapurerinnen.

24. Grund

Weil Singapurer Senioren in den Alltag eingebunden sind

Das aktuelle Renteneintrittsalter in Singapur liegt bei komfortablen 62 Jahren, wobei der Arbeitgeber eine freiwillige Weiterbeschäftigung bis 67 anbieten muss. Das Singapurer Gesundheitssystem ist dazu eines der besten der Welt, weshalb die durchschnittliche Lebenserwartung bei 83 Jahren und damit unter den Top Fünf weltweit liegt.

Was also tun, wenn man mit Mitte 60 noch nicht bereit ist, sich in den Ruhestand zu begeben?

Die *Community Centres*, die sich um die Nachbarschaft in jedem Viertel kümmern, bieten unzählige Aktivitäten für Senioren an. Koch- und Sprachkurse, Sportklassen, Konzerte und Mah-Jongg-Nachmittage sind nur ein paar der Möglichkeiten, bei denen man sich für einen geringen Unkostenbeitrag miteinander austauschen kann. Morgens trifft man auf sämtlichen Grünflächen der Stadt große Gruppen aller Altersklassen, die gemeinsam *Taijiquan* praktizieren.

Wer sich noch aktiver beteiligen will, ist gerne gesehene Arbeitskraft auf den vielen *Food Courts*. Dort schwirren zu allen Tageszeiten Heerscharen an grauhaarigen Arbeitskräften aus, um Tabletts abzuräumen, Tische zu wischen und Geschirr abzuspülen. Andere verdienen sich als Hausmeister oder Hauswächter etwas dazu. Dass dabei immer genug Zeit für ein Schwätzchen mit den Bekannten bleibt, gehört zum Job dazu. So kommt keine Einsamkeit auf, auch wenn man selbst keine Familie hat oder Kinder und Enkelkinder weit weg leben und keine Zeit haben.

Senioren fühlen sich gebraucht und bleiben körperlich und geistig fit, sie haben Kontakt zu anderen, bleiben weiterhin finanziell unabhängig und nehmen ihre Aufgaben sehr ernst.

Während es in westlichen Ländern üblich ist, ältere Mitbürger möglichst aus dem Alltag zu verbannen, vermischen sich hier die Generationen. Tagtäglich haben junge Menschen Kontakt zu Senioren, die Senioren bleiben im Gespräch mit den nachfolgenden Generationen, und jeder profitiert auf seine Weise davon.

Natürlich machen nicht alle diese zum Teil sehr anstrengende Arbeit freiwillig. Der Rentenfonds, der *Central Provident Fund*, in den man als Arbeitnehmer 20 Prozent seines Einkommens einzahlt, reicht für viele Niedriglohnarbeiter später nicht aus. Deshalb müssen etliche von ihnen arbeiten, auch wenn sie bereits über 80 oder gar 90 sind. Aber viele finden das immer noch besser, als in einem der wenig komfortablen Altersheime zu vereinsamen.

25. Grund

Weil Singapurer so jung aussehen

Asiaten altern anders. Was klingt wie eine hübsche Alliteration, entspricht der Wahrheit. Sämtliche Maßstäbe sind in Singapur außer Kraft gesetzt. Kann ich in Deutschland / Europa / USA / Australien meine Mitmenschen – also zumindest die Mehrheit der Kaukasier – meist ziemlich genau bezüglich ihres Alters einschätzen, bin ich in Singapur komplett hilflos.

Die Sängerinnen in meinem Chor sind zum Teil eindeutig bereits im Rentenalter, doch dass ein paar von ihnen bereits deutlich über 70 und gar 80 sind, erstaunt mich dann doch.

Die Erfahrung zeigt, dass ich mich mindestens um zehn Jahre verschätze – und zwar nach unten. Frauen und Männer sind gleichermaßen stets viel älter, als ich vermute. Dass ich alle immer ein

Jahrzehnt jünger schätze, ist keine der Höflichkeit geschuldete Koketterie, sondern liegt schlichtweg daran, dass meine auf europide Gesichter trainierte Skala nicht greift.

Das liegt zunächst einmal schlichtweg am Körperbau. Asiaten sind durchschnittlich kleiner und leichter als der Rest der Menschheit (siehe 72. Grund), und der bei Männern wie Frauen verbreitete, androgyne Körperbau wirkt oft sehr kindlich.

Daneben achten vor allem die Damen hier sehr auf ihre Haut: Kaum eine geht ohne dicken Sonnenschutz, *Whitening Cream* und Sonnenschirm oder -hut ins Freie. Die Sonne wird gemieden, so gut es eben geht, Sonnenbaden genießt in Singapur keinen besonders hohen Freizeitwert. Dementsprechend weiß und faltenfrei sehen die Ladys aus, und sind vom Alter her kaum zu schätzen.

Eine Studie der Heine-Universität Düsseldorf hat die Unterschiede zwischen Europäerinnen und Japanerinnen in Sachen Hautalterung untersucht und dabei festgestellt, dass die japanischen Studienteilnehmerinnen eine höhere Konzentration an Antioxidantien im Blut aufweisen. Das dürfte der unterschiedlichen Ernährung geschuldet sein, Asiaten nehmen durchweg viel Ingwer, Carotinoide und Bitterstoffe zu sich, verzichten dabei gleichzeitig auf Milchprodukte und rohes Fleisch (Wurst, Geräuchertes).

Graue Haare hat hier auch kaum jemand, und das asiatische glatte Haar sieht immer perfekt gestylt aus (während sich bei allen anderen Bewohner Singapurs durch die Hitze und die Luftfeuchtigkeit fünf Minuten nach Verlassen der Wohnung der Pudeleffekt auf dem Kopf einstellt).

Ob die Asiaten damit das Geheimnis der ewigen Jugend für sich entdeckt haben? Zu meiner Beruhigung fällt es den Singapurern wiederum sehr schwer, mein Alter richtig zu schätzen – oder ist da etwa die berühmte Singapurer Höflichkeit im Spiel?

26. Grund

Weil die Singapurer so hilfsbereit sind

Wer versucht, in Ruhe einen Übersichtsplan in der *MRT* (Metro-Netz) zu studieren, braucht gute Nerven, denn man hat nur wenige Sekunden, bis der erste Singapurer sich freundlich erkundigt, ob man Hilfe benötige. Mir ist es bis heute nicht gelungen, einfach aus Interesse den Netzplan zu betrachten, ständig fragt mich jemand, wo ich denn hin möchte.

Taxifahrer bestehen stets darauf, an einem Ort anzuhalten, an dem man trockenen Fußes aussteigen kann, sollte gerade einmal wieder ein tropischer Regenguss vom Himmel fallen. Bin ich wie so häufig alleine mit unserem Sohn in Singapur unterwegs, kennt die Hilfsbereitschaft der Einheimischen keine Grenzen. Volle Einkaufstaschen werden mir abgenommen, das Kind von einer Sitzreihe im Bus zur nächsten durchgereicht und festgehalten, damit es beim Losfahren nicht hinfällt, während ich noch mit der Fahrkarte kämpfe.

In Singapur habe ich mir angewöhnt, bei jedem noch so kleinen Problem und bei jeder Unklarheit schlichtweg nachzufragen. Sei es beim Kundenservice des Telefonanbieters oder der Fluglinie, beim Friseur, im Supermarkt oder wenn ich nicht auf Anhieb den richtigen Ausgang aus dem Kaufhaus finde: Stets wurde jede noch so nichtige Frage aufs Freundlichste beantwortet. Wo ich in Deutschland eher als Einzelkämpfer agiere und möglichst alles alleine herausfinde und erledige, genieße ich in Singapur das Gefühl, im Alltag stets an freundliche Mitmenschen zu geraten. Die Hilfsbereitschaft überrumpelt mich manchmal geradezu.

Jeder hilft jedem: Singapurs Geschichte hat die Einstellung geprägt, dass der Einzelne hier wenig gilt – nur zusammen lässt sich viel erreichen. In Asien gilt das Individuum nicht viel, nur die Gemeinschaft ist stark. Und da Singapur so klein ist, gehört sowieso jeder Bewohner zur Familie.

27. Grund

Weil das Durchschnittsgewicht der Bevölkerung staatlich geregelt wird

Dass Asiaten einen grundsätzlich anderen Körperbau und Knochenapparat haben als Europäer, ist offensichtlich. Doch nicht nur die Körpergröße fällt sofort ins Auge, auch die Waage zeigt bei den meisten deutlich weniger an als in jedem anderen, »westlichen« Land.

Liegt der durchschnittliche Body-Mass-Index in Deutschland bei eher kräftigen 27,4 (Männer) und 26,0 (Frauen) Punkten, liegt die Singapurer Bevölkerung mit drei Punkten deutlich darunter: 24,3 (Männer) und 23,2 (Frauen)

War man in Singapur lange Zeit stolz darauf, den niedrigsten durchschnittlichen Body-Mass-Index in ganz Asien vorweisen zu können, sieht man nun mit großer Besorgnis, dass Übergewicht sowie durch falsche Ernährung ausgelöste Krankheiten wie Typ-2-Diabetes mellitus in den letzten Jahren rasant zugenommen haben. Das Gesamtgewicht hat sich in den letzten 15 Jahren um durchschnittliche drei Kilo erhöht.

Die Singapurer Regierung tut das, was sie in solchen Fällen immer tut: Das *Health Promotion Board*, also die staatliche Gesundheitsbehörde, reagiert mit groß angelegten Umerziehungskampagnen und Gesundheitsprogrammen für die gesamte Bevölkerung.

Auf den *Hawker Centres* zeigen große Tafeln an den Garküchen an, wie viele Kalorien in den Lieblingsgerichten der Singapurer enthalten sind, und verweisen auf *healthier choices* (»gesündere Alternativen«). Brauner statt weißer Reis soll den Gästen schmackhaft gemacht werden, ist das braune Getreide doch ungeschält und enthält viel mehr Ballast- und Nährstoffe.

Gleichzeitig wurde die *National Steps Challenge* ins Leben gerufen und mit einer großen Werbekampagne auf Bussen, Kaufhausfassaden und Postwurfsendungen beworben. Dabei wurden und werden

Tausende von Fitness-Trackern und Schrittzählern kostenlos an die Einwohner verteilt und Wettbewerbe ausgerufen, bei denen den Gewinnern attraktive Preise winken. Mehr Bewegung ist der Schlüssel zu einem gesunden Körper – und notfalls werden die Singapurer eben auf charmante Art und Weise dazu gezwungen, sich darauf einzulassen.

3. Kapitel

Kulturelles

28. Grund

Weil man Essen in die Luft werfen darf

»Mit dem Essen spielt man nicht!«: Ein fundamentaler Satz in der deutschen Erziehung und Grundlage europäischer Tischmanieren.

Dass in Asien der Benimmcodex beim Einnehmen einer Mahlzeit ein anderer ist, ist bekannt. Lautes Rülpsen ist Ausdruck höchster Genussfreude, statt Servietten benutzt man die Hände, und mit den Essstäbchen geht immer mal was daneben; dementsprechend sieht ein Tisch nach Ende einer Mahlzeit dann auch aus.

Einmal im Jahr ist zumindest in Singapur auch offiziell Spielen mit dem Essen erlaubt.

Ein wichtiger Bestandteil der Feierlichkeiten rund um das Chinesische Neujahrsfest ist nämlich der Verzehr von 魚生 (*Yu Sheng*). Das bedeutet so viel wie »roher Fisch« und bezieht sich auf eine Art Fischsalat, der traditionell an den Feiertagen serviert wird und aus sieben verschiedenen Zutaten besteht. Der Ursprung dieser Speise geht auf südchinesische Fischer zurück, die sich am siebten Tag des chinesischen Neujahrs, *Renri*, traditionell ihren eigenen Fang schmecken lassen.

Aber natürlich gibt es – wie immer in Asien – zur Entstehung auch eine Legende: Ein junger Mann und seine Freundin fanden in Südchina bei schlechtem Wetter Zuflucht in einem Tempel. Dort harrten sie ohne Nahrung aus, bis es ihnen gelang, einen Karpfen zu fangen. Praktischerweise hatte das Paar eine Flasche Essig zur Hand und konnte den rohen Fisch damit genießbar machen.

Das *Yu Sheng*-Essen wird seit den 1960er Jahren hauptsächlich in Singapur und Malaysia zelebriert und ist hier von keinem Neujahrsessen oder -treffen wegzudenken, während in China kaum noch an der Tradition festgehalten wird. Ursprünglich nur für den siebten Tag des Neujahrsfestes vorgesehen, wird der Salat inzwischen in Restaurants während vieler Tage rund um das Fest serviert.

Dabei wird folgender Ablauf genau eingehalten:

Zunächst einmal werden unter Neujahrsbekundungen wie 恭喜发财 (*Gong Xi Fa Cai*, »Herzlichen Glückwunsch zu Deinem Reichtum«) und 万事如意 (*Wan Shi Ru Yi*, »Mögen sich alle Deine Wünsche erfüllen«) die sieben Hauptzutaten präsentiert. Jede davon repräsentiert dabei ein Glückssymbol.

Der Chef der Tischrunde (das Familienoberhaupt, der Vorgesetzte, der/die Älteste) fügt die Zutaten unter korrekter Anrufung der jeweiligen Glückwünsche zusammen.

1. roher Fisch: früher Hering, heute vermehrt Lachs. Das Mandarin-Schriftzeichen 魚 klingt genauso wie 余 (»Fülle, Reichtum, Überfluss«). Deshalb wird 年年有余 (*Nian Nian Youyu*, »Jedes Jahr soll Dir mehr bringen«) ausgerufen.
2. Pomelo oder Limette: 大吉大利 (*Da Ji Da Li*, »Viel Glück und großer Wohlstand«).
3. Pfeffer/Gewürze: 招财进宝 (*Zhao Cai Jin Bao*, damit wird Wohlstand/Geld herbeigewünscht).
4. Öl: wird kreisförmig über den Zutaten ausgegossen, um den Geldfluss anzuregen (本万利 (*Yi Ben Wan Li*, »Dein Geld soll sich zehntausendfach vermehren«).
5. Karotten: Dazu wünscht man sich 鸿运当头 (*Hong Yun Dang Tou*, »Möge das Glück nahe sein«).
6. Geraspelter grüner Rettich soll zu ewiger Jugend verhelfen: 青春常驻 (*Qing Chun Chang Zhu*).
7. Geraspelter weißer Rettich soll zu Erfolg im Beruf verhelfen und die Karriere ankurbeln: 风生水起 (*Feng Sheng Shui Qi* bedeutet »Fortschritt in schneller Geschwindigkeit«). Oder man wünscht sich 步步高升 (*Bu Bu Gao Sheng*, »Mit jedem Schritt eine höhere Stufe erreichen«).

Die sieben Hauptzutaten werden noch ergänzt durch:

- Gehackte Erdnüsse: 金银满屋 (*Jin Yin Man Wu*, »Der Haushalt soll mit Gold und Silber angefüllt sein«).
- Sesam: 生意兴隆 (*Sheng Yi Xing Long*, »blühendes Geschäft«).

- *Yu Sheng*-Sauce, mit süßer Pflaumensauce als Hauptzutat. Je süßer die Sauce, desto besser: 甜甜蜜蜜 (*Tian Tian Mi Mi*, »Möge Dein Leben immer süß sein«).
- Knusprig frittierte Teigtäschlein in der Form von goldenen Kissen bedeuten 满地黄金 (*Man Di Huang Jin*, »ein Stockwerk voller Gold«).

Die Zutaten variieren gelegentlich, aber im Grunde bleibt die Symbolik dieselbe. Während die Ingredienzien auf einer großen Platte zusammengefügt werden, sollte unbedingt auch noch möglichst oft der Ausruf 话 话 (*Jíxiáng Huà*, »Glückwünsche!«) untergebracht werden.

Zwar ist nun der Fischsalat fertig, doch wird er in der Singapurer Variante noch lange nicht gegessen. Erst einmal stehen alle Gäste am Tisch auf, nehmen die Essstäbchen in die Hand, schnappen sich damit einen Happen von der Vorlegeplatte und werfen diesen unter lauten 捞起, 捞起-Rufen (*Lo Hei, Lo Hei*, Kantonesisch, bedeutet etwa: »Glück schaufeln und werfen«) in die Luft.

Dabei steht die Flughöhe sinnbildlich für den Zuwachs an Reichtum für den Werfenden. Je höher der Wurf, desto besser die Aussichten auf Glück und Wohlstand im kommenden Jahr. Also sollte man wirklich mit Begeisterung bei der Sache sein!

Die Reste können dann verspeist werden, aber darum geht es bei diesem Spiel überhaupt nicht, sondern um den Spaß, Essen herumwerfen.

29. *Grund*

Weil Singapur eine eigene Sprache hat

Für einen Ausländer ist Singapur die praktischste Stadt Asiens. Denn dass Englisch eine der vielen Amtssprachen ist, macht die Verständigung natürlich besonders einfach.

Singapur hat eine bewegte Einwanderergeschichte und vereint bis heute auf engstem Raum Menschen unterschiedlichster Herkunftsländer. Diese prägen nicht nur das Stadtbild und die Kultur, sondern auch die Sprache. Als wären die vier Amtssprachen Englisch, Mandarin, Malaiisch und Tamil noch nicht genug, wird dieses fast schon babylonische Sprachenwirrwarr noch durch einen ganz eigenen Dialekt bzw. eine Sprache ergänzt, auf die die Einheimischen sehr stolz sind: *Singlisch*. Eine Mischung aus allen vier Amtssprachen, mit einer Prise australischem Slang darin. Davon hatte ich vor unserem Umzug noch nie etwas gehört, denn nur in Singapur wird *Singlisch* gesprochen, wie der Name ja schon vermuten lässt.

Die Regierung tut alles Erdenkliche, um diese Abart des Englischen zu vertreiben – in den Medien dürfen keine singlischen Wendungen vorkommen, in den Schulen wird ausschließlich Hochsprache gelehrt, doch natürlich hält sich die Sprache im Mündlichen hartnäckig.

Es hat eine Weile gedauert, bis ich typische Ausdrücke identifizieren konnte. Das Füllwort *lah* am Ende begegnet einem tatsächlich überall, *No good lah* bedeutet so viel wie »Das ist wirklich nicht gut«.

Statt »Ja« oder »Nein« verwendet der Singapurer *can* bzw. *cannot*, sodass Unterhaltungen zu solchen Ergebnissen führen: »Are you available tomorrow afternoon?« – »Can, can.«

Die Grammatik ist gewöhnungsbedürftig und orientiert sich stark am Chinesischen. Für einen Nicht-Muttersprachler klingt es immer ein wenig schlampig oder so, als sei der Wortschatz des Gegenübers nicht ausreichend für eine Unterhaltung: »Dis weather today really hot« ist zum Beispiel ein vollständiger Satz auf *Singlisch*. Dass darin das Verb fehlt, stört keinen.

Auch vollständig neue Wörter, z.B. aus dem Chinesischen oder Malaiischen, tauchen in einer englisch geführten Unterhaltung auf. Ich höre des Öfteren *boleh* für »okay« oder *ang moh* für »Europäer« (ein Begriff aus dem Hokkien, der eigentlich »rothaarig« bedeutet). Aber mein persönliches Lieblingswort ist ja *chope*: So nennt man den Vorgang, mittels einer Taschentuchpackung oder einer Visitenkarte einen Tisch im *Food Court* zu reservieren (siehe 100. Grund).

Dass inzwischen allerdings auch unser Sohn zwar fließend Englisch, aber dank seiner Singapurer Kindergärtnerinnen mit deutlichem *Singlisch*-Einschlag spricht, ist wirklich herzallerliebst. Und ich verwende *can* statt »Ja« so routiniert, dass ich bei jedem englischen Gespräch außerhalb Singapurs Stirnrunzeln bei meinem Gegenüber hervorrufe.

30. Grund

Weil der Jahreswechsel erst im Februar gefeiert wird

Silvester spielt in Singapur keine große Rolle. Natürlich ändert sich auch hier die Jahreszahl im Kalender ab dem 1.1., aber außer einem eher gemäßigten Feuerwerk von offizieller Seite kümmert sich kaum jemand darum.

Warum auch? Die westlichen Ausländer sind Ende Dezember allesamt im Weihnachtsurlaub, und die asiatischen Bewohner feiern das Chinesische Neujahrsfest erst ein paar Wochen später. Das Datum dieses in Singapur viel wichtigeren Jahreswechsels variiert, die Feierlichkeiten beginnen mit dem ersten Neumond zwischen 21. Januar und 20. Februar und dauern 15 Tage an.

Dieses Fest und die damit verbundenen Feiertage sind für die asiatische Bevölkerung, die deutlich in der Mehrheit ist, das wichtigste Fest des Jahres – vergleichbar mit unserem Weihnachten und Silvester, denn auch hier geht es darum, dass die Familie sich zu sogenannten *Nian Ye Fan* (»Wiedersehens-Essen«) versammelt, gemeinsam gigantische Menüs verspeist und sich kostbare Geschenke macht. Das alte Jahr wird mit Pauken und Trompeten bzw. mit Feuerwerk und Krachern verabschiedet.

Im mit Feier- und Urlaubstagen eher sparsam ausgestatteten Singapur werden den Arbeitnehmern gleich zweieinhalb freie Tage dafür eingeräumt, an denen tatsächlich so ziemlich alle Geschäfte und Restaurants geschlossen haben und die Tempel regen Zulauf erwarten. Ganz Asien macht sich auf den Weg, um die Verwandtschaft zu besuchen und Segen für das neue Jahr zu erbitten.

Die Stadt macht sich bereits Wochen vorher fein für den wichtigsten Feiertag. Es wird dekoriert, was das Zeug hält, an allen verfügbaren Häuserfassaden, Straßen, Hauseingängen und in Gärten. Und zwar vornehmlich in Rot, denn die Farbe bringt Glück. Dementsprechend gibt es Dekorationsartikel ausschließlich in dieser Farbe.

Rund um den Jahreswechsel gibt es unzählige Traditionen und jahrhundertealte Riten. Besonders glücksverheißend ist das Aufhängen von Ananas (gerne aus Papier, gerne in Rot). Die Frucht symbolisiert das »süße Leben« und soll Reichtum bringen, und deshalb pendeln selbstverständlich im Eingangsbereich unseres Wohnblocks diverse Lampion-Früchte.

Ich gebe dem Dekorausch gleich in unserem ersten Jahr nach, schließlich möchten wir unseren kulturellen Horizont erweitern und unser Interesse an der lokalen Kultur bekunden. In einem Geschäft, das ausschließlich chinesische Haushaltsartikel anbietet, erstehe ich also eine Papier-Ananas – man will ja gerüstet sein, und schaden tut es nicht. Daraufhin werde ich erst einmal belehrt, dass man niemals eine solche Frucht einzeln aufhängen dürfe, nur paarig könnten sie ihre heilsbringende Wirkung entfalten. Die Zwei ist nämlich eine

Glückszahl im Chinesischen! Da ich mich aber maximal mit einer Südfrucht im Wohnzimmer anfreunden kann, bleibe ich stur, und seitdem baumelt eine einsame Ananas über der Balkontür; besser als nichts.

Neben der Ananas kommt auch der Mandarine eine Sonderstellung zu. Das chinesische Wort dafür, *kam*, kann auch »Gold« bedeuten. Je mehr Mandarinen man also am Neujahrsfest zu Hause hat, umso lukrativer wird das neue Jahr werden. Deshalb thront ab Mitte Januar vor jedem Hauseingang ein mindestens mannshohes Mandarinenbäumchen. Sehr zur Freude sämtlicher Nagetiere, Vögel und Insekten, die die süßen Früchte mit Wonne pflücken und verspeisen. Am Ende der Feiertage kann man dann beobachten, wie die vertrockneten Bäumchen mit verschimmelten und angenagten Früchten daran abtransportiert und ungegessen entsorgt werden.

Auch hier möchte ich unsere Familie an der Mandarinen-Tradition teilhaben lassen und staune auf dem Markt nicht schlecht: Der Obststand biegt sich nur so unter Orangen und Mandarinen jeglicher Größe. Die anderen Kunden dort ordern die sündhaft teuren Früchte gleich in 5-Kilogramm-Kartons. Ich begnüge mich mit einer Handvoll und werde schon wieder irritiert begutachtet. Da schnappe ich mir gleich noch eine Handvoll Weidenkätzchen, deren chinesischer Name *Yin Liu* so viel wie »zufließender Wohlstand« bedeutet.

Natürlich gehen die Feiertage auch durch den Magen; bestimmte Speisen werden zubereitet und mit der Familie gegessen. Ein typisches Gericht sind z.B. *Pineapple Tarts* (natürlich wegen der glücksbringenden Ananas als Hauptzutat), die hier ähnlich wichtig sind wie Weihnachtsplätzchen; jede Familie hat dafür ihr eigenes Rezept. Wir übernehmen gleich in unserem ersten Jahr in Singapur diese Tradition. Das Kochen der Füllung und das Formen der hauchfeinen Mürbeteigkekse nimmt ganz schön viel Zeit in Anspruch, doch am Ende sind wir sehr stolz auf unsere Backergebnisse.

Aber auch süße Reisküchein (*Niang Gao*, gleichbedeutend mit »neues Jahr«), lange Nudeln (je länger, desto länger die Lebensspanne des Essenden), grüner Salat (soll den eigenen Eltern langes Leben garantieren), Fisch (bedeutet Wohlstand), gefüllte Teigtaschen (*Yuan Bao*, deren Form an Goldbarren erinnert), der Fischsalat *Yu Sheng* (siehe 28. Grund) und vieles mehr gehört auf die Festtafel.

Traditionell wird am (vor-)letzten Tag des Jahres das Unglück aus dem Haus geputzt, und das Glück kann Einzug halten. Deshalb werden in allen Haushalten eifrig die Putzlappen geschwungen. Alle eilen zum Friseur, denn das chinesische Wort für »Haar« kann auch »Wohlstand« bedeuten, und so putzen die meisten Singapurer nicht nur ihre Wohnungen, sondern auch sich vor den Feiertagen noch einmal heraus, kaufen neue Kleidung, werfen Altes weg und befreien sich so vom vermeintlichen Übel des ausgehenden Jahres.

Auch dem Konsum wird – ähnlich wie an Weihnachten – gehuldigt: In allen Geschäften gibt es Sonderangebote, überall wird mit Aktionen zu *Chinese New Year* geworben. Jede noch so kleine Modekette bringt eine extra Kollektion für das Fest der Feste heraus – alles im Grundton Rot gehalten und mit dem jeweiligen Tierkreiszeichen des neuen Jahres (siehe 31. Grund) versehen. In den Einkaufszentren klimpert ausschließlich chinesische Festtagsmusik aus den Lautsprechern, beim Bäcker gibt es Brötchen und Gebäck im *Chinese New Year*-Look oder in Sternzeichenoptik. Juweliere und Parfümerien locken mit sündteuren Geschenkideen, und alle scheinen (noch mehr als sonst) dem Kaufrausch verfallen zu sein.

Denn es ist die Zeit der Geschenke, und zwar am besten Bargeld. Verpackt werden die meist beachtlichen Summen in spezielle rote (!) Umschläge, die es nun an jeder Straßenecke zu kaufen gibt. Diese *Hong Baos* werden nach genau festgelegten Regeln verteilt, allein dazu gibt es seitenlange Anweisungen. So dürfen z.B. nur neue Scheine überreicht werden, die Gesamtsumme sollte möglichst eine Acht enthalten, aber keinesfalls eine Vier (gleichbedeutend mit Tod), beschenkt werden Kinder, Eltern, sonstige Angehörige, Angestellte, Kollegen, Hausmeister, etc. nach einem fixen Verteilungsschlüssel. Und nur Unverheiratete von Verheirateten. Es ist kompliziert. Viele nutzen in Singapur sogar Apps für die Überweisung digitaler *Hong Baos*.

Im Kindergarten wird unser Sohn an sämtliche Neujahrstraditionen herangeführt. Die Kinder schneiden chinesische Schriftzeichen aus, dekorieren das Klassenzimmer, singen Neujahrslieder und lernen wichtige Sätze wie *Gong Xi Fa Cai, Hong Bao Na Lai!* (»Frohes neues Jahr, her mit dem roten Umschlag!«). Es werden Drachentänze einstudiert, und bevor alle in die Feiertage verschwinden, wird natürlich ein großes Neujahrsfest gefeiert, bei dem Kinder, Erzieher und Eltern allesamt in Rot gekleidet erscheinen. Natürlich steht am Ende das gemeinsame Singen des Neujahrshits *Gong Xi, Gong Xi*, ein echter Ohrwurm! Der dudelt meist schon direkt nach Weihnachten in sämtlichen Kaufhäusern, Supermärkten, an Bushaltestellen und aus Handys.

Den Höhepunkt und Abschluss zur Begrüßung des neuen Jahres am Ende der Festlichkeiten bildet in Singapur jedes Jahr die große Chingay-Parade. Seit 1973 ist bei dem großen Umzug mit aufwendig geschmückten Wagen, Tanzdarbietungen, herrlichen Kostümen und Lichtinstallationen alles vertreten, was im Stadtstaat von Bedeutung ist. Damit sollten die Bürger für das Verbot von Knallkörpern entschädigt werden, das nach vermehrt aufgetretenen Unfällen erlassen wurde.

Zunächst allein für die chinesischstämmige Bevölkerung interessant, beteiligten sich innerhalb weniger Jahre auch die malaysischen und indischen Bevölkerungsgruppen am Umzug, und das Fest wurde größer und wichtiger. Inzwischen sind die Eintrittskarten für dieses multikulturelle Großereignis jedes Mal bereits innerhalb kürzester Zeit restlos ausverkauft. Der Rest der Bevölkerung verfolgt die Show an zwei aufeinander folgenden Abenden per Live-Stream, und beim Umzug selbst mitmachen zu dürfen, ist eine große Ehre für jeden Bewohner.

31. Grund

Weil »Du Schwein« keine Beleidigung ist

Mit Sternzeichen stehe ich auf Kriegsfuß, ich bin ein derart unesoterischer Mensch, dass ich weder meinen Aszendenten kenne, noch die Horoskope in Zeitschriften lese – nicht einmal zur Unterhaltung beim Friseur oder im Wartezimmer.

Dass sich sämtliche Sternzeichen auf tatsächlich existierende Sternbilder beziehen, kann ich ja historisch und astronomisch nachvollziehen, und die zwölf Sternzeichen kriege ich natürlich auch auswendig zusammen, schließlich sind sie mir oft genug begegnet. In Singapur dagegen bin ich zunächst baff, als mich zum ersten Mal jemand nach meinem Geburtsjahr fragt und darauf wissend nickt und murmelt: »Monkey year, I see …«

Meine Neugier ist daraufhin geweckt, und ich beginne, mich mit den chinesischen Tierkreiszeichen zu befassen, von denen es ebenfalls zwölf Stück gibt. Die haben mit den astronomischen Gegebenheiten, also den Himmelsbildern der westlichen Sternzeichen, überhaupt nichts zu tun, sondern beziehen sich auf eine Kalendereinteilung nach Mondbeobachtungen.

Deshalb sind die zwölf Tiere, die das Jahr unterteilen, durchweg »irdisch«, da der Lauf des Mondjahrs eng mit der Landwirtschaft verknüpft ist: Ratte, Büffel, Tiger, Hase, Drache, Schlange, Pferd, Schaf, Affe, Hahn, Hund, Schwein.

Zu den zwölf Tieren kommen noch fünf Elemente (Metall, Wasser, Holz, Feuer, Erde) mit jeweils spezifischen Eigenschaften. Außerdem werden mit Yin und Yang die geraden bzw. ungeraden Jahre benannt.

Aus der Kombination der zwölf Tiere und der fünf Elemente ergibt sich ein 60-Jahres-Zyklus, der in seiner Abfolge angeblich seit 2637 v. Chr. eingehalten wird und jedem Jahr ab dem Chinesischen Neujahrsfest einen Namen und bestimmte Eigenschaften verleiht.

Während unseres Aufenthalts in Singapur wechselten wir vom Jahr des Feuer-Hahns (mit den Eigenschaften zupackend, energisch und stolz) zum Erd-Hund (Fleiß und Zuverlässigkeit) und zum Erd-Schwein (Beharrlichkeit, Stabilität, Ehrlichkeit). Kinder, die im jeweiligen Jahr geboren werden, bekommen diese Eigenschaften gleich mit.

Meine Geburt fiel in das Jahr des Metall-Affen – und die chinesische astrologische Einordnung meiner angeblich deshalb besonders ausgeprägten Charaktereigenschaften klingt eigentlich genau nach denen meines Sternzeichens. Entweder bedeutet das, dass an der Sache tatsächlich was dran ist – oder dass sich beide Astrologie-Lehren in ihren Deutungen gleich allgemein ausdrücken, sodass sich jeder irgendwie darin wiederfindet. Egal, was davon stimmt: Westlicher und östlicher Kulturkreis haben doch so einiges gemeinsam!

32. Grund

Weil man Geldscheine anzünden darf

Jedes Jahr im siebten Monat des chinesischen Mondkalenders, also etwa von August bis September, findet das »Geisterfest« (*Zhong Yuan Jie* oder *Hungry Ghost Festival*) statt. Zu diesem Termin, glauben die chinesischen Buddhisten, öffnen sich die Pforten der Nachwelt, sodass deren Bewohner auf die Erde zurückkehren können.

Diese sogenannten »Hungergeister« sind die ruhelosen Geister der Verstorbenen, die sinnbildlich so ausgehungert nach weltlichen Dingen sind, dass sie niemals satt werden. In der buddhistischen Vorstellung haben Personen im Jenseits die gleichen Bedürfnisse wie im Diesseits. Deshalb kehren sie einmal im Jahr zurück, um von den Lebenden Essen und irdische Besitztümer einzufordern, die ihnen zu Lebzeiten verwehrt geblieben sind oder ihnen viel bedeutet haben.

Während des »Geistermonats« gelten strenge Regeln, schließlich wandeln Heerscharen von unsichtbaren Besuchern durch die Stadt. Große Feierlichkeiten wie Hochzeiten oder größere Anschaffungen sollten verschoben werden, denn diese könnten die umherirrenden Geister ablenken oder gar verstören. Dass man bei all den unsichtbaren Lauschern nicht schlecht über die Toten reden sollte, versteht sich von selbst. Von Alkoholgenuss ist abzuraten, wer betrunken ist, wird sonst ein leichtes Opfer von bösen Geistern, die sich einen neuen Körper suchen, um wieder am weltlichen Leben teilnehmen zu können. Und die Farben Rot und Schwarz sollte man für einen Monat aus dem Kleiderschrank verbannen, denn sie locken die Geister an.

Damit die Ahnen nicht ziellos umherwandern und gar für immer auf der Erde bleiben, ist die verbliebene Verwandtschaft höchst umtriebig, um dem Verblichenen sämtliche Wünsche zu erfüllen, mit denen er (oder sie) es sich dann im Jenseits gut gehen lassen kann und nicht dauerhaft seine Nachfahren belästigt.

Vier Wochen lang gedenken die Buddhisten besonders hingebungsvoll ihrer Verstorbenen, stellen Lieblingsspeisen an kleinen Altären vor den Haustüren auf und verbrennen sogenannte *Joss Paper* (»Höllengeld«) als Opfergaben. Meist sieht dieses Höllengeld tatsächlich aus wie Spielgeld, sämtliche verfügbaren Währungen kann man, auf buntes Papier gedruckt, erstehen, um es im Anschluss am Hausaltar zu verbrennen und dem Verstorbenen ein bisschen Bares mitzugeben.

Doch auch andere weltliche Güter werden sinnbildlich geopfert: Häuser, Autos, Fernseher, Kleidung, Handys, Luxus-Handtaschen – alles kann durch Verbrennen ins Jenseits transportiert werden. Da kein noch so liebender Abkömmling tatsächlich ein Auto verbrennen will, um des Vorfahren Seele Ruhe zu verschaffen, haben sich ganze Handwerksbetriebe in Singapur darauf spezialisiert, billige (und vor allem brennbare) Papiermodelle aller nur vorstellbare Besitztümer herzustellen.

Dabei kann ein detailgetreues Abbild des geliebten Motorrads oder der Villa dann schon ein paar Hundert Singapur-Dollar kosten – nur, um dann angezündet zu werden.

In jedem Stadtviertel und vor jedem Tempel finden sich diese kleinen Geschäfte, in denen die *Joss Paper* zusammen mit Räucherstäbchen und sonstigen Devotionalien erstanden werden können.

Es ist aber auch der Monat der Straßenkonzerte und Veranstaltungen, bei denen stets die erste Sitzreihe leer bleibt, denn sie ist für die Geister reserviert – wer trotzdem darauf Platz nimmt, gilt als verflucht. Die Musik wird bei diesen *Getai* (Mandarin für »Bühne«) noch lauter aufgedreht als sonst in Singapur üblich, um auch ja alle körperlosen Seelen anzulocken. Sänger, Tänzer, Puppenspieler oder ganze Opernensembles geben sich dabei mit möglichst kitschigen Auftritten die Ehre.

Am Ende des Geistermonats sollten sich die Verstorbenen dann aber endlich auf den Rückweg machen. Um ihnen den Heimweg zu erleuchten, werden überall lotusförmige Laternen auf Wasserflächen ausgesetzt. Sind diese irgendwann erloschen, bedeutet es, dass der Verwandtschaftsbesuch für dieses Jahr vorbei ist.

33. Grund

Weil Trinkgeld verpönt ist

Spätestens beim ersten Restaurantbesuch in einem anderen Land kommt für mich oft das große Erschrecken: Wie läuft es hier eigentlich mit dem Trinkgeld? Gibt man welches? Und wenn ja: wie viel? Trinkgeld zu geben ist eine hohe Kunst!

Je länger ich in Singapur lebe, desto öfter passiert es mir, dass ich die Rechnung genauso bezahle, wie sie mir vorgelegt wird, was außerhalb von Singapur allerdings zu Irritationen beim Personal führt. Das liegt nicht an meiner Unzufriedenheit oder Knausrigkeit, sondern schlichtweg daran, dass ich es nicht mehr gewohnt bin, Beträge aufzurunden.

In Singapur gibt man nämlich kein Trinkgeld. Es ist geradezu verpönt und zum Beispiel im Bereich des gesamten Flughafens sogar regelrecht verboten. Kein Dienstleister, sei es Taxifahrer oder Kellner, erwartet welches. Guter Service gilt als Selbstverständlichkeit und muss nicht extra belohnt werden. In den meisten Restaurants wird auf die Gesamtrechnung automatisch eine zehnprozentige *Service Charge* erhoben, und damit hat es sich.

Fast immer und überall werden selbst Kleinstbeträge mit Karte bezahlt, da fällt das Trinkgeldgeben schwer. Und bei Barzahlung runden die Dienstleister häufig zu ihren Ungunsten ab, um lästige Centbeträge zu vermeiden. Als ich bei einer der seltenen Gelegenheiten, in denen ich einen Schein zückte, dem Taxifahrer bedeutete, er möge das Wechselgeld bitte behalten, stieß ich auf größtes Unverständnis. Einmal lief mir der betreffende Fahrer sogar hinterher, um mir ein paar Münzen in die Hand zu drücken.

Hat man sich einmal daran gewöhnt, ist es einfach herrlich. Keine peinlichen Momente, in denen das Gegenüber auf eine finanzielle Anerkennung wartet, kein Herumprotzen in Restaurants und keinerlei Erwartungshaltung. Die Löhne sind so gestaltet, dass Trinkgeld zum Überleben nicht notwendig ist, und die bescheidene Haltung der Singapurer führt dazu, dass es eher als Beleidigung empfunden wird, sollte man versuchen, jemandem ein Trinkgeld aufzudrängen. Lässt man im Restaurant ein paar Münzen auf dem Tisch liegen, wandern diese eher in die Sammelbüchse vom nahe gelegenen Tempel denn in die Kasse.

34. Grund

Weil die Singapurer so gerne anstehen

Klischeehaft, und doch wahr: Die liebste Beschäftigung der Singapurer ist *Queueing, Shopping and Eating* (also »Anstehen, Einkaufen und Essen«). Ersteres führt meist unweigerlich zu Zweitem oder Drittem. Singapurer haben dabei ein deutlich anderes Verhältnis zu Wartezeiten als die ungeduldigen »Langnasen«. Sie sehen eine Warteschlange als etwas Positives, Wünschenswertes an: Warten scheint sich zu lohnen, denn dafür bekommt man etwas besonders Gutes.

Ihre Geduld ist dabei schier unerschöpflich: 30 Minuten für eine Schüssel Suppe vor der Garküche anzustehen, macht ihnen überhaupt nichts aus. Ganz im Gegenteil: Je länger die Warteschlange vor einem Essenstand, umso besser, schließlich scheint das Essen dort besonders gut zu sein. Eine Stunde Wartezeit für eine Kugel Eis, die dann auch noch vier Singapur-Dollar kostet? Kein Problem. Dass die Warteschlange vielleicht nur deshalb entsteht, weil das Personal langsam arbeitet oder der Stand uneffektiv organisiert ist, kommt niemandem in den Sinn.

Für uns erscheint das unlogisch, Zeit ist Geld, und jeder ist sich selbst der Nächste. Aber es klappt einfach so gut, dass ich mehr und mehr der Meinung anheimfalle, dass das stressfreie und unhektische Anstehen und das pragmatische Warten deutlich entspannter sind als eine Ellenbogengesellschaft. Am Flughafen geht es zum Beispiel beim Anstehen am Taxistand so reibungslos zu, dass alle schneller zum Zuge kommen, als wenn sich jeder vordrängeln würde und nur auf seinen eigenen Vorteil bedacht wäre.

Aber woher kommt die Begeisterung fürs Anstehen?

Asiaten scheinen die Engelsgeduld in den Genen zu haben. Ob *Dumplings*, das neueste iPhone oder eine Hello-Kitty-Puppe: Überall in der ganzen Stadt sehe ich lange Schlangen vor Geschäften und

Restaurants. Beim Einsteigen in den Bus geht es geordnet zu, Vordrängler gibt es schlichtweg nicht, und wenn doch ein unwissender Europäer dazwischenfunkt, wird auch das mit Gleichmut zur Kenntnis genommen.

Schon im Kindergarten höre ich fast täglich den Satz: »Please queue!« Für unseren Sohn ist es bereits selbstverständlich, sich hinten anzustellen.

Am besten lässt sich dieses Gebaren mit dem Wort *kiasu* erklären, das ursprünglich aus dem Hokkien stammt. Es beschreibt sinngemäß die Angst, zu verlieren oder etwas zu verpassen. Dabei ist es egal, ob der Verlust sich auf Geld, Ansehen oder Besitz bezieht. Wegen dieser Angst werden von den Singapurern extreme Anstrengungen unternommen, um eben nicht zu verlieren, aber es darf dabei möglichst keine Risiken geben. Der Begriff ist so populär, dass er ein gängiges Singlisch-Wort (siehe 29. Grund) ist und im Rahmen des 50. Jubiläums der Unabhängigkeit als treffendster Ausdruck ausgewählt wurde, um die Singapurer zu beschreiben.

Die Angst, irgendetwas Gutes, Leckeres oder besonders Günstiges zu verpassen, führt also dazu, dass lieber stundenlang geduldig gewartet wird. Dass als Konsequenz daraus der Alltag in Singapur äußerst geordnet und wie am Schnürchen abläuft, finde ich durchaus nachahmenswert.

35. Grund

Weil Ayurveda und TCM anerkannte Heilmethoden sind

Werden wir in Singapur von Schnupfen, Husten oder Schlimmerem geplagt, stehen uns neben der klassischen, westlichen Medizin ganz neue Möglichkeiten der Behandlung offen. Denn in Singapur existieren westliche und östliche Medizin einträchtig nebeneinander.

Singapurer gehen bei Zahnschmerzen oder Erkältungen zwar durchaus auch zum in den USA oder Europa ausgebildeten Mediziner, schwören aber bei Magenproblemen auf ayurvedische Behandlung und bei Schlafproblemen oder Kopfschmerzen auf *Traditionelle Chinesische Medizin* (TCM), um Beispiele zu nennen. Gerne zählen sie ungefragt auf, welche Mittelchen und Mischungen sie für das allgemeine Wohlbefinden einnehmen, dabei werden sämtliche Heilmethoden wild miteinander kombiniert. Hauptsache, es hilft!

Bei Spaziergängen durch *Chinatown* und andere, vor allem von chinesischstämmigen Singapurern bewohnte Viertel fallen mir die vielen *TCM*-Arzneiausgaben auf. Die Auslagen der mittelalterlich anmutenden Apotheken sind wirklich einen genaueren Blick wert: Schildkrötenpanzer, ganze Schwalbennester, getrocknete Eidechsen, Tintenfische und Seepferdchen liegen neben allen Arten von Wurzeln, Pilzen, Gewürzen und für mich undefinierbaren Heilmitteln.

Bei einer Stadtführung zum Thema *Mysteries of Eastern Traditional Medicines* lasse ich mich dann in die Welt der östlichen Heilkünste einführen. Zunächst geht es dafür nach *Little India*, wo wir eine der vielen *Ayurveda*-Kliniken besuchen. Von einem der indischen Ärzte, die allesamt aus Kerala, dem Geburtsort von *Ayurveda*, stammen und dort studiert haben, werden wir begrüßt. Per Powerpoint-Vortrag führt er uns in die traditionelle indische Heilkunst ein. Er berichtet über das Gleichgewicht der Lebensenergien im Körper, denn *Ayurveda* (Sanskrit, »Wissen vom Leben«) ist eine ganzheitliche Heilmethode. Er erklärt anschaulich die verschiedenen Reinigungstechniken, die angewandt werden, um dieses wiederherzustellen. Blutegel zur Reinigung des Blutes, Einläufe und die Verabreichung von Brechmitteln gehören ebenso dazu wie Ernährungsumstellungen und Massagen.

Schließlich demonstriert der Arzt mit dem unaussprechlichen Namen noch die bekannteste Form der *Ayurveda*-Behandlung, den Stirnölguss. Dabei wird warmes (Sesam-)Öl mit Kräuterduft in stetigem Fluss auf die Stirn geträufelt und ins Haar einmassiert, etwa

45 Minuten lang. Dies soll helfen, den Geist zu beruhigen, und wird vor allem bei Stress, Schlafstörungen, Kopfschmerzen, Kreislaufproblemen, aber auch bei Haarausfall angewandt.

Zum Abschluss bekommen wir alle ein kleines Fläschchen Heilöl ausgehändigt, das gegen Muskelschmerzen helfen soll. Leider spricht der Arzt Englisch mit so heftigem indischen Einschlag, dass die Hälfte seiner Ausführungen erst bei der dritten Nachfrage zu verstehen ist.

Nun ist die chinesische Heilkunst an der Reihe, die sich am besten im *Tan Yok Nee*-Haus erkunden lässt. In dem Gebäude aus den 1880er Jahren, welches einer wohlhabenden chinesischstämmigen Kaufmannsfamilie gehörte, befindet sich heute eine Klinik für Traditionelle Chinesische Medizin.

Im Wartebereich wirken schon die aufwendig gearbeiteten Deckenfresken therapeutisch, ebenso wie der Rosentee, der gratis serviert wird. Im Hintergrund steht ein massiver, wandfüllender Apothekenschrank, aus dem eine Angestellte seltsame Wurzeln und Gewächse entnimmt, abwiegt und eine Medizin daraus zusammenstellt.

Wie *Ayurveda* ist auch *TCM* eine jahrtausendealte, ganzheitliche Heilkunst, wobei in der Chinesischen Medizin die Arzneimitteltherapie, Akupunktur und *Moxibustion* (die Erwärmung von Akupunkturpunkten) im Vordergrund stehen, kombiniert mit Massagen, Ernährungsempfehlungen und körperlichen Betätigungen wie *Qigong* und *Taijiquan* (auch bekannt als *Tai Chi*).

Eine Ärztin der Klinik zeigt uns anschließend die Behandlungsräume und demonstriert uns einige der Heilmethoden von *TCM*. Ihr Schwerpunkt ist die Schönheitsmedizin; sie empfiehlt hierfür verschiedene Akupunkturpunkte und zeigt uns, wie sie mittels kleiner und größerer Scheibchen aus Jade oder Keramik die Gesichtshaut durch »Schaben« stimuliert und das Lymphsystem aktiviert, um dadurch strahlendere Haut und ein verjüngtes Aussehen zu erzielen. Diese Methode, *Gua Sha*, kann zu Blutergüssen führen, wird aber als sehr wohltuend empfunden – ebenso wie das Trockene Schröpfen oder »*Cupping*«: hierfür werden per brennendem Wattebausch Gläser angewärmt und anschließend auf verspannte oder angeschwollene Hautpartien gesetzt. Die Gläser saugen sich durch Unterdruck fest, so sollen z.B. Rückenschmerzen behandelt werden.

Mir gefällt, wie selbstverständlich in Singapur auch in Sachen Heilkunst Toleranz geübt wird. Was in Deutschland gerne als pseudowissenschaftlich oder Alternativmedizin abgekanzelt wird, sorgt in ganz Asien seit über 2.000 Jahren für Heilerfolge bei bestimmten Krankheiten. Niemand würde hier im Gegenzug auf die Idee kommen, die westliche Medizin zu verurteilen. Ganz im Gegenteil: Jeder sucht sich aus den drei großen Medizinwissenschaften die aus, die für den jeweiligen Patienten und Krankheitsfall am besten passt. Wer heilt, hat eben recht.

36. Grund

Weil vier Amtssprachen möglich sind

Jedes Mal, wenn wir einen Handwerker rufen müssen, wird es schwierig. Die Herren sprechen nämlich im Allgemeinen kein oder nur sehr wenig Englisch – und ich kann mich in Mandarin, Hokkien oder einer anderen chinesischen Sprache überhaupt nicht verständigen.

Auf dem *Wet Market* in meinem Stadtviertel ist es ähnlich. Die Damen am Gemüse- oder Obststand können mir den Preis zwar auf Englisch nennen, schließlich sehen sie der »Langnase« an, dass sie kein Chinesisch kann, meine Nachfragen zu den verschiedenen Sorten Gemüse verhallen aber ungehört. In solchen Situationen wird mir erst klar, wie praktisch es in meinem Alltag ist, dass Englisch in Singapur die Hauptsprache ist. Aber eben nicht die alleinige.

Ursprünglich herrschte auf dem Malaiischen Archipel *Bazaar Malay* vor, eine Pidgin- oder Behelfssprache in Anlehnung an

Malaiisch. Englisch wurde erst mit der britischen Herrschaft die Lingua franca und nach der Unabhängigkeit Singapurs zur Hauptsprache. Es wird an Schulen, öffentlichen Einrichtungen, Gerichten, im Geschäftsleben und für sämtliche Regierungsangelegenheiten verwendet.

In der Verfassung von 1965 ist zwar festgehalten, dass Malaiisch die alleinige Nationalsprache des Stadtstaates ist. Schließlich gelten die Malaien verfassungsrechtlich als indigene Völker Singapurs, und die Regierung erkennt ihre Sprache und ihr kulturelles Erbe als schützenswert an. Im folgenden Absatz der Verfassung ist aber die Rede davon, dass Englisch, Chinesisch, Malaiisch und Tamil gleichermaßen Amtssprachen sind. Dies bildet die ethnische Bevölkerungszusammensetzung ab:

- chinesischer Abstammung: 74 Prozent
- malaiischer Abstammung: 13 Prozent
- indischer Abstammung: 9 Prozent

In diesem Vier-Sprachen-Staat sind viele Hinweis- und Verbotsschilder in Englisch, Malaiisch, Mandarin und Tamil verfasst und nehmen deshalb gleich vier Mal so viel Platz ein wie gewohnt. Der daraus resultierende Schilderwald ist massiv. Die Ansagen in der MRT sind ziemlich langatmig, schließlich muss der gleiche Text vier Mal wiederholt werden. Ganz schön umständlich!

Die meisten Singapurer sprechen mindestens zwei Sprachen, wobei Englisch mit 90 Prozent Sprechern den Löwenanteil innehat. Innerhalb der eigenen Familie sprechen allerdings nur noch 36 Prozent der Bevölkerung Englisch, 34 Prozent Mandarin, zwölf Prozent andere chinesische Sprachen oder Dialekte wie Kantonesisch oder Hokkien, zehn Prozent Malaiisch und drei Prozent Tamil. Der Rest spricht andere Sprachen, z.B. Deutsch wie wir. In einer Untersuchung im Jahr 2009 wurde festgestellt, dass in Singapur mit seinen gut fünf Millionen Einwohnern mehr als 20 verschiedene Sprachen gesprochen werden. Eine beeindruckende Sprachenvielfalt!

37. Grund

Weil Singvögel in Wettbewerben gegeneinander antreten

Spaziert man durch die großen Wohnanlagen des staatlichen Wohnbauprogramms (siehe 12. Grund), fallen neben den vielen Sitzgelegenheiten, Sportgeräten und Fahrradständern die überdachten, betonierten Pavillons auf, von deren Decke große Metallhaken hängen: die *Bird Singing Corners* (»Ecken für Vogelgesang«).

Praktisch jeder Bewohner eines *HDB*-Apartments hat Singvögel in prächtigen, oft handgeschnitzten Käfigen vor seiner Wohnung hängen. Diese Vögel sind der ganze Stolz ihrer Besitzer. Damit die Tiere nicht vereinsamen und vor allem ihre Sangeskunst gefördert wird, trifft man sich jeden Vormittag an den *Bird Singing Corners*, wo die Käfige an besagten Haken, sortiert nach Gattung, in Reih und Glied aufgehängt werden.

Dann zwitschern die gefiederten Sänger in sämtlichen Ecken nach Lust und Laune, werden trainiert und sollen von den Mitsängern lernen. Alle paar Wochen werden dann sogar Gesangswettbewerbe ausgefochten. Dabei werden Sangeskunst, Tonqualität, Ausdauer, Lebendigkeit, Schwanzlänge und -bewegung sowie Aussehen bewertet.

Zu den besonders begabten Vogelarten gehören *Merbah Jambul* (Rotohrbülbül), *Shama* (Schamadrossel), *Mata Puteh* (Ganges-Brillenvogel) und *China Trush* (China-Singdrossel), die teilweise hohe fünfstellige Beträge kosten und dementsprechend gehegt und gepflegt werden.

Für *Merboks* (Sperbertauben) gibt es zusätzlich besondere Aufhängevorrichtungen: bis zu sechs Meter hohe Stangen, die aussehen wie Fahnenmasten. An diesen werden die Käfige möglichst hoch aufgehängt, denn diese Vogelarten singen nur aus der Höhe, dort fühlen sie sich sicher. Wenn dazu auch noch die Sonne scheint und möglichst viele Artgenossen anwesend sind, beginnt das Vogelkonzert.

Der Merlion (ein Kunstwort aus *mer* für »Meer« und *lion* für »Löwe«) ist das Wahrzeichen Singapurs – auch wenn es dort wohl nie Löwen gegeben hat. Die wasserspeiende Statue an der Marina ist ein beliebtes Fotomotiv.

Oben: Das wohl meistfotografierte Gebäude der Stadt: das imposante Marina Bay Sands Hotel.
Unten: Im Infinity Pool auf dem Dach dürfen leider nur Hotelgäste baden – und das obligatorische Selfie vom 57. Stock mit der Skyline im Hintergrund machen.

Oben: Ein Besuch im Gardens by the Bay, dem modernen Park mit seinen futuristischen Supertrees, gehört zum Pflichtprogramm jedes Singapur-Aufenthalts.
Unten: Der Park selbst bietet auf seinen kilometerlangen Wander- und Radwegen überraschende Ausblicke auf die Mündung des Singapore Rivers und das Riesenrad Singapore Flyer.

Oben: Das quirlige Viertel Chinatown ist eine Mischung aus historischen Gebäuden, Souvenir-Geschäften und vor allem Restaurants und Garküchen.
Unten: Der dort gelegene Buddha Tooth Relic Temple ist einen Besuch wert; nicht nur wegen der beeindruckenden vergoldeten Haupthalle, sondern auch wegen der ausgestellten Reliquie.

Oben: In Little India verbreiten Nelken und Chrysanthemen ihren betörenden Duft. Straßenhändler bieten die von Hand geknüpften Blumengirlanden an, die den Hausgöttern täglich frisch umgehängt werden.
Unten: Dieser hinduistische Tempel mit seiner für Südindien typischen farbenprächtigen Fassade bildet einen interessanten Kontrast zu den modernen Wohnhäusern dahinter.

Oben: Haupt- und Lieblingsbeschäftigung der Singapurer: das Essen. Am schnellsten und authentischsten kann man sich auf einem der vielen Hawker Centres verköstigen, wo sich Garküche an Garküche reiht. Hier findet jeder etwas nach seinem Geschmack: Satay-Spieße mit der dazugehörigen scharfen Erdnusssauce, Meeresfrüchte vom Grill, indische Dosas (Pfannkuchen) ...
Unten links: Die Restaurant-Vielfalt ist schier endlos. Der großen Mehrheit der chinesischstämmigen Bevölkerung verdankt Singapur z.B. die vielen Hot-Pot-Lokale, in denen die asiatische Variante des Fondues serviert wird. **Unten rechts:** Carrot Cake bzw. Chai tow kway ist eines der vielen Nationalgerichte aus Singapurs Garküchen. Entgegen meiner anfänglichen Vermutung handelt es sich dabei um eine Art Omelett mit chinesischem Daikon-Rettich. Köstlich!

Oben links: Putu Piring und Appam sind Süßspeisen aus der malaiischen bzw. indischen Küche. Beide bestehen aus Reismehl, das bei den Putu Piring mit Gula Melaka (Palmzucker) gefüllt und gedämpft wird, während Appams ähnlich wie Pfannkuchen gebacken und mit frischen Kokosraspeln und Zucker serviert werden. **Oben rechts:** In praktisch jeder Landesküche weltweit gibt es gefüllte Teigtaschen. Besonders gut ist die chinesische Dumpling-Variante, die im Bambuskörbchen gedämpft und serviert wird.
Unten: Nordindisches Street Food (Chaat) wie aus dem Bilderbuch: Chole Bhature (Kichererbsencurry mit frittiertem Brot), dazu ein sämiger Mango-Lassi mit Joghurt, der die Schärfe mildert.

Singapur ist die Stadt der spannenden architektonischen Gegensätze. In direkter Nachbarschaft stehen historische Shophouses (kombinierte Geschäfts-/Wohnhäuser aus dem 19. Jahrhundert) und moderne Wolkenkratzer mit ihren verspiegelten Fassaden.

Oben: Am Singapore River werden diese Gegensätze besonders deutlich: Die zweistöckigen Warenhäuser im Vordergrund der Hochhäuser des Geschäftsviertels sehen heute vielleicht winzig aus. Doch haben sie den märchenhaften Aufstieg Singapurs vom Warenumschlagplatz zur Wirtschaftsmetropole begründet. **Unten:** Grün, so weit das Auge reicht. Jeder noch so kleine Fleck wird in Singapur bepflanzt, denn das sorgt für gute Luft, Abkühlung und Lebensqualität. Dabei ist Kreativität gefragt, denn besonders viel Bodenfläche hat der kleine Stadtstaat nicht. Begrünte Fassaden und Dachgärten gehören deshalb zum Stadtbild.

Oben: Religionsvielfalt und Toleranz sind im Vielvölkerstaat selbstverständlich. Hinduistische Tempel ...
Unten: ... stehen oft in direkter Nachbarschaft zu Moscheen ...

... und buddhistischen /
taoistischen Gebetsstätten.

Panoramablick vom Dach des Marina Bay Sands über Gardens by the Bay mit Supertrees und Gewächshäusern und die auf dem Meer ankernden Containerschiffe, die auf ihre Ent-/Beladung warten.

Oben: Der Große Preis von Singapur der Formel 1 ist jedes Jahr einer der Publikumsmagnete. Das Nachtrennen ist der Höhepunkt eines ganzes Wochenendes, in dem sich alles rund um Qualifying, Rock- und Popkonzerte und Motorenlärm dreht. **Unten:** Die Marina bei Nacht, mit Blick auf Marina Bay Sands (mit der täglich stattfindenden Lasershow), ArtScience Museum und Singapore Flyer.

Oben: Die Haji Lane im muslimisch geprägten Viertel Kampong Glam lockt mit hippen Boutiquen, Cafés, Galerien und Tattoostudios.
Unten: Die Supertrees im Gardens by the Bay »tanzen« jeden Abend mit einer monatlich wechselnden, aufwendig choreografierten Lichtershow zu Musik.

Auch das aufgeräumte, ordentliche Singapur hat ein paar »wilde« Ecken – die meisten davon rund um die Arab Street.

Die dazugehörigen Besitzer – *Bird Singing* ist eine reine Männerdomäne, die meisten von ihnen sind deutlich über 50 – machen es sich derweil auf den mitgebrachten Campingstühlen gemütlich, lesen Zeitung, spielen Schach und halten ein Schwätzchen. Viele von ihnen sind in Vereinen organisiert und bilden eine feste Gemeinschaft.

Leider verschwindet diese typische Singapurer Tradition. An die größte und ehemals bekannteste *Bird Singing Corner* in *Tiong Bahru* erinnert seit ihrer Schließung in den 1990er-Jahren nur noch eine Wandmalerei. Heute trifft man die meisten Vogelliebhaber im *Kebun Baru Bird Singing Club* in *Ang Mo Kio*. Bis zu 1.000 Käfige können hier gleichzeitig aufgehängt werden, und an gut besuchten Tagen (vor allem am Wochenende bei sonnigem Wetter) ist der Vogellärm ohrenbetäubend. Allerdings nur von den frühen Morgenstunden bis zum Mittag – danach wird es für Mensch und Vogel zu heiß.

38. Grund

Weil so viele Feste und Feiertage unterschiedlichster Herkunft zelebriert werden

Singapur war nie eine Kolonie im eigentlichen Sinne. Keine blutigen Eroberungskämpfe gingen der britischen Stadtgründung voraus, keine Einheimischen mussten besiegt oder gar missioniert werden. Das Interesse war rein wirtschaftlicher Natur, die Stadt wurde mit kaufmännischen Verhandlungen erstanden und aus Vertragsabschlüssen geboren.

Gewachsen ist daraus ein friedliches Miteinander verschiedener Völker, die sich gegenseitig bereichern und respektieren und deren jeweilige Traditionen und Bräuche bis heute die offiziellen und nichtoffiziellen Feiertage Singapurs prägen.

Dabei folgen von den elf *Public Holidays* nur Neujahrstag, Labour Day und National Day keinem religiösen Jahreskreis.

Karfreitag und Weihnachten wurden von den Christen eingebracht, die Buddhisten begehen meist im Mai *Vesak* zur Erinnerung an Geburt, Erleuchtung und Tod Buddhas. Am Ende des Fastenmonats Ramadan steht für die Muslime – und alle anderen Bewohner Singapurs – *Hari Raya Puasa*, das Fest des Fastenbrechens, auf dem Programm. *Hari Raya Haji*, das Opferfest der Muslime und höchstes islamisches Fest, wird im Herbst gefeiert, dicht gefolgt von *Deepavali*, mit dem die hinduistische Bevölkerung ihr Lichterfest begeht.

Dabei halten die Singapurer sehr an ihren elf Feiertagen fest. Fällt einer davon auf einen Sonntag, wird er am darauffolgenden Montag nachgeholt. Das ist auch notwendig, denn der gesetzliche Urlaubsanspruch liegt bei maximal 14 Tagen jährlich.

Anfangs sind wir ständig überrascht, wenn wieder ein Feiertag ansteht. Sind die offiziellen im Jahreskalender ja noch vorhersehbar, wird nebenbei ständig in den verschiedenen Kulturen noch zusätzlich alles Mögliche gefeiert. Jede Kultur lebt völlig offen ihre jeweiligen Feste aus und bezieht mit großer Begeisterung den Rest der Bevölkerung mit ein.

So feiert die chinesische Mehrheit neben dem wichtigsten Fest des Jahres, dem Chinesischen Neujahrsfest, auch den Geburtstag des Affengottes. Die Tamilen demonstrieren an *Thaipusam* den Sieg des Geistes über den Körper und lassen sich von Haken und Nägeln durchbohren (siehe 41. Grund).

Die thailändische Bevölkerung feiert üblicherweise im November *Loy Krathong*, das Lichterfest, die südindische Minderheit begeht *Pongal*, eine Art Erntefest mit vielen Veranstaltungen in *Little India*, bei denen jeder Interessierte lernen kann, das traditionelle Reisgericht im Tontopf zu kochen.

Bald darauf folgt *Zhongxao*, das Drachenbootfest, bei dem chinesische und internationale Teams bei einer Drachenboot-Regatta gegeneinander antreten und Unmengen von *Zhongzi* (Reisküchlein) und traditionellen gelben Wein konsumieren.

Buddhisten und Taoisten feiern gleichermaßen das Fest der Hungergeister, das den Herbst einläutet (siehe 32. Grund).

Daneben gibt es noch den *Children's Day*, bei dem die Kinder von Lehrern und Erziehern beschenkt werden, sowie den *Teacher's Day*, bei dem wiederum die Lehrkräfte Geschenke erhalten. Letzterer erwischt mich anfangs unvorbereitet, und ich stehe mit leeren Händen vor dem Klassenzimmer, doch das passiert mir nicht noch einmal, und schon füllt ein weiterer Termin unseren ständig wachsenden Kalender.

Der *Racial Harmony Day* wird vor allem in Schulen begangen, hier dürfen die Kinder stolz ihre jeweiligen Landestrachten tragen und darüber erzählen. Unser Sohn marschiert dann jedes Jahr wieder zünftig und stolz in der bayerischen Lederhose in den Kindergarten.

Australier feiern ihren Nationalfeiertag am 26. Januar natürlich auch in Singapur, die japanischen Einwohner begehen am 3. März *Hina-Matsuri*, das japanische Puppenfest oder Mädchenfest sowie *Umi no Hi*, den Tag des Meeres, mit Mitmachaktionen für Groß und Klein.

Und dass die Deutschen ihr geliebtes Oktoberfest im September ebenfalls fest in Singapurs Jahreskreislauf etabliert haben, ist nur ein weiterer Beweis für die Diversität der Feste im südostasiatischen Stadtstaat.

39. Grund

Weil ganz Singapur am Nationalfeiertag rot-weiß ist

Meist ab Mitte Juli geht es los, dann tauchen die ersten Fahnen und Girlanden an den Fassaden der Häuser auf. Ganz Singapur ist im Rot-Weiß-Fieber, denn der Nationalfeiertag, an dem die Stadt seit 1965 ihre Unabhängigkeit von Malaysia feiert, findet jährlich am 9. August statt.

Sämtliche Wohn- und Geschäftshäuser, Einkaufszentren, Schulen und Behörden werden in den Nationalfarben Rot und Weiß dekoriert und beflaggt.

Singapurer sind so stolz auf ihre Nation, dass dieser Feiertag der wichtigste im ganzen Jahr ist und immer groß gefeiert wird, mit einer Parade, Feuerwerk, Flugshows der Luftwaffe und großem Brimborium. Die Vorbereitungen dafür laufen schon Wochen vorher: Beinahe täglich donnern dann Kampfflieger im Formationsflug über unsere Köpfe hinweg, und die Fallschirmstaffeln zeigen waghalsige Kunststücke. Hoch am Himmel knattert der große Hubschrauber der Luftwaffe vorbei und zieht die viele Meter lange Landesflagge hinter sich her. Dass der Lärm ohrenbetäubend ist und dass allein die Probedurchgänge der Luftwaffe Millionen kosten, stört niemanden.

Und auch der Höhepunkt der Show, das große Feuerwerk, wird geprobt. Und zwar an mindestens vier Abenden in vollem Durchlauf, damit dann auch zum Nationalfeiertag selbst nichts mehr schiefgeht. Geld spielt hier wirklich keine Rolle, wenn so ein Spektakel ganze vier Mal nur zu Übungszwecken abgefeuert wird!

Natürlich fehlt es auch nicht an musikalischer Unterhaltung. Die Komposition eines *Patriotic Songs*, also eines Liedes, das die Verbundenheit zum Heimatland ausdrückt, ist wichtiger Bestandteil der jährlich stattfindenden Festivitäten. Die Hymnen der vergangenen Jahre dudeln derweil ununterbrochen über Lautsprecher in den Kaufhäusern – und auch im Kindergarten. Das führt dazu, dass der Sohnemann den lieben langen Tag musikalisch fragwürdige Lieder mit dem Titel *We are Singapore* und *One People, One Nation, One Singapore* singt, deren Melodie sich einem als hartnäckiger Ohrwurm ins Hirn brennt, obwohl die Texte einem schlechten Übersetzungsprogramm oder einer Werbebroschüre entsprungen zu sein scheinen.

Zum Feiertag selbst und den dazugehörigen Feierlichkeiten ist es unverzichtbar, die passende Kleidung zu tragen, die zu diesem Anlass natürlich in Rot-Weiß und idealerweise mit einem *I love Singapore*-

Aufdruck versehen ist. Auf dem Postamt und in den Supermärkten werden Klebetattoos verkauft, die den stadtbekannten Löwen (siehe 2. Grund) und die Fahne zeigen.

Bei andächtiger Stimmung und musikalisch untermalt von der Nationalhymne *Majulah Singapore* wird dann die Flagge gehisst, anschließend sprechen die Singapurer das Gelöbnis. Das verfolgen wir aber nur per Live-Stream, denn die offizielle Veranstaltung am Nationalfeiertag selbst ist allein den Einheimischen vorbehalten, die Tickets dafür werden verlost. Aber das macht nichts, denn die gesamte Veranstaltung mitsamt dem spektakulären Feuerwerk haben wir ja bereits bei einer der Proben kostenlos bei einem gemütlichen Picknick an der Marina bewundert, vor der beeindruckenden, nächtlichen Kulisse des *Central Business Districts* mit seinen Hochhäusern.

40. Grund

Weil Singapurer abergläubisch sind

Singapur gehört sicher zu den modernsten Metropolen der Welt. Aber der Besucher sollte sich nicht täuschen lassen: Hinter den glänzenden Hochhausfassaden haben sich so manche Bräuche und viel Aberglauben erhalten.

Nicht nur an den Feiertagen versehen Singapurer ihre Wohnungen mit glücksbringenden Symbolen, lassen rote Papierlampions oder -ananas von den Zimmerdecken baumeln und hängen in indisch geprägten Haushalten Zitronen und Chilischoten vom Türrahmen.

Geldbeutel in der Farbe Rot sind stets als erste vergriffen, denn Rot symbolisiert Glück, Reichtum und Freude.

Der Glaube an das chinesische Horoskop führt dazu, dass Schulen alle zwölf Jahre mit Überfüllung kämpfen, wenn die Drachenkinder (im Jahr des Drachen geboren) eingeschult werden. Denn dieses Sternzeichen gilt als so positiv besetzt, dass alles versucht wird, dass der Nachwuchs in diesem Jahr geboren wird. Während der Schwangerschaft darf die werdende Mutter dann keinesfalls Kokosnuss, Ananas oder Wassermelone zu sich nehmen, gelten diese Nahrungsmittel doch als »kalt« und könnten eine Fehlgeburt verursachen. Aus demselben Grund dürfen Schwangere niemals eine Trauerfeier oder eine Begräbniszeremonie besuchen.

Allein die Bräuche und Traditionen rund um das Chinesische Neujahrsfest (*Chinese New Year*) würden ein ganzes Kapitel füllen und sind für einen Nichtasiaten schier undurchschaubar.

In indischen Haushalten wird gerne zur Hauseinweihung Kuhdung verbrannt, denn dieser gilt als spirituell besonders rein und soll das neue Heim vom alten Muff und Geistern der Vorbesitzer befreien. Dass er extra aus Indien eingeflogen werden muss, ist zwar umständlich, aber das hält keine rechtschaffene indische Familie davon ab.

Unter der malaiischen Bevölkerung wird gerne auf *Minyak Cinta* (Liebesöl) zurückgegriffen, das gegen Liebeskummer helfen oder auch wahlweise Erfolg in der Liebe herbeiführen soll.

Alles, was den Wohlstand mehren und Glück bringen soll, wird genutzt. Gerne auch quer durch alle Kulturen. Solange es geschäftsfördernd wirkt, wird nichts unversucht gelassen, das gilt auf für die Regierungsgeschäfte.

Dass der Aufkleber auf den Autos, der zur Nutzung der Schnellstraßen berechtigt (*Road Tax Label*), achteckig und damit nach *Feng Shui*-Lehre äußerst Glück verheißend ist, ist sicher kein Zufall.

Nummernschilder mit einer Acht oder Wohnungen im achten Stock bzw. in der Hausnummer 8 sind besonders beliebt und versprechen Wohlstand.

Die Vier dagegen wird vermieden; das geht so weit, dass es in einigen Wohnhäuser keinen vierten Stock gibt (stattdessen: 3A und 3B). Wohnungen mit einer Vier in der Apartment-Bezeichnung werden oft unter dem Durchschnittspreis angeboten, und wer nicht allzu abergläubisch ist, kann hier ein gutes Geschäft machen.

Singapurer lieben außerdem Geistergeschichten. Dämonen und Gespenster sind für die Einwohner ganz normal, niemand stellt hier die Existenz der Geisterwelt infrage. Die Bücherserie *Mr. Lee's True Singapore Ghost Stories* zählt bereits 19 Bände und verkauft sich bestens; fast eine Million Exemplare gingen allein in Singapur über den Ladentisch.

Es kursieren zu fast jedem Ort der Stadt Berichte über gruselige Begegnungen, besonders beliebt sind hierbei alte Schreine, an denen Geister ihr Unwesen treiben sollen. Die Mitglieder der *Singapore Paranormal Investigators* (SPI) bieten nächtliche Ausflüge an verwunschene Orte, Gebäude oder Ecken an, an denen es nicht mit rechten Dingen zugeht oder Geister gesichtet wurden. Auch taoistische Geisteraustreibungen oder Friedhofsspaziergänge stehen auf dem Programm. Taxifahrer weigern sich zuweilen, besonders gespenstische Viertel wie *Woodlands*, *Sembawang* oder *Khatib* anzufahren. Nirgendwo sonst in Asien sind Geister so sehr in den reibungslosen Alltag integriert.

Legendär ist das Zitat des ersten und viel geliebten Premierministers von Singapur. Lee Kuan Yew erklärte bei einem Interview: »Ich selber glaube zwar nicht an Horoskope oder an *Feng Shui*, bin nicht abergläubisch. Aber wenn ich eine Wohnung kaufe, die vermeintlich nach *Feng Shui*-Lehre erbaut ist, kann ich sie später wieder besser verkaufen.«

Besser kann man die Vermischung von (Aber-)Glauben, Pragmatismus und Geschäftstüchtigkeit in Singapur nicht zusammenfassen!

41. Grund

Weil beim Hindu-Fest Thaipusam die Schmerzgrenze bewusst überschritten wird

Thaipusam, das Fest der Schmerzen, ist einer der wichtigsten tamilischen Feiertage, an dem die Millionen Hindus in Südindien und Sri Lanka den Gott Murugan ehren. Wenn im Monat Thai, dem zehnten Monat des hinduistischen Kalenders, der Stern Pusam seine höchste Position am Himmel erreicht hat und Vollmond ist, ist es Zeit, dem Gott der Schmerzen und Qualen zu huldigen. Nirgendwo außerhalb Indiens wird dieses religiöse Fest aber so spektakulär und ausufernd begangen wie unter der großen tamilischen Bevölkerung Singapurs.

Bis 2015 war *Thaipusam* sogar ein offizieller Feiertag, und auch heute noch sperrt man für die traditionellen Prozessionen die Hauptverkehrsstraßen und ermöglicht so ausgedehnte Feierlichkeiten.

Dabei geißeln sich die Gläubigen, indem sie sich Speere durch Wangen, Augenbrauen und Lippen bohren, Nadeln und Haken mit Gewichten im Rücken oder der Brusthaut versenken. Andere befestigen an den Haken in der Haut Seile, mit denen sie rollende Altäre für Murugan hinter sich herziehen.

Die 2.000 Jahre alte Tradition beruht auf der Sage, nach der die Götter Shiva und Parvati ihrem jüngsten Sohn Murugan befohlen, einen bösen Dämon zu besiegen. Dank des magischen Speers gelang dies, und Murugan wird seither als Kriegsgott von den Tamilen verehrt.

Der Kreativität der seligen Selbstgeißelung scheinen keine Grenzen gesetzt zu sein. Die spitzen Folterinstrumente symbolisieren den magischen Speer Murugans, und die Gabe, die Schmerzen auszuhalten und in Demut zu ertragen, ist Ausdruck des Glaubens und der Buße.

Die höchste Form der Hingabe mit vollem Körpereinsatz zeigen aber die, die mit einem bis zu 60 Kilogramm schweren Aufbau auf den Schultern stundenlang über die vier Kilometer lange Strecke durch die Stadt marschieren. Diese *Kavadi* (tamilisch, »Bürde«) ist meist aufwendig in Handarbeit hergestellt und geschmückt und großzügig mit Pfauenfedern, Götterbildern und Glöckchen versehen. Das Gestell ruht auf langen, spitzen Nadeln auf der Haut des Trägers und fungiert dadurch als besonders perfides Marterinstrument.

Wenn um Mitternacht die Prozession im Hof des *Sri Srinivasa Perumal*-Tempels beginnt, sind die meisten der Büßer nach mehrwöchigem Fasten, der Rasur der Kopfhaare, sexueller Abstinenz und anderen Riten in eine Art Trance versetzt. Das mag dazu führen, dass beim Durchbohren der unzähligen Hautstellen erstaunlich wenig Blut fließt.

Während des Bußgangs sind sie stets umringt von einer Schar von Helfern, die bei Bedarf Hocker zum Ausruhen reichen, Haken in der Haut neu justieren, Luft zufächeln und vor allem lautstark Mantren rezitieren und die Gemarterten damit anfeuern. Es herrscht ein unbeschreiblicher Trubel und Lärmpegel, Blaskapellen spielen in ohrenbetäubender Lautstärke Musik, die zu rituellen Tänzen einladen soll, Lautsprecherdurchsagen hallen durch die Straßen, Trommelschläge mischen sich mit den Flöten der Schlangenbeschwörer.

Wer nicht ganz so extrem veranlagt – oder weiblich – ist (denn nur Männer dürfen die volle Hingabe durch Qualen zeigen), balanciert in Gelb gekleidet einen Topf mit Milch auf dem Kopf. Die Milch, ein Symbol für Reinheit, wird dann am Ziel, dem *Sri Thendayuthapani*-Tempel, Murugan bzw. seinem Schrein geopfert. Hier werden die tapferen Prozessionsteilnehmer dann auch von ihren Qualen erlöst und von ihrer Last befreit, die Wunden versorgt und mit Asche betupft. Auf den meisten Gesichtern macht sich ein beseeltes Lächeln breit.

Die schaurig-schönen Rituale rund um *Thaipusam* sind definitiv nichts für schwache Nerven und zarte Gemüter.

Weil Feng Shui eine anerkannte Wissenschaft ist

Vor ein paar Jahren schwappte eine Begeisterungswelle für die chinesische Harmonielehre *Feng Shui* (風水 bzw. 风水, »Wind und Wasser«) nach Deutschland. Er erschienen zig Ratgeber zur *Feng Shui*-konformen Wohnungseinrichtung, und wie die meisten schüttelte ich ein wenig den Kopf über die Ratschläge, die sich daraufhin verbreiteten (»Mülleimer emittieren schmutzige Energie durch Abfälle, und dies kann zu Pech und Krankheiten für die Bewohner des Hauses führen«, oder so ähnlich).

Angekommen in Singapur, wurde ich schnell eines Besseren belehrt: *Feng Shui* ist hier ein Universitätsfach, und jeder halbwegs vernünftige chinesischstämmige Bewohner der Stadt sorgt dafür, dass das *Qi* (etwa »Energie«) in seiner Umgebung frei fließen kann. Nur so ist garantiert, dass Glück, Gesundheit und Wohlstand im Leben Einzug halten und auch dort bleiben.

Grob vereinfacht erklärt: Sind die fünf Elemente Feuer, Erde, Metall, Holz und Wasser im Gleichklang, kann die Energie fließen und der Mensch gut leben. Obwohl nach der Kulturrevolution in China verboten, bauen viele Chinesen auch heute noch bei der Planung und Umsetzung von Städten, Häusern, aber auch von Grabstätten auf die Regeln des *Feng Shui*.

Jeder Singapurer hat einen kleinen, plätschernden Zimmerbrunnen auf dem Balkon oder im Wohnzimmer, versucht bei der Möblierung ein Gleichgewicht der Elemente herzustellen und möglichst einfarbige Bettwäsche anzuschaffen.

Doch nicht nur in Privathaushalten, sondern auch in der Geschäftswelt wird die *Feng Shui*-Lehre so weit wie möglich befolgt: *Feng Shui*-Meister werden um Rat gebeten, wenn neue Büroräume angemietet und eingerichtet werden sollen. Welche Stelle in der Stadt ist günstig, um die Energieflüsse so zu leiten, dass das Geschäft florieren kann? Wie sollten die Schreibtische der Angestellten zueinander stehen und welche Materialien sollten dafür verwendet werden? Für alle diese Fragen gibt es eine Antwort im *Feng Shui*, dessen erste Anwendung sich auf das Jahr 4.000 v. Chr. zurückverfolgen lässt.

Auch im Stadtbild wird die *Feng Shui*-Lehre umgesetzt. Architekten legen ihre Entwürfe für Neubauten stets einem *Feng Shui*-Experten vor, der dann Änderungen vorschlagen kann. Und zwar sowohl bei Privat- als auch bei staatlichen Bauwerken.

Hat man einmal die Grundzüge verstanden, entdeckt man die Umsetzung des optimierten Energieflusses an jeder Ecke:

Vor Hotels, Einkaufszentren und Wohnanlagen findet sich stets ein großer Platz mit einem liebevoll gestalteten Brunnen. Wasser hält das *Qi* in Bewegung und sorgt dafür, dass die Energie in Richtung Eingang fließt. Daran schließt meist ein *Ming Tang* (übersetzt so viel wie »heller Saal«) an: Auf dem freien Platz kann sich Energie oder *Qi* sammeln – *Feng Shui* in Perfektion.

In der Stadt kursieren Geschichten über geschäftliche Flops, bei denen sich die Erbauer von Hotels oder Shoppingmalls nicht an die Empfehlungen der *Feng Shui*-Lehrer gehalten haben, und deren Geschäfte anschließend solange schlecht liefen, bis sie kostenintensive Umbaumaßnahmen eingeleitet haben. Ein Beispiel ist das Grand Hyatt-Hotel in der *Scotts Road*: die Besucherzahlen nach der Eröffnung in den 1970er Jahren waren einfach nicht zufriedenstellend. Also wurde einer der Meister der *Feng Shui*-Wissenschaft beauftragt, und auf sein Anraten hin wurden tatsächlich Umbauten vorgenommen. In der Lobby haben nun die fünf Elemente ihren Platz, die Eingangstüren wurden schräg eingebaut, damit das *Qi* besser hineinfließen kann, und die vielen versteckten Brunnen und Wasserspiele sorgen ebenfalls für guten Energiefluss. Seitdem floriert das Hotel.

Auch die benachbarten Einkaufszentren in der berühmten *Orchard Road* sind harmonisch aufeinander abgestimmt, um nur ja nicht den (Geld-)Fluss in dieser Shoppingmeile zu blockieren. Die Fassaden der vier Einkaufszentren *Wheelock Place*, *Shaw House*, *Ion*

Orchard und *Tang Plaza* an der Ecke *Scotts/Orchard Road* zeigen vier verschiedene Herangehensweisen an das *Feng Shui*-Prinzip. Die Fassade des *Tang Plazas*, das mit seinen an Tempel erinnernden Dächern eindeutig das Element Holz verkörpert, ist z.B. Hunderte Male eine stilisierte Acht eingemeißelt, alle Säulen stehen auf achteckigen Fundamenten, und der große Turm obenauf ist ebenfalls achteckig. Auf Mandarin ist die Acht gleichzusetzen mit Geld, Reichtum und Wohlstand. Deshalb ist auch die 1-Dollar-Münze in Singapur mit einem Achteck versehen.

Das *Ion Orchard* gleich gegenüber verkörpert mit seiner organischen, wellenförmigen Fassade das Element Wasser, *Wheelock Place* mit seinem aufragenden, konisch geformten Eingangsbereich symbolisiert Feuer, das *Shaw Center* soll mit dem vorgelagerten Uhrenturm, aus dem viertelstündlich ein metallischer Glockenton erklingt, mit Metall gegenhalten.

Das berühmteste Gebäude der Stadt, das 2010 eröffnete Hotel *Marina Bay Sands*, erklärt auf seiner Homepage gleich selbst, inwiefern es der *Feng Shui*-Lehre folgt:

Die Mündung des *Singapore Rivers*, an der das Hotel erbaut wurde, wird auch *Dragon's Bay* (Drachenbucht) genannt und steht damit für den stetigen Zufluss von reichtumsfördernder Energie. Direkt gegenüber liegt das städtische Finanzviertel, welches per se für die Prosperität der Stadt steht. Die Lage ist also schon äußerst erfolgversprechend.

Die drei Türme des Hotels stehen für Harmonie und erinnern an das chinesische Schriftzeichen 山 (*shān*), welches »Berg« bedeuten kann: Sie bilden damit eine Art Schutzwall zur Sicherheit der Stadt. Einzig der gigantische *Infinity Pool* auf dem Dach stößt so manchem *Feng Shui*-Fachmann sauer auf: Das Element Wasser oben über dem Erdelement Berg zu errichten kann doch nur Unglück bringen.

Das *ArtScience Museum* wurde deshalb direkt vor den Türen des schicken Hotels im Stil einer Lotosblüte erbaut, als Symbol für Erleuchtung, Wachstum und Glück. Und der gleich nebenan gelegene *Singapore Flyer* ist nicht nur Asiens größtes Riesenrad, sondern gleichzeitig so konfiguriert, dass sich seine 28 Kapseln (die maximal 28 Personen fassen) leicht zur Stadt geneigt drehen. So soll positive Energie ins Stadtzentrum gelenkt werden. Die chinesischen Schriftzeichen für Zwei und Acht bilden zusammen auch den Begriff »leicht verdienter Wohlstand«. Ursprünglich sollte sich das Riesenrad gegen den Uhrzeigersinn drehen, vom Business District hin zur Marina Bay. In *Feng Shui* bedeutete dies, dem Land positive Energie zu entziehen. Also wurde die Rotationsrichtung geändert, um den Zufluss von *Qi* und Wohlstand nicht zu gefährden.

Zu fast jedem größeren Gebäude in Singapur finden sich solche Deutungen nach *Feng Shui*. Dass selbst die riesigen Luxus-Shoppingtempel und -Hotels nach diesen Prinzipien erbaut sind, ist für Nicht-Asiaten faszinierend. Vielleicht wirkt deshalb das Stadtbild so harmonisch. Zieht man in Betracht, dass die Geschäfte florieren und die Besucherströme von Jahr zu Jahr größer werden, scheint es zu funktionieren. Nun frage ich mich: Warum versucht keine der internationalen Ketten, ihre europäischen Niederlassungen nach Singapurer Vorbild umzubauen und entsprechend einzurichten? Oder wird das schon längst so gemacht, ohne dass darüber gesprochen wird? Schließlich wird im Westen *Feng Shui* immer noch als eher esoterisch und pseudowissenschaftlich betrachtet.

4. Kapitel

Kulinarisches

43. Grund

Weil es in Singapur das beste Essen aus aller Welt gibt

»Europäer essen, um zu leben – Asiaten leben, um zu essen.« Dieses Sprichwort trifft haargenau auf Singapurer zu. Singapurer lieben Essen. Sie lieben es, essen zu gehen, sie sprechen ständig über Essen, probieren gerne Neues aus und legen größten Wert auf beste Zubereitung und Qualität.

So wie Deutsche ständig über das Wetter reden, ist in Singapur Essen ein beliebtes Small-Talk-Thema. Jeder Taxifahrer fragt zuerst einmal nach, ob man schon gegessen habe, und wenn ja, was und wo. Erbitterte Diskussionen werden darüber ausgefochten, wo es den besten *Chicken Rice* der Stadt gibt. In Singapur hat Essen einen so hohen Stellenwert, dass sich niemand im Vorbeigehen Essen »auf die Hand« holen oder gar gedankenlos am Schreibtisch ein belegtes Brötchen verspeisen würde.

Es gibt kein Essen, das es in Singapur nicht gibt. Die Stadt gilt deshalb als Paradies für *Foodies*, die authentische und hochwertige Gerichte schätzen.

Habe ich Lust auf authentische Thai-Küche, original italienische Pizza, deutsches Brot, Gerichte aus dem chinesischen Sichuan, aus Japan, Korea oder aus allen Regionen Indiens von Maharashtra bis Kerala? Kein Problem, ich kann mir jederzeit und unkompliziert die ganze Welt auf den Teller holen.

Meist finde ich alles zusammen in einem der vielen *Food Courts* und habe dort nur noch die Qual der Wahl. Je nach Lage und Angebot der Garküchen variieren die Preise pro Gericht zwischen zwei bis 15 Singapur-Dollar (knapp ein bis zehn Euro).

Für die Singapurer ist das Auswärtsessen so erschwinglich, vielfältig und dank des schier unüberschaubaren Angebots an Garküchen, Restaurants, Straßenständen, Fressmeilen und Imbissen so abwechslungsreich, dass die wenigsten von ihnen überhaupt noch zu Hause kochen.

Warum auch, schließlich sind die meisten Gerichte vor allem der asiatischen Küchen so aufwendig in der Herstellung der Gewürzpasten, Brühen und handgemachten Nudeln, dass sich außer den meist auf wenige Gerichte spezialisierten Garküchenbetreibern niemand die Mühe macht, alles in Handarbeit herzustellen.

Diese Inhaber verfügen dann aber über die beste Erfahrung, denn meist betreiben sie den Stand schon in zweiter oder gar dritter Generation und haben »ihre« Gerichte bis zur Perfektion gebracht. Dass Singapurs *Street Food* teilweise preisgekrönt ist (siehe 45. Grund), hat also seine Berechtigung. Je kleiner und unscheinbarer der Stand, desto besser ist meist das Essen dort.

Doch auch wer tiefer in die Tasche greifen und in ansprechenderem Ambiente dinieren will, kommt auf seine Kosten. Singapur verfügt über eine erkleckliche Anzahl an Sterne-Restaurants, viele von ihnen warten mit französischer Küche oder asiatisch-europäischen *Fusion*-Gerichten auf. Es gibt so viele fantastisch bewertete gastronomische Betriebe in Singapur, dass man zeit seines Lebens nicht alle ausprobieren kann.

Gehen wir aus, was wir aus oben genannten Gründen tatsächlich sehr häufig tun, wechseln wir regelmäßig zwischen koreanischem *Bibimbab*, südindischen *Dosas*, nordindischem *Chaat*, japanischem *Sushi* oder *Ramen*, thailändischem Papaya-Salat und *Pad Thai* oder chinesischen *Dim Sums* ab. Egal, für welches Lokal wir uns entscheiden: Das Essen ist immer köstlich, in bester Qualität und handgemacht.

Singapurs Essensangebot ist legendär, der kulturelle Schmelztiegel führt auch zu kulinarischer Vielfalt.

44. Grund

Weil man jeden Tag neue Speisen, Zutaten und Gewürze kennenlernt

In Singapur vergeht praktisch kein Tag, an dem ich nicht ein neues Gericht oder eine neue Zutat kennenlerne. Allein durch meinen Kochclub, bestehend aus elf Frauen unterschiedlichster Herkunft, die reihum den Rest der Gruppe bekochen, habe ich mehr über indische Küche gelernt als in den zehn Jahren zuvor, in denen ich in Eigenregie versucht habe, möglichst authentische Rezepte zuzubereiten.

Hilfreich ist, dass ich in Singapur für jede – und zwar wirklich: für jede! – Landesküche die nötigen Zutaten finde. Japanische, thailändische, italienische und deutsche Supermärkte führen jede noch so unbedeutend scheinende Spezialität. Damit erweitert sich der heimische Speiseplan ganz ungemein; bei uns gibt es während der Woche z.B. japanische Udon-Suppe, schwäbische Kässpätzle, thailändisches Pad Thai, mexikanische Tacos und indisches Linsencurry.

Leider wird dadurch der Platz im Küchenschrank so langsam knapp, denn neben den Zutaten für thailändische, japanische, malaysische, indonesische und chinesische Gerichte stapeln sich auch eine Vielzahl indischer Gewürze. Malaysisches *Gula melaka* (Palmzucker), indisches *Amchoor* (Mango-Pulver) und *Jal-jeera*-Pulver, chinesische Bohnenpaste und koreanisches *Kimchi*, thailändische *Sriracha*-Sauce und getrocknete Tamarinde sowie sechs verschiedene Linsen- und Chilisorten habe ich stets im Regal, kann diese fehlerfrei benennen und weiß sie zu verwenden.

Eine indische Küchenmaschine mit Hochleistungsmotor für die Herstellung von Chutneys teilt sich den Platz auf der Arbeitsfläche mit einem Bambuskörbchen für die optimale Zubereitung von chinesischen *Dim Sums.* Außerdem liebäugle ich mit dem Kauf eines indischen tönernen Joghurttopfes.

Tagtäglich betreibe ich einfach beim Gang durch die Stadt, vorbei an den Tausenden und Abertausenden Restaurants und Essensständen, bei denen sich die Bevölkerung von morgens bis abends den Bauch vollschlägt, kulinarische Weiterbildung.

Einiges davon ruft bei mir allerdings immer noch Kopfschütteln hervor. Es hat eine Weile gedauert, bis ich verstanden habe, dass *Ice Kachang* keine Mutprobe, sondern ein typisches singapurisches Dessert ist. Wer ahnt denn schon, dass geschabtes Eis (also: gefrorenes Wasser), das mit diversen Zucker-Sirups in allen Farben des Regenbogens übergossen und dekoriert mit Maiskörnern (!) und roten Bohnen (!!) serviert wird, eine lokale Lieblingsnachspeise ist? Eisschokolade mit (Frisch-)Käse erfreut sich großer Beliebtheit, ebenso wie schwarzer (!) Milchreis.

Alles probiert und für gut befunden, ganz im Gegensatz zu Cendol (schleimiger Sojabohnen-Pudding, garniert mit grün eingefärbten Reisnudeln und gallertartigen Palmzucker-Würfeln), Bittergurkengemüse (das genauso schmeckt, wie es klingt) und künstlich eingefärbter, glibberiger *Kuih Lapis* aus gedämpftem Reis.

Und das sind nur die vegetarischen Gerichte; ich bin recht froh, dass ich gar nicht erst in Verlegenheit komme, Schweinehirn, Riesenkrabben, die im Ganzen auf den Teller kommen, oder Hühnerfüße zu verkosten. Alles Genannte gilt in Singapur als Delikatesse und wird mit großer Begeisterung und lauten *Shiok*-Ausrufen (Singlisch für »köstlich, großartig«) verzehrt.

Dank einiger Kochkurse und kulinarischer Stadtführungen habe ich meinen Essenshorizont zusätzlich erweitert. Ohne fachmännische Unterstützung hätte ich mich als Vegetarierin nicht so ohne Weiteres an *Popiah* (Frühlingsrolle nach Teochew-Art), *Kuih Pie Tee* (gefüllte, würzige Törtchen aus der *Peranakan*-Küche) oder *Chwee Kueh* (eine Art Küchlein aus gedämpftem Reis, das mit pikanter Zwiebelsauce serviert wird) gewagt. Und wer konnte schon ahnen, dass der auf *Hawker Centres* allgegenwärtige *Carrot Cake* (*Chai Tow Kway*) gar keine Karotten enthält, sondern es sich dabei um ein köstliches Omelett mit chinesischem *Daikon*-Rettich handelt. Die in Bananenblättern verpackten Reisbällchen mit köstlicher Pilzfüllung, *Bak Zhang*, sind der perfekte Snack für unterwegs und wurden Ende des 19. Jahrhunderts von den schwer arbeitenden Tagelöhnern, den Kulis, erfunden.

Trotzdem stehe ich immer noch manchmal hilflos auf dem Markt vor der schier unübersichtlichen Auswahl an Gemüsesorten, von denen ich maximal die Hälfte kenne. Leider sprechen die Marktfrauen nur chinesisch, meine Nachfragen verhallen also meist ungehört und unbeantwortet. Was es da wohl noch alles zu entdecken gäbe – man könnte Jahre in Singapur damit zubringen, alles über die verschiedenen Köstlichkeiten hier zu lernen!

45. Grund

Weil Sterneküche nicht teuer sein muss

Wer Hunger hat in Singapur, ist selbst schuld: Es gibt schier endlose und vielfältige Möglichkeiten, sich mit Nahrung aus aller Herren Länder zu versorgen. Die Einheimischen – und auch alle Besucher und Zugereisten – lieben dafür besonders die *Hawker Centres.*

Jedes Stadtviertel hat ein eigenes, sie unterscheiden sich sowohl in der Ausstattung und der Auswahl der Speisen als auch in der Preisgestaltung. Sind sie bei Touristen beliebt, steigen die Preise, trifft man nur Einheimische, kommt man mit ein paar Singapur-Dollars aus. Stets sind sie überdacht und dennoch nach außen offen, manchmal liegen sie im ersten Stock über einer Markthalle oder inmitten von Wohnhäusern.

Ab den 1850er-Jahren wurde Singapurs weniger betuchte Gesellschaft großteils von Straßenhändlern (engl. *hawker*) versorgt. Tagelöhnerinnen schoben selbst gebaute Essenswägelchen durch die engen Gassen oder trugen Bambusstangen über den Schultern, an denen Töpfe baumelten. Sie verkauften ihre Erzeugnisse – einfach zubereitete Speisen aus ihrer jeweiligen Heimat – an die vielen schwer schuftenden Arbeiter, Rikschafahrer, Kulis, Bauarbeiter/-innen, ...

Nach dem rasanten Stadtausbau und der wachsenden Bevölkerung nach dem Zweiten Weltkrieg wurde der Nahrungsbedarf größer, die *Hawker* vermehrten sich unkontrolliert. Eine ganze Armada von ihnen war tagtäglich unterwegs, um den Hunger der stetig zuströmenden Bevölkerung zu stillen. Der junge Staat bot daraufhin den Händlern ab 1968 zunehmend feste Stände als Alternative zu den Straßenküchen an, und die Wägelchen verschwanden von der Straße. Ab 1986 wurden offene Garküchen vollends von Straßen und Gehsteigen der Stadt verbannt.

Aber auch in den eigens eingerichteten Hallen fand man zunächst die eher weniger Wohlhabenden. Die Stände waren für die hygienisch bedenklichen Zustände berüchtigt, es wimmelte von Schädlingen und streunenden Katzen und Hunden.

Singapurs Hang zu Sauberkeit und Ordnung sorgte bald von offizieller Seite für bessere Hygiene. Man stellte Tische und Stühle für die Kunden bereit, baute Überdachungen und Deckenventilatoren und richtete Wasserversorgung und Abfallentsorgung ein.

Nur noch geprüfte Köche dürfen seither dort Speisen zubereiten und anbieten; die Vergabe der Lizenzen folgt dabei strengen Gesetzen, ebenso die Hygiene-Kontrolle, deren Ergebnis für jedermann per mobiler App und auch per Aufkleber auf den Ständen einsehbar ist (ein großes A bedeutet: beste Qualität).

Seit den späten 1990er-Jahren wurden die *Hawker*-Zentren der ganzen Stadt durchgängig modernisiert, die *National Environment Authority* betreibt und überwacht momentan 110 *Food Courts* und *Hawker Centres* mit mehr als insgesamt 6.000 Essensständen, weitere sind in Planung. Dieses Konzept führte dazu, dass heute Straßenhändler – bis auf ein paar Eis- und Getränkeverkäufer – verschwunden sind. Stattdessen beneidet die halbe Welt Singapur um seine berühmten *Hawker Centres*, und jeder kehrt hier gerne ein: Geschäftsmänner sitzen neben Rentnern, Familien teilen sich freie Tische mit Touristen. Sämtliche Bevölkerungsschichten versammeln sich mittags und abends auf den Plastikstühlen. Wie in den deutschen Biergärten gilt hier auch das Prinzip: einfach nett fragen und dazusetzen, wenn es voll ist.

Diese lebendige Kultur des inzwischen auch in Europa so angesagtem *Street Food* ist ein fester Bestandteil des Lebens in Singapur. Die Angst geht um, dass dieses Erbe so langsam verschwindet, denn die *Hawker Centres* haben Konkurrenz durch die klimatisierten *Food Courts* bekommen, die vor allem in Einkaufszentren zu finden und bei der jüngeren Generation beliebt sind.

Aber die *Hawker*-Fans haben zum Kampf aufgerufen und wollen nun die liebevoll als *Belly of a Nation* (»Bauch/Magen der Nation«) bezeichneten Märkte zum immateriellen Kulturerbe erklären lassen. Schließlich prägen diese seit Generationen die Stadt sozial, historisch und kulturell.

Tatsächlich findet man in vielen *Hawker Centres* noch echte, landestypische Hausmannskost: *Laksa*, *Satay*, *Carrot Cake*, *Popiah*, *Black Glutinous Rice* – alles Speisen, mit denen Generation von Singapurern aufgewachsen sind.

Doch auch Sushi, indische *Dosas* und westliche Gerichte, Getränke und Gebäck sind im Angebot. Kurz: Für jeden Geschmack findet sich etwas, dazu noch sehr preiswert. Jeder holt sich das, worauf er Appetit hat, gegessen wird gemeinsam an großen Tischen. Neulinge erschlägt das Angebot, doch ein guter Tipp ist es, sich dort anzustellen, wo bereits viele stehen. Eine lange Schlange verspricht bestes Essen!

Es gibt eigens von der Stadt eingerichtete Schulungszentren für angehende Garküchen-Betreiber, in denen die Neulinge von erfahrenen Standbetreibern die kulinarischen und kaufmännischen Finessen lernen – denn der Job ist hart, viele Stände haben sechs oder sieben Tage pro Woche von 9 bis 21 Uhr geöffnet.

Auch geht man mit der Zeit: Abräumroboter erleichtern das Aufräumen der Tabletts, das *National Health Board* lässt großflächig auf Tischen und Wänden plakatieren, welche Gerichte kalorien- und fettarm sind, und spricht Empfehlungen für besonders »gesunde« *Hawker*-Speisen aus.

Es gibt tatsächlich Singapurer, die praktisch nie zu Hause kochen. Warum auch, wenn man hier erschwingliche Mahlzeiten in bester Qualität und beeindruckender Auswahl für kleines Geld bekommen kann?

2016 wurden zwei singapurische Essensstände, beide in *Hawker*-Zentren, als erste Straßenverkäufer überhaupt mit einem *Michelin*--Stern für exzellentes Essen ausgezeichnet. Seitdem wächst die Zahl der mit Sternen gekrönten Essensstände kontinuierlich, 2018 wurden bereits ganze 50 Garküchen mit dem »Bib Gourmand« für erstklassig zubereitete und preiswerte Gerichte ausgezeichnet. Diese erfreuen sich natürlich größer Popularität, die Warteschlangen davor sind schier endlos – aber es lohnt sich, denn wann kann man schon einmal Sterneküche für 5 Singapur-Dollar (etwa 3 Euro) kosten?

40. Grund

Weil man sogar für eine Stinkfrucht Sympathien hegen kann

So sehr die Globalisierung voranschreitet und das Gefühl zunimmt, über sämtliche Produkte dieser Welt überall und jederzeit verfügen zu können: Es gibt nach wie vor Waren, die ein Europäer niemals zu Gesicht bekommt, wenn er sich nicht auf den weiten Weg nach Südostasien macht.

Ich zumindest kannte die legendäre »Stinkfrucht« nur vom Hörensagen. Was für ein putziger Name!, dachte ich. Da liegt bestimmt ein Übersetzungsfehler vor.

Als ich zum ersten Mal durch Singapurs *Chinatown* schlenderte, umwehte mich an manchen Ecken ein wirklich übler Geruch. So etwas kannte ich von meinen Reisen durch schmuddeligere Ecken der Welt zur Genüge, meist waren Abwässer oder Müllhaufen schuld. Aber im blitzsauberen Singapur?

Bald hatte ich den Übeltäter ausgemacht: ein großer Straßenstand mit gelblichen Früchten etwa in der Größe einer frischen Kokosnuss und mit einer stacheligen Schale. Dort roch es ungefähr so wie im Inneren einer deutschen Bio-Mülltonne im Hochsommer. Man wird hier doch wohl keine vergammelten Früchte verkaufen?, schoss es mir durch den Kopf. Ich wagte mich näher heran, versuchte dabei, durch den Mund zu atmen (ein Trick, den ich mir rund um Indiens Hinterhöfe angeeignet habe) und fragte den Verkäufer, was er denn hier zu so einem stolzen Preis feilböte. »*Durian*!«, verkündete er stolz. »Best Quality, very fresh. Wanna try?«

Da war sie also: die Stinkfrucht. Und nein, ihr Name beruht definitiv auf keinem Übersetzungsfehler. Diese Frucht riecht nicht nur komisch, sie stinkt. Nach Verwesung, Abwasser, Gammelfleisch und Kloake. So zumindest mein Empfinden – und das vieler Nicht-Asiaten.

Die Einheimischen und ein paar Westler, deren Riechorgan offenbar nicht richtig programmiert ist, lieben den Geruch. Dazu gehört auch mein Mann: »Süß, wie reife Mango«, konstatiert er das besondere Aroma.

Zur jährlichen Erntezeit im April und Mai schwelgt ganz Singapur im *Durian*-Fieber. Die Ernte selbst ist aufwendig und nur per Hand möglich. Dabei müssen die Erntehelfer auf die bis zu 40 Meter hohen Zibetbäume klettern und die ihrer Meinung nach reifsten Früchte, die zwischen zwei und vier Kilo wiegen, behutsam zu Boden bringen.

Danach überbieten sich die Fruchthändler mit einer Vielzahl von Sorten, die zum Teil zu kaviarähnlichen Preisen angeboten werden und mit Vanille- oder Walnussnoten locken. Es gibt kostspielige Degustationen, die einer Weinprobe ähneln, Feste werden zu Ehren des »Königs der Früchte« veranstaltet, und Restaurants bieten ganze Menüs an, die dem seltsamen Obst gewidmet sind. Ganz Singapur verspeist ganzjährig mit großem Genuss Eis und Gebäck mit *Durian*-Geschmack. Mir dreht sich dabei der Magen um, ich mache lieber einen großen Bogen darum.

Die Singapurer lieben eben ihre *Durian*. So sehr, dass das 2002 eröffnete Konzerthaus und Veranstaltungszentrum *Esplanade – Theatres by the Bay* im Herzen der Stadt wie die Schale der Stinkfrucht geformt ist.

Auch mein Mann möchte unbedingt wenigstens einmal probieren, mag er doch den Geruch und auch sämtliche *Durian*-Süßwaren. Erfolgreich kann ich ihn davon abhalten, beim Wocheneinkauf auf dem Markt eine Riesenfrucht nach Hause zu schleppen – das Ding kommt mir nicht ins Haus und in den Kühlschrank schon gar nicht. Lieber würde ich Fußnägel kauen, als auch nur einen Löffel des schleimigen Fruchtfleischs zu probieren.

Bei einem Spaziergang im Beisein einiger abenteuerlustiger Besucher aus Deutschland ist es dann aber doch so weit: Zu einem stolzen Preis erstehen die mutigen Testesser ein Schälchen *Durian* und schieben sich mutig einen Löffel des glibberig aussehenden Fruchtfleisches in den Mund. Ihr Gesichtsausdruck ist neutral, der Geschmack sei wohl auch halbwegs ertragbar, nur die puddingartige und gleichzeitig faserige Konsistenz sei doch eher fragwürdig, lautet ihr Urteil. Der allgemeine Ekel sei übertrieben, trotzdem will niemand die Portion ganz aufessen. Ich bekomme schon vom Geruch einen Würgereflex und halte Abstand.

Der Stolz der Testesser bekommt aber schon bei der Heimfahrt einen argen Dämpfer: Mit dem Verzehr allein ist das Vergnügen augenscheinlich noch nicht vorbei, denn der leicht zwiebelig-muffige Geschmack der *Durian* hält sich hartnäckig im Mundraum. Die Gesichter werden immer grünlicher, und nur mit einer großzügigen Mundwasserspülung (oder wahlweise mit Hochprozentigem) kann er gänzlich getilgt werden. Einmal und nie wieder, so ist das Fazit.

Und auch der Rest der Bevölkerung kann zumindest die Schwierigkeit im Umgang mit dieser Frucht nachvollziehen. In ganz Singapur sind das Befördern einer *Durian* in öffentlichen Verkehrsmitteln und das Aufbewahren in Hotelzimmern strengstens verboten. Der Geruch setzt sich nämlich sehr hartnäckig in Textilien fest. Ganze Flugzeuge mussten geräumt werden, weil ein Fluggast ein besonderes Mitbringsel mit an Bord gebracht hat. Vergangenes Jahr wurde die Universität von Melbourne wegen eines speziellen »Studentenfutters« kurzerhand evakuiert, weil man aufgrund des stechenden Geruchs ein Gasleck vermutete.

Das ist auch der Grund, warum man außerhalb Asiens auf den »Genuss« von *Durian* verzichten muss: es gibt schlichtweg keine Beförderungsmöglichkeiten! Für mich jedenfalls ist der Geruch der Stinkfrucht, der sich auf ewig in meinen Riechzellen eingebrannt hat, für immer mit Singapur verbunden.

47. Grund

Weil die Bestellung von Kaffee und Tee eine Wissenschaft für sich ist

Anders als in vielen anderen asiatischen Ländern gibt es in Singapur keine typische Teekultur. Stattdessen hat sich hier tatsächlich schon im beginnenden 20. Jahrhundert eine lokale Kaffeekultur etabliert, deren Erzeugnis *Kopi* (Malaiisch für »Kaffee«) heißt und im *Kopi Tiam* (Hokkien für »Geschäft«) ausgeschenkt wird.

Die Inhaber der ersten *Kopi Tiams* stammten aus Hainan-China und waren zum Arbeiten nach Singapur gekommen. Neben Kaffee und Tee servieren diese Betriebe noch heute meist typische Snacks wie *Mee Siam* und vor allem das traditionelle Singapurer Frühstück (ebenfalls nach hainanesischem Vorbild): *Kopi*, Toast mit Butter und *Kaya* (eine Art Kokosmarmelade), dazu ein weich gekochtes, aufgeschlagenes Ei in einer Tasse, das mit Sojasauce abgeschmeckt wird.

Ganz im Gegensatz zu allen anderen Importgütern und zu den italienisch angehauchten Brüherzeugnissen, die man in schicken Cafés zu einem stolzen Preis bekommt, ist ein *Kopi*, der in den rund 2.000 *Kopi Tiams* Singapurs ausgeschenkt wird, ein echtes Schnäppchen.

Meist kostet ein Becher des Getränks um die ein bis zwei Singapur-Dollar – während ein Cappuccino in der Kaffeekette nebenan gerne für den vierfachen Preis gehandelt wird.

Traditionell werden die Kaffeebohnen für *Kopi* in einem speziellen Wok zusammen mit etwas Zucker, Fett und manchmal auch Obstschalen geröstet. Anschließend werden die Bohnen gemahlen und in einem Baumwollfilter in Sockenform mit heißem Wasser und großen Gesten in riesigen Kannen aufgebrüht.

Ab jetzt wird es für den Kunden kompliziert, denn er hat die Qual der Wahl: Soll der Kaffee schwarz, mit süßer Kondensmilch, auf Eis oder heiß serviert werden? Für alle diese Varianten gibt es spezielle Begrifflichkeiten, die man sich als Kaffeeliebhaber schnellstens einbläuen sollte. Diese spiegeln Singapurs buntes Sprachwirrwarr gut wider, stammen sie doch aus dem Hokkien, Hainanesischen und Malaiischen.

- *Kopi* (Malaiisch) = Kaffee mit gesüßter Kondensmilch

Dazu werden die folgenden persönlichen Vorlieben genannt:

- *Peng* (Hokkien) = kalt / auf Eis
- *O* (Hokkien) = schwarz mit Zucker
- *Kosong* (Malaiisch) = schwarz, weder Milch noch Zucker
- *Siew Dai* (Hokkien) = mit wenig Zucker
- *Ka Dai* (Hokkien) = mit extra viel Zucker
- *Po* (Hokkien) = mit Wasser verdünnter Kaffee
- *C* (Hainanesisch) = mit normaler Milch und Zucker anstelle von gesüßter Kondensmilch. Die Abkürzung C stammt von der verbreiteten Milchmarke *Carnation*.

- *Gau* (Hokkien) = extra starker Kaffee

Das ergibt dann abenteuerliche Kombinationen – mein Lieblingsgetränk ist zum Beispiel *Kopi Peng Siew Dai* (Kaffee mit Kondensmilch, nur wenig gesüßt, auf Eis).

Ähnliche Begrifflichkeiten gelten übrigens auch für Schwarztee (oder wie man in Singapur sagt: *Teh*). Sie stammen alle aus dem Malaiischen, schließlich kommen die Teeblätter dafür aus den malaysischen *Cameron Highlands.*

- *Teh Tarik* (»gezogener Tee«) = Schwarztee mit Kondensmilch
- *Susu* = mit normaler Milch
- *Ais* oder *Ping* = auf Eis
- *Madu* = mit Milch und Honig
- *Halia* = mit Ingwer
- *Madras* = mit geschäumter Milch
- *O, Kosong, C* = siehe oben

Möchte man sein Getränk unterwegs genießen, fügt man noch *Ta Pao* hinzu (»zum Mitnehmen«). Typischerweise und in den eher einfacheren Ständen bekommt man sein Getränk dann in einer Plastiktüte (!) serviert, die tropfsicher mit einem Gummiband verschlossen wird. Mich erinnert das Ganze immer an einen Urinbeutel, und der Kaffee schmeckt ziemlich penetrant nach Plastik.

Die etwas moderneren Stände geben ihr Erzeugnis deshalb im Einwegbecher mit praktischem Tragebeutelchen aus, beide Varianten sind aus Umweltgründen aber sowieso nicht empfehlenswert. Die meisten *Kopi Tiams* akzeptieren aber inzwischen auch selbst mitgebrachte Mehrwegbecher und füllen diese gerne mit dem gewünschten Heiß- oder Kaltgetränk.

Nun steht dem nächsten Kaffeeklatsch nichts mehr im Wege, oder?

48. Grund

Weil man sich an scharfes Essen gewöhnen kann

Singapurs Nationalgericht, *Chilli Crab*, trägt die Hauptzutat bereits im Namen: Chilischoten. Dementsprechend scharf brennt die dazugehörige Sauce auf der Zunge – zumindest auf unserer europäischen. Asiaten scheinen bereits von Kindesbeinen an ein ganz anderes Geschmacksempfinden zu haben.

Mehr als einmal mussten wir gebratene Nudeln oder Reis »wässern«, da sie unserem Sohn zu scharf waren, obwohl bei der Bestellung klar war, dass die Speise für ein Kind gedacht ist. »Zu scharf!« oder »Es brennt auf der Zunge!« sind häufig von ihm geäußerte Sätze. Mehr als einmal hat er seine Pommes frites (eigentlich ein gefahrloses Gericht) bereits im dargereichten Chili-Ketchup versenkt. Seither ist er äußerst vorsichtig und lässt mich stets vorab kosten. Singapurer Kinder zucken dagegen nicht einmal mit der Wimper, und über den deutschen Ernährungsleitsatz, dass Kleinkinder möglichst salz- und gewürzarm essen sollten, schüttelt man hier nur den Kopf.

Bei meinen wöchentlichen Ausflügen auf den *Wet Market*, den Wochenmarkt, schmunzle ich immer ein wenig, wenn ich beobach te, in welchen Mengen die einheimischen Einkäufer Chilischoten einkaufen. Kiloweise werden die höllisch scharfen *Bird's Eye Chillis* in die Körbchen geladen, gefolgt von grünen, etwas milderen Sorten. Auf meiner Einkaufsliste steht dagegen: 1–2 Chilis. Die bekomme ich mit mitleidigem Blick von den Standbesitzerinnen meist sogar geschenkt.

Dabei kann ich inzwischen auf eine recht erkleckliche Chili-Sammlung blicken. In meinem Vorratsschrank finden sich zig verschiedene Sorten (rot, grün, getrocknet, in Pulverform), die ich routiniert einzusetzen verstehe – in homöopathischen Dosen allerdings.

Im indischen Restaurant brauche ich viel weniger Reis und Wasser als zu Anfang, und ich antworte auf die stets zuvorkommende Nachfrage bei Essensbestellung zunehmend mit »Sure, a little spicy!«. Das Gefühl, das beim Genuss von Wasabi, dem scharfen japanischen Rettich, durch die Nasennebenhöhlen kitzelt, empfinde ich schon fast als angenehm. Einzig bei Thai-Essen laufen mir manchmal noch die Tränen über die Wangen; thailändische Gerichte sind die schärfsten der Welt. Und an die anästhetisierende Schärfe von Szechuanpfeffer traue ich mich nur äußerst vorsichtig heran!

49. Grund

Weil es gutes Singapurer Bier gibt

Alkohol in Singapur ist teuer. Sehr teuer. Die Steuern sind hoch: 88 Singapur-Dollar (rund 60 Euro) pro Liter Wein und Hochprozentiges, 60 Singapur-Dollar (40 Euro) für Bier fallen an. Das führt zu wirklich empfindlich hohen Preisen, wobei es gar keine Rolle spielt, ob man sich nun im Supermarkt versorgt oder abends ausgeht.

Trotzdem zeigt sich abends auf den *Hawker Centres* überall das gleiche Bild: auf fast allen Tischen stehen Flaschen aus der *Tiger Beer Brewery*. Selbst wenn man für eine 0,6-Liter-Flasche umgerechnet 7 Euro berappen muss, lässt sich niemand den Genuss der lokalen Biermarke vermiesen. Singapurer sind begeisterte Biertrinker.

Braukunst hat in Singapur eine für Südostasien verhältnismäßig lange Tradition. Bereits 1931 siedelten sich die ersten Brauereien an. *Tiger Beer*, heute eine der bekanntesten Marken in ganz Asien, eröffnete 1932 seine erste Niederlassung im Stadtstaat. Darüber berichtete die englischsprachige Zeitung *The Straits Times* am 30. September 1932: »A Wonderful Achievement, New Industry for Singapore. The Advent of Tiger Beer« (»Eine wunderbare Errungenschaft. Ein neuer Industriezweig für Singapur. Der Einzug von Tiger Beer«).

Von Anfang an setzten sich die Gründer das Ziel, Bier nach europäischem Standard zu brauen, um die Importe vom Markt zu vertreiben. Am 1. Oktober 1932 wurde die Produktion in der Brauerei an der *Alexandra Road* in Gang gesetzt. Seither hält man sich an das Reinheitsgebot, das besagt, dass nur Wasser, Hopfen, Hefe und Malz verwendet werden dürfen.

Anfangs gestaltete man die verschiedensten Werbekampagnen, die darauf ausgelegt waren, die unterschiedlichsten Bevölkerungsgruppen anzusprechen und als Kunden zu gewinnen. In englischsprachigen Zeitschriften findet man Anzeigen für »Beer for the hustling business man«, mit Zitaten wie »When the market weakens, I strengthen myself with Tiger Beer« (»Bier für den emsigen Geschäftsmann. Wenn der Markt schwächelt, stärke ich mich mit Tiger Beer«).

In den chinesischen Gemeinschaften etablierte man Bier als Familiengetränk: »If you want your family to be harmonious, you must have Tiger Beer« (»Wenn das Familienleben harmonisch sein soll, trinkt Tiger Beer«). Um die sehr traditionelle malaiische Bevölkerung anzusprechen, die aus religiösen Gründen meist nicht dem Alkohol zusprach, zeigte man diese in den einschlägigen Publikationen stets in traditioneller Kleidung und spielte auf die typischen Rituale wie das gemeinsame *Sepak Takraw*-Spielen, eine beliebte Ballsportart, an: »Take a Tiger Beer after a game, it will make you strong and healthy.« (»Genieße nach dem Spiel ein Tiger Beer, es macht Dich stark und gesund.«).

Diese Art der Kampagnen scheint erfolgreich gewesen zu sein. Bis heute ist *Tiger Beer* in Singapur der Platzhirsch und verkauft seine Erzeugnisse inzwischen sogar in 75 Ländern weltweit. Der Werbeslogan »It's Time for a Tiger« wird seit den 1930er-Jahren genutzt und ist inzwischen eine beliebte Redewendung, *Born in Singapore* prangt unübersehbar auf dem Flaschenetikett. Inzwischen gehört *Tiger Beer* zum niederländischen Brauereikonzern Heineken, und löscht zusammen mit *Anchor* und anderen großen Brauereien Singapurs Bierdurst.

Auch in Singapur hat seit 2000 der Trend zu Mikrobrauereien und *Craft Beer* Einzug gehalten. Über 15 Kleinbetriebe mit teilweise eigenen Lokalen versorgen die Bevölkerung mit dem beliebten Gerstensaft. Einige davon, wie das Paulaner Bräuhaus, warten mit deutschen Braumeistern auf, denn auch in Singapur ist bekannt, dass deutsches Bier einfach das beste ist.

50. Grund

Weil man ein Vermögen für Gebäck ausgeben kann

Jedes Jahr im Herbst, wenn der Mond besonders hell scheint, feiern die chinesischstämmigen Bewohner Singapurs das *Mid-Autumn-Festival* (Mittherbst- oder Mondfest). Dabei wird den Göttern für eine gute Ernte gedankt, die Familie kommt zusammen und lässt den Sommer ausklingen.

Zu jedem chinesischen Fest gehören stets auch besondere Köstlichkeiten; vom Mid-Autumn-Festival sind *Mooncakes* (Mondkuchen) nicht wegzudenken, die dann in vielen Bäckereien und Restaurants in unterschiedlichen Sorten angeboten werden.

Die Legende erzählt, dass Königin Chang'e von ihrem Volk als Mondgöttin verehrt wurde, da sie nach dem erfolgreichen Kampf gegen eine grausame Besatzung zum Mond aufgestiegen ist.

Eine andere Sage rund um die Küchlein besagt, dass zu Zeiten des chinesischen Aufstands gegen die Mongolei geheime Botschaften in sie eingebacken wurden und so unbesehen zu ihrem Bestimmungsort transportiert werden konnten. Die runde Form des Gebäcks soll die spätere erfolgreiche Wiedervereinigung des Reiches symbolisieren.

Egal, welche Geschichte rund um die *Mooncakes* nun stimmt: Ihnen gemeinsam ist, dass sie allesamt in mühevoller Handarbeit in darauf spezialisierten Bäckereien hergestellt werden und deshalb für stolze Preise über den Ladentisch gehen.

Klassischerweise werden sie mit Lotuspaste und Eigelb gefüllt: Dafür werden Lotussamen gemahlen und mit anderen Zutaten bis zu einem Tag lang unter ständigem Rühren zu einem Teig verkocht. Traditionell darf dabei nicht gesprochen werden, damit dabei niemand womöglich etwas Schlechtes sagt, dessen böser Geist dann in die Füllung gelangt und von anderen verspeist wird.

Ist die Lotuspaste fertig, werden daraus kleine Kugeln geformt und die gesalzenen Eigelbe eingesetzt, die den Vollmond symbolisieren. Die Kombination aus süß und salzig entspricht dem ausgleichenden Prinzip von Yin und Yang. Das Ganze wird mit Teig umhüllt und anschließend in Formen gepresst, die zum Teil seit vielen Generationen im Besitz der Bäckereien sind. Die Schriftzeichen auf den Formen, die dann auf dem rund zehn Zentimeter großen Gebäck erscheinen, geben neben Sinnsprüchen und Glückwünschen Auskunft darüber, wo sie hergestellt wurden und wie viele Eigelbe enthalten sind. An dieser Technik hält man seit mehr als 100 Jahren praktisch unverändert fest.

Natürlich gibt es inzwischen auch moderne Varianten mit gefärbtem Teig, anderen Formen und Füllungen von Käse über Trüffel bis hin zu *Durian*.

Traditionell verspeist man die Mondkuchen als Nachtisch im Kreise der Familie. Dabei werden die kleinen, sehr nahrhaften Kuchen in genau acht Teile geschnitten (die Acht ist eine Glückszahl im Chinesischen) und zum Zeichen der Wiedervereinigung der Familie zusammen gegessen.

Da die Preise für einen solchen Mondkuchen leicht 20 Singapur-Dollar (rund 14 Euro) und mehr betragen, kauft man sie traditionell nicht für sich selbst, sondern verschenkt sie an Freunde, Nachbarn oder Angestellte.

Besonders beliebt ist das Gebäck heute als Geschenk für Firmenkunden. Dabei gelten sie als Statussymbole, und es werden keine

Kosten und Mühen gescheut, um mit aufwendigen Verpackungen aufzuwarten: Eingebaute LED-Beleuchtung, Lautsprecherboxen mit typischen Glückwünschen oder massive Holzkisten, die gut und gerne als Schmuckkästchen durchgehen, sind dabei keine Seltenheit.

51. Grund

Weil man in Singapur weiß, dass Reis nicht gleich Reis ist

Bevor ich zum ersten Mal Reis in einem Singapurer Supermarkt besorgen wollte, wusste ich nicht, wie viele verschiedene Sorten dieses Getreides existieren. Wo in einem deutschen Kaufhaus maximal ein Regal damit gefüllt ist, benötigt man hier nämlich buchstäblich eine ganze Abteilung.

Denn es gibt nicht nur eine schier unüberschaubare Menge an Sorten, sondern auch an Packungsgrößen. In indischen und chinesischen Familien ist es nicht unüblich, den Reis gleich im 10- oder 20-Kilo-Paket zu kaufen. Reis spielt bei praktisch allen lokalen Gerichten (sowohl bei Haupt- als auch Süßspeisen) die Hauptrolle und ist in ganz Singapur wie auch im restlichen Asien die Hauptnahrungsquelle.

Reis steht in Südostasien seit etwa 3000 v. Chr. auf dem Speiseplan, dementsprechend viele verschiedene Gerichte und Zubereitungsarten haben sich entwickelt. Und dafür braucht man schlichtweg den richtigen Reis. Dieser unterscheidet sich in der Größe und Form der Körner, und darin, ob die Körner geschält oder ungeschält weiterverarbeitet werden.

Weltweit gibt es über 100.000 Reissorten, von denen viele in Singapur erhältlich sind.

Um nur ein paar Sorten aufzuzählen: Basmati, Rangoon, Java, Jasmin, roter, schwarzer und grüner Naturreis, Risotto, Sushi, Rundkorn, Langkorn, Duft, Vollkorn, Klebreis, ... Ganz abgesehen von Reismilch, Reisnudeln und Reismehl jeglicher Ausprägung.

Profis bzw. versierte Köchinnen erkennen die Reissorten am Geruch (staubig bis rauchig) oder am Geräusch, das die Körner beim Einfüllen in ein Gefäß machen (leise riesend bis laut prasselnd).

Wichtig ist dann, genau den richtigen Reis für das gewünschte Gericht zu verwenden. Für thailändischen *Sticky Rice* braucht man unbedingt Klebreis, Sushi wird nur mit japanischem Reis richtig lecker, und wofür die anderen Reissorten genau da sind, lerne ich noch.

Ebenso überrascht war ich, als ich zum ersten Mal Bekanntschaft mit sogenannten Reiskäfern machen durfte. Diese lieben die Temperaturen tropischer Gefilde und gedeihen in Singapur so prächtig, dass sie praktisch in jeder zweiten Reispackung zu finden sind. Weniger empfindliche Gemüter kochen und essen den Reis natürlich trotzdem, so ein bisschen Extra-Protein schadet nicht. Oder, wie mir eine Bekannte erklärt: »Beim Kochen schwimmen die oben, dann kann man sie prima abschöpfen.« Ich agiere da deutlich vorsichtiger und werfe lieber die komplette Packung weg, wenn ich verdächtige schwarze Punkte darin entdecke.

Wem die Auswahl der richtigen Reissorte zu kompliziert erscheint, der sollte sich vielleicht einmal mit den Linsensorten befassen, die vor allem in der indischen Küche verwendet werden – deren Vielfalt und Verwendungsmöglichkeiten sind ähnlich umfangreich.

5. Kapitel

Natur und Umwelt

52. Grund

Weil Singapur so grün ist

Singapur hat ein hehres Ziel: der Stadtstaat möchte die grünste Stadt der Welt werden. Der alte Slogan *Garden City* (»Gartenstadt«) soll in den nächsten Jahren von *A City in a Garden* (»Eine Stadt in einem Garten«) abgelöst werden.

Die ursprüngliche Idee dazu stammt von Singapurs erstem Premierminister, dem bis heute hoch verehrten Lee Kuan Yew, der mit seinen innovativen Ideen bereits 1967 mit dem Plan, Singapur zu einer *Garden City* zu machen, die Weichen Richtung Zukunft gestellt hat.

Jedes freie Fleckchen in Singapur (fast ein Drittel der Stadtfläche) ist ganzjährig grün: Palmen, jahrhundertealte Urwaldriesen, Bambusse, blühende Plumeriabäume (auch bekannt als *Frangipani*) und andere tropische Pflanzen wachsen entlang von Stadtautobahnen, in Vorgärten, auf Fußgängerbrücken, rund um die Einkaufszentren und selbst im (!) Flughafen. Ganz abgesehen von den großen Parkanlagen und den unter Naturschutz stehenden Reservaten. Dass Singapur noch vor knapp 200 Jahren fast vollständig von Mangrovenwäldern und Primärwald überwuchert war, kann man sich auch heute noch lebhaft vorstellen.

Die vielen Parkanlagen sind zu einem Netzwerk verbunden, z.B. durch architektonisch bewundernswert schöne Brücken. Dadurch haben die Bewohner Zugang zu einigen Hundert Kilometern Rad- und Wanderwegen auf der ganzen Insel. Der Botanische Garten und die Anlage *Gardens by the Bay* gehören zu den bekanntesten Grünanlagen weltweit und verbuchen täglich Tausende Besucher.

Natürlich locken die vielen Grünflächen nicht nur Menschen an, sondern auch Tiere. Warane, Nashornvögel, Schuppentiere, Javaneraffen, Krokodile, wilde Hähne, meterlange Pythons, Wildschweine, Otter und Frösche, aber auch kleinere Kaliber wie Schmetterlinge,

Ameisen und Geckos fühlen sich hier wohl und lassen sich von den mehr als fünfeinhalb Millionen Menschen, mit denen sie sich die recht knappe Landmasse teilen, nicht sonderlich stören.

Wenn die Heerscharen von Gärtnern, die in der Stadt öffentlich oder privat beschäftigt sind, nicht ständig die wuchernden Pflanzen zurückschneiden würden, würde Singapur wahrscheinlich innerhalb von zehn Jahren wieder zum undurchdringlichen Dschungel werden. Denn praktisch alle Gewächse lieben das feucht-heiße Klima, die Böden des ehemaligen Sumpfgebietes sind fruchtbar, und selbst auf dem heimischen Balkon kann man den Pflanzen quasi beim Wachsen zuschauen.

Während nicht nur die Pflanzen, sondern auch die Metropole selbst ständig weiter wächst, entwickeln die Stadtplaner die verrücktesten Ideen, um einerseits Wohn- und Geschäftsräume zu schaffen und andererseits möglichst viel Natur zu erhalten. Letzteres ist seit 2008 sogar per Gesetz verankert: Das *Skyrise Greenery Incentive Scheme* (SGIS) besagt, dass das auf der Erde durch Neubauten verlorene Grün auf dem Gebäude selbst eins zu eins ersetzt werden muss. Dafür beteiligt sich das *National Park Board* mit bis zu 50 Prozent an den Baukosten.

Deshalb hat jedes Hochhaus meist mehrere Gärten auf verschiedenen Etagen und auf dem Dach, viele davon bekommen begrünte Fassaden oder richtiggehende hängende Gärten sowie Nutzgärten, die neben der Versorgung mit frischem Obst, Gemüse und Kräutern gleichzeitig für ein angenehmes Wohnklima sorgen. Das viele Grün kühlt die tropische Stadt derart ab, dass sie im Vergleich zu den malaysischen und indonesischen Nachbarstädten tatsächlich deutlich kühler temperiert ist. Und die Luftqualität ist im Gegensatz zu Metropolen wie Peking, Bangkok oder Jakarta bestens.

Der neueste Coup: *Gardens on the Move*. Busse, deren Dächer bepflanzt sind, sollen künftig durch die Stadt rollen, Testfahrzeuge sind bereits unterwegs. Die Begrünung sorgt hoffentlich dafür, dass das Innere der Busse besser gekühlt wird und damit weniger Spritverbrauch durch die Klimaanlage anfällt. Außerdem reduzieren die Pflanzen gleichzeitig die Feinstaubbelastung.

Dass das »grüne Lebensgefühl« auch wirtschaftlich für weiteren Aufschwung sorgt, ist natürlich ein gern gesehener Nebeneffekt. Viele Firmen siedeln sich in der Stadt an, weil die Lebensqualität durch die vielen Grünflächen besonders hoch ist und der Standort damit die besten Kräfte inklusive der zugehörigen Familien anlockt.

Bis 2030 sollen rund 80 Prozent der Gebäude der Stadt »grün« und nachhaltig sein – eine echte Zukunftsinvestition. Im Vergleich zu den vielen dicht besiedelten asiatischen Großstädten ist Singapur damit ein Vorbild!

53. Grund

Weil man in Singapur sogar den Regen lieben lernt

Nachts werde ich wieder einmal von ohrenbetäubendem Donner geweckt. Die Blitzeinschläge sind so nah, dass ich sogar einen leichten Ozon-Geruch in der Nase habe – was mich zuerst einmal panisch an durchgeschmorte Kabel oder Ähnliches denken lässt. Während ich innerlich bereits die Flucht im Falle eines Brandes plane, grollt es im Minutentakt und ein Sturzregen klatscht gegen die Fensterscheiben.

So oder ähnlich verlaufen viele Nächte zwischen Oktober und Januar sowie im Juni in Singapur, denn dann ist Regenzeit. Zwar schüttet es meistens zu nachtschlafender Stunde, doch auch tagsüber ist es immer mal wieder für ein paar Stunden nass und grau draußen. Einen Schirm sollte man deshalb immer griffbereit haben. In jedem Einkaufszentrum reichen nette Einlassdiener Plastiktüten dafür an, damit bloß nichts auf die steinernen Fußböden tropft, die sich bei Nässe in Rutschbahnen verwandeln.

Singapur wird zur Regenzeit zuweilen sogar von einer Kältewelle heimgesucht. Menschen laufen in dicken Pullovern und gar Jacken herum, man sieht nur noch lange Hosen und geschlossene Schuhe, denn bei Dauerregen und Wind ist es bei gut 25 Grad wirklich ziemlich kühl für Singapurer Verhältnisse! Wir amüsieren uns darüber und tragen maximal ein Strickjäckchen für draußen und nach wie vor Flipflops an den Füßen. Nichts ist praktischer, um über die riesigen Pfützen und kleinen Bäche am Wegrand zu kommen.

Die Stadt hat den Winter-Blues – alle jammern über die quasi eisigen Temperaturen. Ärzte vermelden einen Anstieg an Erkältungskrankheiten, Restaurants mit Außenbereichen dagegen verbuchen fallende Besucherzahlen, und es bilden sich Staus vor den Trocknern der Waschsalons, da die Wäsche auf dem Balkon nicht mehr einfach von selbst trocknet.

Auch unsere Wäsche bleibt klamm, sämtliche nichtasiatischen Kopfhaare kräuseln sich unschön. Fußgänger rutschen auf den nassen Kanaldeckeln aus, im sonst so perfekt laufenden U-Bahn-Betrieb kommt es zu Zugausfällen wegen Tunnelüberschwemmungen, auf den Straßen staut es sich wegen abgerissener Äste auf der Fahrbahn, und die normalerweise günstigen Preise für Privattaxen steigen schlagartig auf das Doppelte an. In unserem Badezimmerschrank zieht Schimmel ein, ein leichter weißer Flaum besiedelt Cremetuben und Zahnputzbecher. Auf dem Gesicht der Stoffpuppe unseres Sohnes sind schwarze Stockflecken erkennbar, und die T-Shirts aus den unteren Schrankfächern riechen modrig.

Kommt dann doch einmal kurz die Sonne heraus, ist es sofort wieder heiß, nun aber kombiniert mit einer extrem hohen Luftfeuchtigkeit und Schwüle. Manchmal überkommt mich direkt nach dem Aufstehen beim morgendlichen Blick nach draußen ein Frösteln: Die dicken, grauen Wolken und der Regen wirken wie ein typisch deutscher Novemberhimmel. Öffne ich dann aber das Fenster in der Hoffnung auf einen frischen Luftzug, werde ich schnell eines Besseren belehrt. Dann schaltet auch das europäisch geprägte Hirn endlich um: Regen bedeutet nicht automatisch Abkühlung, denn durch die hohe Luftfeuchtigkeit schwitzt man stattdessen eher noch mehr als vorher.

Und trotzdem ist Regen hier einfach toll, denn wenn es in den Tropen regnet, tut es das in einer Intensität, die man sich in Europa kaum vorstellen kann. Es fühlt sich an, als würde man eimerweise mit angenehm temperiertem Wasser übergossen. Schirme oder Regenjacken bieten absolut keinen Schutz gegen einen solchen Guss, da hilft nur: abwarten. Und das ist kein Problem, denn meistens ist der Spuk innerhalb kürzester Zeit wieder vorbei. Wo eben noch knöcheltief das warme Regenwasser stand, zeugt kurz darauf höchstens eine kleine Pfütze vom Gewitter.

Die Dichte an Blitzen und den dazugehörigen Donnerschlägen vermitteln ein Gefühl davon, was »Naturgewalt« wirklich bedeutet. Die Hochhäuser der komplett von Wasser umgebenen Stadt laden schließlich zum Blitzeinschlag ein. Statistisch gesehen gibt es an jedem zweiten Tag ein Gewitter; insgesamt schlagen auf jedem Quadratkilometer der Stadt 16 Blitze jährlich ein. Singapur gilt deshalb als »Blitz-Hauptstadt«.

Auf Blitz folgt Donner. Die tunnelartigen Straßenzüge verdreifachen den Lärm zusätzlich, sodass wir in den ersten Wochen das Gefühl hatten, mitten in einem Kriegsgebiet zu sitzen. Doch nach einigen Monaten Gewöhnung verschlafen wir inzwischen selbst das fieseste Gewitter, ohne mit der Wimper zu zucken.

In den Kindergärten und Schulen werden die Kinder gedrillt: Sobald über der Stadt Donner zu hören ist, rennen alle nach drinnen. Schwimmstunden werden abgebrochen, die Hausmeister verscheuchen sofort jeden Schwimmer aus dem Wasser, denn die unzähligen Freiluft-Pools inmitten der Häuserschluchten sind ein perfekter Anziehungspunkt für Blitzeinschläge.

Und selbst außerhalb der Regenzeit sind Gewitter so häufig, dass sich jeder in der Stadt der Gefahren bewusst ist und sich ansonsten nicht weiter daran stört. Die Wettervorhersage-App der *National*

Environment Authority (NEA) macht es sich leicht und sagt einfach für jeden Tag Temperaturen zwischen 25 und 33° C sowie *Afternoon Thundery Showers* voraus. Irgendwo im Stadtgebiet wird das sicher im Lauf des Tages zutreffen.

54. Grund

Weil man tropisches Tierleben aus nächster Nähe beobachten kann

Als ich am Schreibtisch sitze und die Beine nach längerem Sitzen ein wenig ausstrecke, berühren meine Zehen ein am Boden liegendes Objekt, das dabei ein wenig knirscht.

Vorsichtig luge ich hinunter – und sehe eine gut sieben Zentimeter lange Kakerlake dort liegen, die zum Glück bereits tot zu sein scheint. Ohne viel Federlesen hole ich Besen und Schaufel, sammle das Insekt ein und werfe es mit viel Schwung in den Müllschacht. Anschließend sprühe ich großflächig Böden, Türschlitze und Abflüsse mit Insektengift ein und mache mit meiner Arbeit weiter. Krabbeltiere im Haus sind ganz normal.

Wir leben eben in den Tropen, Singapurs Boden ist einem riesigen Sumpfland mit tropischem Regenwald abgetrotzt, und dementsprechend kreucht und fleucht es hier. Ein gewisses Maß an Ungeziefer gehört zum Leben dazu. Kakerlaken findet fast jeder bei sich zu Hause, egal, in welchem Stockwerk lebend oder wie penibel auf Sauberkeit geachtet wird. Selbst wenn man über viele Wochen und Monate keine oder nur hin und wieder mal eine zu Gesicht bekommt, heißt das nur, dass diese hochintelligenten Tierchen sich einfach zu gut verstecken. Unter Kammerjägern gilt der Satz: Für jede gesichtete Kakerlake leben 100 versteckt.

Seitdem wache ich zu Hause mit harter Hand über die Einhaltung der Küchenhygiene: Lebensmittel dürfen nicht frei zugänglich herumstehen und werden entweder in luftdichten Behältern oder im Kühlschrank aufbewahrt, das hilft auch gegen Reiskäfer. Sämtliche Mülltüten müssen vor dem Schlafengehen täglich dem Müllschlucker übereignet werden.

Auch Ameisen sind weit verbreitet: Sie tauchen wie aus dem Nichts innerhalb weniger Stunden in ganzen Kolonien auf, sobald vergessene Kuchenkrümel unter dem Tisch liegen, und ziehen durch den Vorratsschrank, sobald sich dort ein Körnchen Zucker findet. Das Einzige, was dagegen hilft, ist regelmäßiges Sprühen von Gift, wie ich zähneknirschend lernen musste. Inzwischen haben wir eine ganze Batterie an Insektengiften griffbereit auf dem Fensterbrett stehen und scheuen uns nicht, wöchentlich damit die Wohnung zu verpesten. Denn wenn wir es nicht tun, spaziert unser Vorratsschrank irgendwann davon …

Gegen die Kakerlaken legen wir Giftköder aus und finden nur manchmal eine verendete Schabe, die es nicht mehr bis zurück in ihr Nest geschafft hat. Von den Schaben-Fallen (ausgestattet mit Lockstoffen und einer klebrigen Masse, in der die Tiere hängen bleiben) lasse ich die Finger, seit ich herausfinden musste, dass diese ja auch wieder mitsamt ihrer manchmal noch zappelnden Beute entsorgt werden müssen. Und Geckos die Köder offenbar auch lecker finden.

Denn Letztere gibt es bei uns zuhauf, gleich mehrere wohnen bei uns und machen sich durch hektisches Verstecken hinter Schranktüren oder mitternächtliches Knurren sowie durch ihre klitzekleinen Hinterlassenschaften bemerkbar.

Interessanterweise haben Asiaten jeglicher Couleur oft panische Angst vor *lizards*, also Eidechsen bzw. Geckos. Ich für meinen Teil finde ja die handtellergroßen Kakerlaken weitaus ekliger, die mit ihren fingerlangen Fühlern auf dem Waschbecken herumtasten, aber so hat wohl jede Kultur ihre eigenen Ängste.

Von den größeren Tieren in der freien Natur ganz zu schweigen: Ein 1,50 Meter langer Waran, der im Botanischen Garten neben mir vorbeispaziert und mit lautem Klatschen im See verschwindet, während ich beim Yoga gerade den Sonnengruß übe, eine laut Tierlexikon »schwach giftige« Schmuckbaumnatter, die sich auf dem Weg zum Kindergarten in der Sonne rekelt, ein Affe, der am großen Fährhafen interessiert das Gewusel am Kofferband durch die Glastür beobachtet oder im Naturreservat versucht, den Wanderern ihren Proviant abzuknöpfen, ein laut von den Baumwipfeln schreiender Nashornvogel, neben dem Wanderweg nach Futter suchende Wildschweine, Schuppentiere auf dem Schulgelände, laut kreischende Fledermäuse in den Bäumen: alles ganz normal hier. »That's life in the tropics, right?«, raunt man sich höchstens unbeeindruckt zu.

Die unzähligen wilden Hähne aus der Gattung der Bankivahühner mit ihrem Gefolge, die sich auf jeder freien Grünfläche der Stadt finden, sind trotz ihres prachtvollen Gefieders und ihrer beeindruckenden Größe von bis zu 80 Zentimetern kaum noch einen Blick wert, obwohl sie mit ohrenbetäubendem Krähen und immerwährendem hektischen Scharren um Aufmerksamkeit buhlen.

In der Singapurer Tageszeitung *The Straits Times* finden sich regelmäßig Berichte über Stadtbewohner, die in ihren Wohnungen die Bekanntschaft mit bis zu drei Meter langen Pythons machen, welche gerne in Kanälen oder Abflüssen leben und manchmal den falschen Ausgang nehmen. Auch auf dem Gehweg mitten auf der schicken Einkaufsmeile *Orchard Road* wurden schon solche Kriechtiere gesichtet. Streunende Katzen und andere Tiere sollten sich deshalb tunlichst von der Kanalisation fernhalten; für Menschen sind die Pythons nicht gefährlich, so zumindest die Medien.

9.000 Anrufe gehen beim Wildtier-Rettungsdienst *ACRES* in Singapur jährlich ein, Tendenz steigend. Die Tierwelt soll bitteschön möglichst so organisiert sein und sich angemessen verhalten, wie es die Singapurer von ihrer perfekt, ordentlichen Stadt gewohnt sind. Die Wildretter bemühen sich deshalb darum, den Bürgern zu vermitteln, dass Begegnungen mit Wildtieren in den Tropen ganz normal sind und durch die zunehmende Bebauung auch immer alltäglicher werden. Singapur gehört Mensch und Tier.

55. Grund

Weil Singapur mitten im Urwald liegt

Zugegebenermaßen bin ich nicht sonderlich bewandert in Pflanzenkunde. Meine Kenntnisse reichen maximal dafür aus, Laub- und Nadelbäume zu unterscheiden und eine Rose nicht mit einer Tulpe zu verwechseln. Doch Singapur bringt mich stets an die Grenzen meines botanischen Wissens. Zwar ist hier jeder noch so kleine Fleck mit dichtem Grün bewachsen, aber die in Singapur heimischen Pflanzen entziehen sich durchweg meinem bescheidenen floralen Kanon. Von der Tierwelt ganz zu schweigen.

Einiges Grün kenne ich aus deutschen Gewächshäusern, Wintergärten oder den Tropenabteilungen im Gartenmarkt. Was dort mühsam gehegt und gepflegt über die kalten und dunklen Monate gebracht wird, wuchert in Singapur völlig ungehindert und scheinbar unbeaufsichtigt zu beeindruckender Größe heran. In Deutschland teure, exotische Pflanzen wie Hibiskus, Palmen, Bananenbäume, Fensterblätter (Monstera), Dieffenbachien und Plumerias wachsen hier praktisch wie Unkraut und besiedeln Straßenränder und sonstige Grünflächen.

Im *Bukit Timah Nature Reserve* wachsen mehr Baumarten auf bescheidenen 80 Hektar Fläche als auf dem gesamten nordamerikanischen Kontinent. Vor allem die sogenannten Flügelfruchtgewächse (Dipterocarpaceaen) gedeihen dort womöglich seit Tausenden von Jahren. Das Holz der *Tempinis Trees* (Streblus elongatus) begründete den Reichtum von Singapur mit, denn ihr bis zu zehn Meter hoher Wuchs und ihr hartes und schweres Tropenholz lieferte bestes Material für begehrte Möbel.

Das muss ich mir aber dank der vielen Info-Tafeln erst anlesen, denn 90 Prozent der Gewächse kenne ich nicht einmal annähernd. Tembusu (Fagraea fagrans), Regenbaum (Samanea saman), Angsana oder Narrabaum (Pterocarpus indicus), Sea Apple (Syzygium grande), Aufsitzerpflanzen – die Liste der Pflanzenarten Singapurs ist endlos.

Der Übergang zwischen geschützten Naturreservaten und der Stadt ist fließend. Die Pflanzen- und Tierwelt kennt keine Parkgrenzen. Sprachbegabte Mynas, die mit Beos verwandt sind und sich bestens in das Stadtbild integriert haben, imitieren täuschend echt Handyklingeltöne und veranstalten abends auf der Shoppingmeile Orchard Road einen Höllenlärm, und auch andere Papageienarten finden die Wärme und das Nahrungsangebot an viel befahrenen Kreuzungen viel spannender und sitzen schnatternd in den Bäumen, anstatt im Urwald zu verbleiben. Der Ruf der Nashornvögel ist ebenso allgegenwärtig wie die kleinen Nektarvögel, die sich gerne an Balkonpflanzen bedienen.

Wer in den Randbezirken lebt, bekommt des Öfteren Besuch von den frechen Langschwanzmakaken, und schon so mancher Gast in Singapur beschwerte sich über den vermeintlichen Baulärm, der sich als das tatsächlich zuweilen ohrenbetäubend laute Konzert der Zikaden entpuppte.

Singapur liegt eben mitten im Urwald – oder ist doch ein Urwald mitten in der Stadt?

56. Grund

Weil der Botanische Garten nicht nur für Pflanzenfreunde interessant ist

Der Botanische Garten in Singapur ist eine Art inoffizielles Besucherzentrum der Stadt. Egal, ob Tourist oder Einheimischer: Jeder kommt früher oder später hier vorbei, jährlich sind es weit über vier Millionen Besucher. Er ist aber auch wunderschön mit seinen gewundenen Pfaden und großzügigen Freiflächen – ganz im Stile eines britischen Landschaftsgartens. Und sehr zentral gelegen, gleich zwei *MRT*-Linien halten am östlichen bzw. westlichen Ende, ebenso unzählige Buslinien.

Bereits Stadtgründer und Visionär Sir Stamford Raffles versuchte sich 1822 in der Anlage eines botanischen Gartens, vor allem zum Anbau von Luxusgütern wie Kakao oder Muskat. Er war allerdings damit nicht besonders erfolgreich. Erst die Verlegung an seinen heutigen Standort und der »grüne Daumen« des ersten Direktors Henry Nicholas Ridley sorgten ab 1888 für einen fachmännischen Aufbau. Heute ist der Garten ganze 74 Hektar groß – ein Fünftel der Fläche des Central Parks in New York oder des Englischen Gartens in München. Er bietet neben grünen Wiesen, lieblichen Hügeln, versteckten Wandelgängen, Pavillons und 60.000 Pflanzen ausreichend schattige Sitzgelegenheiten zum Ausruhen und als Schutz gegen Sonne und Regen sowie mehrere Cafés und Restaurants. Der Orchideengarten, der vom späteren Direktor und Orchideenliebhaber Richard Eric Holttum mit viel Liebe und Fachwissen aufgebaut wurde, ist beeindruckend und wartet mit richtiggehenden »Berühmtheiten« der Orchideenwelt auf.

Neben den riesigen Grünflächen gibt es viel Wasser. In den Seen schwimmen schwarze Schwäne majestätisch dahin, kleine Schildkröten strecken die Köpfe aus dem Wasser, und meterlange Warane gehen platschend auf Futtersuche. Brunnen mit Wasserspielen und ein paar plätschernde Bächlein, in denen Otter tollen, sorgen neben dem ohrenbetäubend lauten Zirpen der Zikaden für eine angenehme Geräuschkulisse.

Heerscharen von Gärtnern sind von morgens bis abends damit beschäftigt, welke Blätter zu entsorgen, Kokosnüsse zu ernten (damit diese niemandem auf den Kopf fallen), Rasen zu mähen, Pflanzen zu wässern – ein endloser Arbeitsaufwand, der im immergrünen Singapur das ganze Jahr über ansteht.

Trotzdem ist der Eintritt in den Botanischen Garten bis auf den Orchideengarten frei, er ist täglich von fünf Uhr morgens bis Mitternacht geöffnet und gehört seit 2015 zum UNESCO-Weltkulturerbe.

Schon in aller Herrgottsfrühe ist hier ganz schön was los: Rentner treffen sich zum täglichen Schattenboxen (*Taijiquan*), anmutig und selbstvergessen bewegen sie sich dabei auf dem Rasen und lassen sich von den vielen Joggern und den Hausangestellten, die Hunde Gassi führen, nicht stören.

Yoga- und Pilatesgruppen verteilen sich auf Matten auf den Wiesen und versuchen, sich bei der abschließenden Entspannungsübung nicht von den wild im Laub scharrenden wilden Hähnen und auf Palmen herumkletternden Nagetierchen ablenken zu lassen.

Ab dem Nachmittag kommen dann Kinder in den Park. Der eigens für die Kleinen angelegte Kinderbereich *Jacob Ballas Children's Garden* lockt mit Sandkasten, Wasserspielplatz und Entdeckerzonen. Vor dem Eingang gibt es einen Parkplatz für Kinderwagen und Tretroller, das kleine Café hat Eis und Cookies im Angebot, und die Seilrutsche und der Klettergarten sind fast noch beliebter als die Bereiche, in denen die zukünftigen Gärtner alles über den Anbau von Nutzpflanzen lernen können. Auf den Rasenflächen wird derweil Ball gespielt oder werden Flugdrachen gelenkt, bunte Picknickdecken breiten sich aus und werden gegen Einbruch der Dunkelheit von ganzen Großfamilien und Freundescliquen belegt.

Das *National Parks Board*, das seit 1990 die Oberaufsicht über den Botanischen Garten innehat, ist sehr darauf bedacht, ein für alle Generationen interessantes Rahmenprogramm zu bieten. Es gibt fast täglich kostenlose Führungen, Ausstellungen, Kinderangebote und Freiluft-Filmvorführungen.

Doch nicht nur Pflanzen-, sondern auch Musikfreunde kommen auf ihre Kosten. Fast jedes Wochenende geben sich städtische und ausländische Musikgruppen reihum auf der großen Freilichtbühne *Shaw Foundation Stage* die Ehre. Sogar das ehrwürdige *Singapore Symphony Orchestra* gibt hier mehrmals im Jahr Konzerte. Dank dieser tollen Konzerte, die meist am frühen Abend stattfinden, kamen wir bereits in den Genuss von Filmmusik und Opernklassikern, während wir selbst mitgebrachte Snacks verzehrten und Wein in der Kühltasche dabeihatten. Herumtollende Kinder stören dabei niemanden, für musikinteressierte Familien sind diese Konzerte deshalb ein Geschenk – bei freiem Eintritt. Da ist das Programm, das seltsamerweise immer erst sehr kurzfristig veröffentlicht wird, meist zweitrangig.

Doch auch so ein beschaulicher Freizeitort gehorcht in Singapur einem strengen Regelwerk. Fahrrad fahren ist im Park streng verboten. Kommt man mit dem Zweirad an, eilt sofort ein besorgter Parkwächter am Eingang auf einen zu und weist auf die Fahrrad-Stellplätze an der Außenmauer hin. Außerdem wird darauf geachtet, dass es nicht zu laut zugeht, es herrscht im gesamten Park Rauchverbot, und Drohnenflüge sind ebenfalls strengstens verboten. Alles, damit niemand sich in diesem grünen Erholungsgebiet gestört fühlt. Mit Erfolg!

57. Grund

Weil man in Singapur wandern kann

Auf der Facebook-Seite des Schweizer Tourismusverbandes *Switzerland* war kürzlich zu lesen: »Hiking is a great way to experience nature. Whether you discover Singapore's Bukit Timah Nature Reserve or explore the Alpine landscape in Switzerland, these natural treasures are sure to creat great memories.« (»Wandern ist die beste Möglichkeit, um die Natur zu erleben. Ganz gleich, ob Sie das Naturschutzgebiet Bukit Timah in Singapur entdecken oder die Alpenlandschaft in der Schweiz erkunden – von diesen unschätzbaren Naturschauplätzen werden Sie unvergessliche Erinnerungen mitnehmen.)

Die Anzeige entlockt mir ein Schmunzeln: Vergleicht man hier etwa die mächtigen Alpen mit den für Bergsportler doch eher mickrig anmutenden Hügelchen in Singapur?

Tatsache ist, dass es im oben erwähnten *Bukit Timah Nature Reserve* tatsächlich einen Wanderpfad gibt, der der Schweiz gewidmet ist. Der *Swiss Singapore Friendship Hike* führt nicht nur durch den fast unberührten Primärwald, sondern vergleicht auf Infotafeln auch die Singapurer Flora und Fauna mit der schweizerischen.

Bukit Timah Hill, Singapurs höchster Gipfel und immerhin knapp 164 Meter hoch, wirkt zwar neben den großen Fotowänden mit Gipfelbildern von Eiger, Mönch und Jungfrau etwas kümmerlich.

Trotzdem versucht die verantwortliche Behörde, das *National Parks Government*, verstärkt, die Singapurer für Wandern und Bewegung in der Natur zu begeistern. Und auch den Touristen will man zeigen, dass der Stadtstaat mehr zu bieten hat als Einkaufszentren, Hochhäuser und schicke Hotels.

Mit groß angelegten Kampagnen werden stetig neue Wanderpfade eröffnet. Der neueste Coup, der sogenannte *Coast-to-Coast-Trail*, führt über 36 Kilometer von West nach Ost (oder umgekehrt) und verbindet dabei *Bukit Batok Nature Park*, *Botanic Gardens* und *MacRitchie Reservoir*. Aktuell gibt es insgesamt rund 300 Kilometer Wanderwege, bis 2030 sollen es gar 400 Kilometer sein.

In der Zukunft (bis 2035) soll zudem eine *Round-Island-Route* eröffnet werden, mittels der Spaziergänger und Fahrradfahrer ganz Singapur auf einem insgesamt 150 Kilometer langen Wanderpfad ganz im Grünen erkunden können. Möglichst viele der insgesamt 400 Parks sollen über kurz oder lang durch das *Park Connector Network* miteinander verbunden werden. In den gepflegten Gartenanlagen des Botanischen Gartens, den naturbelassenen Mangrovenwäldern von *Sungei Buloh* und den japanischen Gärten in *Jurong* findet jeder seine Lieblingsgrünanlage. Wo kann man schon ein ganzes Land innerhalb eines Tages zu Fuß durchqueren?

Andere Outdoorsportler kommen ebenfalls auf ihre Kosten: Mountainbiker finden Trails auf der sehr ursprünglichen Insel *Pulau Ubin*, Rennradler nutzen die ruhigen Stunden am Sonntagvormittag, um auf den fast leeren Straßen in die Pedale zu treten.

Läufer brauchen eine gute Grundkonstitution, um bei der hohen Luftfeuchtigkeit und den tropischen Temperaturen voranzukommen. Gejoggt wird deshalb vornehmlich in den frühen Morgenstunden oder nach Feierabend. Die großen Marathons und Stadtläufe sind aber nur etwas für Frühaufsteher, denn sie finden fast immer ab 4 Uhr morgens statt.

58. Grund

Weil Singapur von Naturgewalten verschont bleibt

Öffnet man an einem beliebigen Wochentag die Singapurer Tageszeitung *The Straits Times*, findet man mit an Sicherheit grenzender Wahrscheinlich einen tagesaktuellen Hinweis auf ein Erdbeben, das die Philippinen erschüttert, auf eine Vulkanaktivität auf Bali oder Lombok oder auf die gesundheitsgefährdende Luftqualität im Norden Thailands, ausgelöst durch Waldbrände.

Südost- und Zentralasien sind Ballungszentren für Naturkatastrophen. Überschwemmungen durch heftige Regenfälle in der Monsunzeit sind ebenso an der Tagesordnung wie Vulkanausbrüche, Erdbeben und dadurch ausgelöste Tsunamis.

75 Prozent aller weltweit aktiven Vulkane befinden sich nämlich entlang des Pazifischen Feuerrings, der sich über 40.000 Kilometer erstreckt und von Thailand über Indonesien, Philippinen und Japan bis nach Südamerika reicht.

Rein geografisch liegt auch Singapur auf diesem *Ring of Fire* – doch durch seine besondere Lage bleibt das kleine Land von Naturkatastrophen verschont.

Sir Stamford Raffles hat im Jahr 1819 instinktiv erkannt, in welcher herausragenden geografischen Lage die Insel Singapur im Südchinesischen Meer liegt. Geschützt durch die Straße von Malakka, die Straße von Johor und die Straße von Singapur sowie die umliegenden Inseln Sumatra, Java und Borneo bleibt der Stadtstaat von unberechenbaren Gezeiten oder gar Naturkatastrophen vollständig verschont.

Der Monsun selbst erreicht Singapur zwar spürbar in den Monaten Dezember und Januar (Nordost-Monsun) sowie Juni bis August (Südwest-Monsun), doch sind die Regenwolken meist schon deutlich geschwächt und abgeregnet. Außerdem ist die Singapurer Kanalisation bestens darauf ausgelegt, auch große Wassermengen problemlos zu bewältigen. Überschwemmungen kennt man in Singapur nicht.

Während auf Bali, in Manila oder auf Sumatra die Erde regelmäßig bebt, da sich dort Bruchfugen der tektonischen Platten befinden, liegt Singapur auf einer anderen tektonischen Platte und bleibt deshalb stabil. Darum kann hier auch munter in die Höhe gebaut werden.

Der durch ein Erdbeben im Indischen Ozean vor Sumatra ausgelöste Tsunami, der am 26. Dezember 2004 230.000 Menschenleben forderte und über 1,7 Millionen Küstenbewohner rund um den Indischen Ozean obdachlos zurückließ, hatte in Singapur keinerlei Auswirkungen, da sich die Wucht der Wasserwellen an den vorgelagerten Küsten von Thailand, Malaysia und Indonesien entlud.

Dass in Indonesien quasi ständig Vulkane aktiv sind, ist für die Singapurer nur insofern lästig, als dass es den Flugverkehr durch die massiven Aschewolken stark beeinträchtigt und man deshalb während seines Urlaubs auf Bali, Lombok oder Java mit An- oder Abreiseschwierigkeiten rechnen muss.

Einzig der sogenannte *Haze* macht den Singapurern zu schaffen. Diese periodisch auftretende Luftverunreinigung wird aber von Menschenhand verursacht: Sie entsteht durch Brandrodung und Schwelbrände in Malaysia und Indonesien, ausgelöst durch Kleinbauern und Plantagenbesitzer. Der Rauch reizt die Augen und Atemwege, außerdem riecht es in der gesamten Stadt nach Kaminfeuer. Aber dagegen helfen die Klimaanlage und eine Atemschutzmaske.

59. Grund

Weil Singapur auch unter Wasser so einiges zu bieten hat

Als passionierte Bergsteigerin und Skifahrerin ist Singapur wahrlich nicht der beste Ort, um meine geliebten Hobbys auszuüben. Also muss ein neues her – und was bietet sich in den warmen, fisch- und korallenreichen Gewässern Südostasiens besser an, als zu tauchen?

Viele der berühmtesten Tauchgebiete der Welt liegen nur einen Katzensprung – oder besser gesagt: einen kurzen Flug – von Singapur entfernt: sämtliche thailändischen Inseln, Tioman, die Philippinen, Bali ... Mein Taucher-Logbuch füllt sich zusehends.

Doch auch wenn die Zeit einmal nicht für einen Wochenendtrip reicht, kann der passionierte Unterwasserfan in Singapur seiner Leidenschaft frönen. Denn in Singapurs »Haus-Gewässern« gibt es so einiges zu entdecken. Das vermutet kaum jemand in der von Containerschiffen so stark befahrenen Straße von Singapur.

In Singapur organisieren gleich mehrere Tauchstudios Tagesausflüge, Ziel ist fast immer *Pulau Hantu*. Die kleine Insel liegt südwestlich vom Stadtzentrum, etwa eine halbe Stunde Bootsfahrt davon entfernt, und wartet mit einem Korallenriff auf, in dem sich unter anderem Seepferdchen, Hummer, Weich- und Hartkorallen, Kalmare, Plattwürmer und die farbenprächtigsten Nacktkiemer tummeln.

Zwar lässt die Sicht aufgrund der Meeresbewegungen und Regenfälle häufig zu wünschen übrig, doch entdeckt der geduldige Beobachter in solchen Bedingungen erst recht eine mannigfaltige Vielzahl an Unterwasserlebewesen. Wer über ein Makro-Objektiv für seine Unterwasserkamera verfügt, ist eindeutig im Vorteil.

Dass sich hier trotz höchstem Verkehrsaufkommen maritimes Leben en masse tummelt, überrascht jeden, der sich darauf einlässt.

Am besten ist allerdings, dass man nach zwei Tauchgängen spätestens zum Mittagessen wieder zu Hause ist - ideal für eine kleine Auszeit vom Alltag!

60. Grund

Weil man nicht über das Wetter spricht

Wie deutsch man wirklich ist, merkt man in Singapur schnell. Denn das Lieblingsgesprächsthema der Deutschen hat hier ausgedient – niemand spricht über das Wetter!

Warum das so ist? Ganz einfach: Entweder scheint die Sonne, oder sie tut es nicht – in jedem Fall hat es konstant 27–32°C, das ganze Jahr über, zu jeder Tages- und Nachtzeit. Wozu also darüber reden?

Ausländer und Neuankömmlinge erkennt man daran, dass sie über die Temperaturen jammern. Doch das vergeht. Zum einen kann man sich tatsächlich bis zu einem gewissen Maß an die tropische Hitze – und an die über 90-prozentige Luftfeuchtigkeit – gewöhnen. Zum anderen ist es, wie es ist: In Singapur schwitzt man. Und zwar 24 Stunden täglich. Jeder tut es, und es ist völlig normal.

Am besten macht man es wie die Singapurer und hält sich vornehmlich in geschlossenen, möglichst fensterlosen und auf Gefrierpunkt klimatisierten Räumen auf. Abends noch auf dem Balkon zu sitzen, kommt überhaupt nicht infrage, das kann man schließlich an allen 365 Tagen des Jahres machen.

Fallen die Temperaturen tatsächlich mal unter 28 Grad Celsius, macht man es wie alle hier: Man trägt lange Hosen, schließlich ist es bitterkalt. Bei Kälteeinbrüchen auf unter 26 Grad sieht man Menschen mit Mützen und Daunenjacken.

Ebenfalls umgewöhnen muss man sich im Hinblick darauf, dass man sich beim Betreten eines Gebäudes eine Jacke AN- und beim Hinausgehen wieder AUSzieht. Denn draußen ist es IMMER wärmer als drinnen. Es ist deshalb ratsam, stets einen Schal oder eine Jacke dabeizuhaben, wenn geplant ist, sich länger als fünf Minuten in einem geschlossenen Raum (gilt auch für U-Bahnen, Taxen) aufzuhalten.

Spazieren gehen ist nur was für Ausländer und Touristen, deutscher Stechschritt ist völlig unangemessen (außer, man möchte klatschnass geschwitzt am Ziel ankommen), gejoggt wird draußen nur vor 7 Uhr morgens (oder lieber gleich im klimatisierten Fitnessraum auf dem Laufband), Fahrradfahren geht maximal im Schritttempo, das gerade ausreicht, um ein Umkippen zu vermeiden.

Auf der Suche nach einem neuen Small-Talk-Thema bin ich allerdings inzwischen fündig geworden: Singapurer lieben es, über Essen zu reden!

61. Grund

Weil man in Singapur schon einmal die (Jahres-)Zeit vergessen kann

In Singapur scheinen die Uhren anders zu gehen. Die Relativitätstheorie besagt zwar, dass die persönliche Zeit umso langsamer vergeht, je schneller man sich bewegt. Obwohl ich mich in Singapur vielleicht nicht physisch schneller bewege, rast die Zeit trotzdem nur so vorbei.

Woran liegt das wohl? An den vielen Eindrücken in diesem Schmelztiegel, in dem ein Fest das andere jagt, bis sämtliche religiösen, kulturellen und ethnischen Gruppen mit ihrem Jahreskreis abgeschlossen haben und alles schon wieder von vorne losgeht?

Oder an der fehlenden Struktur durch die Jahreszeiten? Zwar gibt es zweimal jährlich eine Regenzeit, doch zeigt der Blick nach draußen immer das gleiche Bild. Es ist grün, die Pflanzen verlieren nie ihre Blätter vollständig, sondern ständig peu à peu.

Jeden Tag und jede Nacht herrscht die gleiche Temperatur, an manchen Tagen ist es vielleicht etwas heißer, an anderen etwas feuchter, aber allein durch das Wetter kann man nicht feststellen, ob es nun Januar oder Juli ist.

Singapur liegt nur knapp 140 Kilometer nördlich des Äquators. Die Sonne geht jeden Morgen um 7 Uhr auf und um 19 Uhr wieder unter; die Abweichungen innerhalb des Jahres sind so minimal, dass sie kaum auffallen. Auch das trägt nicht unbedingt zur zeitlichen Orientierung bei, ein Jahresrhythmus stellt sich so jedenfalls nicht ein.

Außerdem leben wir quasi in zwei Zeitzonen. Schließlich sind wir täglich mit den Lieben in der deutschen Heimat in Kontakt, und das bedeutet, dass Nachrichten und Anrufe spätabends oder sehr früh morgens eintrudeln. Der eigene Tagesrhythmus wird dadurch verändert und muss sich anpassen. Mein Hirn kann ohne lange nachzudenken zu jeder beliebigen Tageszeit die aktuelle Uhrzeit in Deutschland und Singapur präsentieren.

Wochen und Monate fliegen vorbei in dem Wissen, dass der Aufenthalt in der Stadt beruflich bedingt zeitlich limitiert ist – das scheint ebenfalls die Geschwindigkeit, mit der die Zeit vergeht, zu begünstigen. Aber ist das nicht auch besonders schön? Statt »in den Tag hineinzuleben«, lebt man in Singapur »in das Jahr hinein«.

6. Kapitel

Bildung, Wirtschaft und Verkehr

62. Grund

Weil Singapur auf beste Ausbildung setzt

Singapur ist in den internationalen Hochschulrankings stark vertreten: Als beste asiatische Hochschule gilt demnach die *National University of Singapore* (NUS, 30.000 Studenten), dicht gefolgt von der *Nanyang Technological University* (NTU, 30.000 Studenten), die sich mehr auf technische Fächer spezialisiert hat, und der *Singapore Management University* (SMU, 10.000 Studenten), die 2002 mitten im Stadtzentrum in bester Lage erbaut wurde.

Insgesamt existieren in Singapur sechs staatliche Universitäten sowie zahlreiche Privatuniversitäten. Ein weiterer Bestandteil der Hochschullandschaft sind vier *Polytechnics.* Diese polytechnischen Hochschulen ähneln mit ihren praxisbetonten Studienprogrammen deutschen Fachhochschulen. Dazu gesellen sich ausgezeichnete und weltweit anerkannte Hochschulen für Musik und Kunst (*Yong Siew Toh Conservatory of Music, SOTA School of the Arts, Nanyang Academy of Fine Arts, LASALLE College of the Arts*).

Singapur investiert viel Geld in die Ausbildung seiner Einwohner, der Bildungsetat ist der zweithöchste im stadtstaatlichen Haushalt (nach dem Etat für Verteidigung). In einem Land ohne nennenswerte Industrie oder eigene Exportgüter setzt man eben auf Humankapital: Bestens ausgebildete Singapurer haben einen hohen Marktwert, sie gelten als fleißig, sprechen fließend Englisch und meist Chinesisch und sind durch die straffen Lehr- und Stundenpläne an viel Arbeit gewöhnt.

Niedrige Steuern und hohe Sicherheit ziehen außerdem seit jeher wohlhabende Investoren und ausländische Konzerne an, deren Mitarbeiter nach guten Schulen und Universitäten für ihre Kinder verlangen.

Mit seinen hochrangigen Universitäten gilt Singapur zugleich als Top-Forschungsstandort der Region, zahlreiche ausländische

Spitzenhochschulen wie die Technische Universität München, die Pariser Sorbonne und die australische James Cook University haben hier Dependancen aufgebaut. Auch die französische Wirtschaftshochschule INSEAD betreibt in Singapur ihren zweiten Campus.

Die staatlichen und privaten Bildungseinrichtungen Singapurs sind in der Regel nach modernsten Standards ausgestattet und werden von der Regierung stark bezuschusst. Dementsprechend haben die Hochschulen einen guten Ruf: Singapur gilt als einer der wichtigsten Standorte für Wissenschaft und Forschung in Asien. Die Lehrpläne sind der modernen Arbeitswelt und aktuellen Forschung angeglichen. Wissenschaftliche Institute locken namhafte Forscher und Nobelpreisträger mit ultramodern eingerichteten Labors und Forschungseinrichten nach Singapur.

Die Hochschullandschaft profitiert außerdem von der Rolle Singapurs als wichtiger Schaltstelle für den globalen Wirtschaftsmarkt und Handel. Die meisten Hochschulen kooperieren mit in Singapur ansässigen Institutionen und Unternehmen, denn der zügige Weg zum Studienabschluss und ein hoher Anwendungs- und Aktualitätsbezug sind für Asiaten sehr wichtig. Ein Studium in Singapur verschafft dementsprechend gute Einblicke in den gesamten asiatischen Markt, der global immer mehr an Gewicht gewinnt.

Das reizt natürlich auch ausländische Studenten, die zwar grundsätzlich willkommen sind – aber nur die Besten unter ihnen bekommen ein Visum, um einen Studienplatz anzutreten oder ein Praktikum zu absolvieren. Seit 2013 dürfen nur noch Studenten von 22 der rund 450 deutschen Hochschulen in Singapur langfristige Praktika machen; nämlich von den Universitäten, die auf anerkannten Hochschulrankings gelistet werden. Studenten der übrigen Universitäten, der Fachhochschulen oder der Pädagogischen Hochschulen bleiben außen vor.

Und leisten können sich hier ein Studium sowieso nur diejenigen, die ein Stipendium ergattern oder über sonstige finanzielle Ressourcen verfügen, denn Singapurs Pflaster ist auch für Studenten teuer.

63. Grund

Weil sich Singapur in kürzester Zeit zur bedeutenden Wirtschaftsmacht hochgearbeitet hat

In einem Bildband über Asien aus dem Jahr 1996 stolpere ich über folgenden Satz: »Mit seinen hohen wirtschaftlichen Wachstumsraten entwickelte sich Singapur in den letzten 30 Jahren zu einem der führenden asiatischen Schwellenländer.« Singapur, ein Schwellenland? Tatsächlich: Erst seit den 2000er-Jahren gilt der Stadtstaat als ernst zu nehmende Wirtschaftsmacht.

Was Sir Stamford Raffles 1819 begann, begründete den wirtschaftlichen Erfolg Singapurs, der bis heute anhält: Keine bis niedrige Steuern lockten von Anfang an Handelsgesellschaften, Reedereien und Banken an, später folgten internationale Firmen in den Bereichen Industrie, Forschung, Entwicklung und Dienstleistung. Der Hafen ist bis heute eine der wichtigsten Einnahmequellen Singapurs und spült stetig Geld in die Staatskasse, seit einigen Jahren wird massiv auf den stetig zunehmenden Tourismus gesetzt.

Singapur, das von Schwellenländern umgeben ist, war von Anfang an für langfristige Großinvestitionen z. B. in Einkaufszentren, Chemiefabriken oder Raffinerien attraktiv, weil es mehr als Geld, Land und Steuernachlässe zu bieten hat: nämlich qualifizierte Arbeiter, politische Berechenbarkeit, Sicherheit, Schutz des geistigen Eigentums, kaum Korruption und eine hohe Lebensqualität.

Außerdem mögen Unternehmen die überaus niedrigen Steuern, die bei maximal 17 Prozent liegen, und die sehr schlanke und transparente Bürokratie.

Den Singapurern selbst wird eine Firmengründung leicht gemacht: Benötigt werden dafür lediglich rund 3.000 Euro auf dem Konto, in wenigen Tagen ist der bequem online abwickelbare Bearbeitungsprozess vollständig abgeschlossen.

Diese langfristige so erfolgreiche wirtschaftliche Entwicklung verdankt Singapur unter anderem einem Europäer: Albert Winsemius, von 1961 bis 1984 wirtschaftlicher Berater der Regierung. Anfang der 1960er-Jahre kam der gebürtige Niederländer im Auftrag der Vereinten Nationen nach Südostasien, um Singapur dabei zu helfen, der hohen Arbeitslosigkeit und der unaufhörlich wachsenden Bevölkerung Herr zu werden und in den ersten Jahren nach der Loslösung von England auf eigenen Füßen zu stehen.

Er entwickelte einen Zehnjahresplan, um das Wirtschaftswachstum und die Ansiedlung von ausländischen Firmen voranzutreiben, und riet unter anderem zu dem bis heute so erfolgreichen Programm des Staatlichen Wohnungsbaus (siehe 12. Grund). Sein Argument: Ist die Stadt ordentlich, aufgeräumt, sicher und sauber, siedeln sich gerne internationale renommierte Firmen mit ihren Mitarbeitern hier an. Er selbst überzeugte unter anderem den Elektronikkonzern Philips und sah bereits früh voraus, dass Singapur sowohl ein internationales Finanzzentrum als auch eine der Hauptverkehrsadern für Flug- und Schiffsverkehr werden würde.

Das südostasiatische Wirtschaftswunder gelang, denn der ebenfalls weitsichtige Premierminister Lee Kuan Yew folgte Winsemius' innovativen und zukunftsträchtigen Vorschlägen weitgehend: Singapurs wirtschaftliche Erfolgsgeschichte nahm ihren Lauf. Als Winsemius sich in den Ruhestand verabschiedete, erklärte der Visionär, dass Singapur ab jetzt problemlos ohne ihn zurechtkommen würde. Und wieder erwies sich sein Gespür als richtig.

64. Grund

Weil viele Singapurer »crazy rich« sind

Die US-amerikanische Komödie *Crazy Rich Asians*, die auf einer Romanvorlage des Singapurer Autors Kevin Kwan basiert, handelt von der New Yorker Ökonomieprofessorin Rachel Chu, die ihren Freund Nick Young in seine Heimat Singapur begleitet und dort einen Kulturschock der anderen Art erlebt:

In Singapur, stellt Rachel zu ihrer Überraschung fest, tummeln sich die asiatischen Superreichen. Leute, die ganz nebenbei Ohrringe für eine Million Euro kaufen und Hochzeiten für 40 Millionen Euro ausrichten.

Was klingt wie eine überdrehte Hollywood-Darstellung, enthält mehr als nur ein Körnchen Wahrheit. Kevin Kwans Roman, der bislang in über 20 Sprachen übersetzt wurde, beginnt mit den Worten des muslimischen Reisenden und Gelehrten Ibn Battūta, der feststellte, dass »nirgendwo auf der Welt Menschen zu finden sind, die reicher sind als die Chinesen« – ein Zitat aus dem 14. Jahrhundert, das erstaunlich aktuell ist.

Denn inzwischen gibt es im asiatisch-pazifischen Raum mehr Vermögensmillionäre als in Nordamerika oder Europa. Hier lagert ein Vermögen in Höhe von 22 Billionen US-Dollar. Allein Singapur verzeichnet 183.737 Millionäre (in US-Dollar), gut 1.000 von ihnen sind laut Aussage der Credit Suisse tatsächlich »*crazy rich*« mit über 50 Millionen US-Dollar Privatvermögen. Mindestens 19 Milliardäre gibt es unter den knapp 5,7 Millionen Einwohnern (zum Vergleich: In Deutschland sind es 41, bei 83 Millionen Einwohnern).

Nach einer aktuellen Studie des *Economist* teilt sich Singapur im Jahr 2018 den Platz 1 für die Stadt mit den höchsten Lebenshaltungskosten mit Paris und Hongkong. Bei dem Ranking werden 160 Produkte und Dienstleistungen, also Mieten, Nahverkehr, Lebensmittel, Kleidung und Bildungseinrichtungen, miteinander verglichen.

Das können sich natürlich nur die leisten, die ausreichend verdienen. Und davon gibt es viele. Das durchschnittliche Monatseinkommen eines Haushalts liegt in Singapur bei rund 9.000 Singapur-Dollar, das sind rund 6.000 Euro (Stand: 2019). Im Vergleich dazu hängt Deutschland ganz schön hinterher, hier sind es »nur« rund 3.400 Euro netto.

Inzwischen steht Singapur in der Liste der reichsten Länder auf Platz 4, nach Japan hat der Stadtstaat das höchste Pro-Kopf-Einkommen in Asien.

Kein Wunder also, dass die Sport- und Luxuswagendichte auf Singapurs Straßen so hoch ist. Unter den gut 600.000 gemeldeten Privatfahrzeugen befinden sich allein jeweils 700 Lamborghini, Ferrari und Maserati, die Porsche-Fahrer machen ein Prozent aus (in Deutschland: 0,4 Prozent).

Das Steuersystem lockt mit seiner niedrigen Steuerlast Unternehmen und Reiche an. Der Steuersatz für Privateinkommen liegt zwischen 0 und 22 Prozent (je nach Einkommenshöhe), dabei wird nur tatsächlich in Singapur verdientes Einkommen besteuert.

In Roman und Film *Crazy Rich Asians* sind es ganze Großfamilien, die über das Familienvermögen wachen und es stetig vergrößern. Aufmerksam registrieren sie jede noch so beiläufige Bemerkung über einen Börsengang, ersteigern Kunstwerke für dreistellige Millionenbeträge, erstehen Schmuckstücke im Wert von Millionen, benutzen aber trotzdem an der Supermarktkasse Spar-Coupons, fahren mit der Bahn und essen auf den lokalen *Hawker Centres.* Und sie sagen zu ihren Kindern beim Abendessen: »Aiyoooooh, finish everything on your plate, girls! Don't you know there are children starving in America?« (»Esst auf, Kinder! Denkt an die hungernden Kinder in Amerika.«)

65. Grund

Weil der Nahverkehr so sauber, zuverlässig, günstig und überall verfügbar ist

Mobilität innerhalb Singapurs ist sehr bequem. Der öffentliche Nahverkehr ist so verlässlich und günstig, dass eigentlich niemand in der Stadt auf ein eigenes Auto angewiesen ist. Der frühere Transportminister Lui Tuck Yew hat bereits 2011 erkannt: »Privates Autofahren kann nicht die Mobilitätslösung für Städte des 21. Jahrhunderts sein.«

Die U-Bahnen (in Singapur *MRT* genannt = *Mass Rapid Transit*) fahren tagsüber im 3-Minuten-Takt und bringen einen schnell quer durch die ganze Stadt. Die enge Taktung kann durch komplett führerlose Züge und durch automatische Türen eingehalten werden. Niemand muss in Singapur eine Rolltreppe hinunterrennen, um die nächste Bahn zu erwischen – schließlich kommt schon in wenigen Minuten die nächste!

Jede Linie läuft dabei unabhängig voneinander, keine zwei Linien teilen sich die Gleise, es gibt keine Weichen – sollte also eine Linie doch einmal Verspätung haben, ist keine andere davon betroffen. Zugausfälle oder lange Wartezeiten kennt man hier praktisch nicht. Sollte dennoch eine Verspätung entstehen, berichtet die Singapurer Tageszeitung *The Straits Times* am nächsten Tag sofort groß darüber, und die Verantwortlichen entschuldigen sich wortreich.

Als kleine »Entschädigung« buchen die Terminals beim Verlassen des U-Bahnhofs dann automatisch eine geringere Gebühr beim Durchziehen der Geldkarte an der Schranke ab. Das funktioniert, weil der Fahrpreis mittels einer Chipkarte immer erst am Ende einer Fahrt berechnet und von der Karte abgebucht wird. Es gibt ermäßigte Fahrpreise für Senioren und Familien mit geringem Einkommen, Kinder bis zu einer Körpergröße von 1,30 Meter fahren kostenlos, danach zum halben Fahrpreis.

Der Fahrpreis ist von der Tageszeit und der Distanz abhängig, der günstigste Tarif liegt bei 0,80 Singapur-Dollar (etwa 0,55 Euro), der teuerste bei 2,50 Singapur-Dollar (etwa 1,80 Euro). Um die Menschenmassen vor allem morgens zu entzerren, hat die zuständige Behörde, die *Land Transport Authority* (LTA), einen neuen Tarif erlassen: Vor 7:45 Uhr morgens gibt es einen saftigen Rabatt bei der Benutzung der öffentlichen Verkehrsmittel. Eine gute Möglichkeit, die Pendler zu früherem Aufstehen zu verführen und die Verkehrsmittel besser auszulasten.

Zusätzlich zu den Zügen fahren oberirdisch auf den Hauptstrecken zunehmend Doppeldeckerbusse, um mehr Fahrgäste aufnehmen zu können, und die übrigens auch bestens für eine kostengünstige Stadtrundfahrt geeignet – und immer klimatisiert – sind.

Überhaupt: Für Touristen oder Neulinge in der Stadt ist das öffentliche Verkehrsnetz herrlich unkompliziert. Die *MRT*-Linien arbeiten durchweg mit Farbkennungen, in den Bahnhöfen ist alles deutlich in vier Sprachen (siehe 36. Grund) und Piktogrammen ausgeschildert und barrierefrei zugänglich. Die verschiedenen Ausgänge sind logisch benannt, und steht man doch einmal länger als 30 Sekunden sinnierend vor einem Netz- oder Umgebungsplan, kommt sofort jemand vom Personal und bietet Hilfe an.

Das Fahrkartensystem ist quasi selbsterklärend, wer einmal eine aufladbare Chipkarte erstanden hat, muss sich nur noch darum kümmern, dass ausreichend Geld darauf hinterlegt ist.

Die öffentlichen Verkehrsmittel sind auch deshalb bei Pendlern, Familien und Touristen wirklich beliebt, da es dort picobello aussieht. Essen und Trinken sind bei empfindlichen Geldstrafen strengstens verboten, bis zu 1.000 Singapur-Dollar (rund 650 Euro) werden dafür fällig. Das Resultat: kein Müll, keine strengen Gerüche oder undefinierbare Flecken auf den Sitzen.

Sicher ist es sowieso: Vollständig kameraüberwacht, mit Sicherheitspersonal an jeder Ecke kann man problemlos auch spätabends alleine damit umherreisen, ohne sich um die eigene Sicherheit sorgen zu müssen. Zwar fahren die öffentlichen Verkehrsmittel grob nur etwa bis Mitternacht (und dann ab 5 Uhr morgens wieder), doch stört das niemanden: Singapur ist die Stadt der Arbeitenden, hier werden eh spätestens ab Mitternacht die Bürgersteige hochgeklappt.

Bis 2020 will die Stadt jeden Monat mindestens eine neue *MRT*-Station eröffnen. Bestehende Linien werden durchweg verlängert, eine völlig neue Linie ist im Entstehen. Über die ganze Stadt verteilt gibt es riesige Baustellen, an denen Tag und Nacht bei Höllenlärm gearbeitet wird, um die *MRT* mehr und mehr auszubauen bzw. neue Querverbindungen zu schaffen.

Ein weiteres Ziel ist es, sämtliche Wege (!) zu den Bushaltestellen (die alle natürlich schon längst über ein Häuschen mit Sitzgelegenheit verfügen) zu überdachen, damit diese bei tropischem Regen oder Mittagshitze bequem erreicht werden können.

Die wichtigsten Buslinien bieten seit Kurzem gratis WLAN an, in den Bahnhöfen und Zügen der *MRT* ist das schon längst gang und gäbe. Laut einer Studie von McKinsey & Company aus dem Jahr 2018 hat Singapur das zweitbeste öffentliche Nahverkehrssystem der Welt – nur knapp hinter dem von Hongkong.

66. Grund

Weil Singapur praktisch staufrei ist und man trotzdem kein eigenes Auto braucht

Bevor wir nach Singapur gereist sind, hörten wir furchterregende Geschichten über das angebliche Verkehrschaos in dieser Stadt: Von endlosen Staus war die Rede, von rücksichtslosen Autofahrern, von Lärm und Gestank. Einige rieten uns, möglichst einen Kindersitz anzuschaffen und diesen jedes Mal mit ins Taxi zu nehmen, sollten wir auf die Idee kommen, uns herumchauffieren zu lassen. Von einem eigenen Auto oder davon, sich gar selbst hinter das Steuer zu setzen, wurde dringend abgeraten. In den Hinterköpfen spukten wohl die Bilder aus anderen asiatischen Metropolen wie Jakarta oder Manila herum. Dort herrscht tatsächlich Durcheinander auf den Straßen, und selbst für wenige Kilometer benötigt man zumeist Stunden, da man nur im Stau steht.

In Singapur dagegen sieht die Realität ganz anders aus:

Tagsüber ist von einem »Verkehrschaos« weit und breit nichts zu bemerken. Der Verkehr läuft meist flüssig, Taxis kommen zur vereinbarten Zeit, die Fahrtdauer von A nach B entspricht fast immer exakt der auf Google Maps angegebenen Zeitspanne. Busse fahren im 5- bis 10-Minuten-Takt, und zumindest in unserem Viertel gibt es so viele verschiedene Buslinien in alle Richtungen, dass ich selten irgendwo länger als drei Minuten warten muss. Für ganz genaue Planung bietet die Stadt diverse Apps an, die u.a. die genaue Wartezeit an den Bushaltestellen anzeigen.

Die »Staus«, in denen ich bislang festgesteckt habe, waren nichts im Vergleich zum morgendlichen Kollaps auf dem Mittleren Ring in München. Oder dem am Sonntag spätnachmittags aus dem Süden zurück in die Stadt!

Ampelschaltungen sind in der Tat für das deutsche Gemüt etwas ungewohnt, muss man doch meist gleich mehrere Minuten auf die nächste Grünphase warten, das strapaziert mitunter die Geduld. Vor allem zur Rushhour morgens und abends steht man dann durchaus mal ein paar Minuten vor einer Kreuzung, wenn es etwas voller auf der Straße ist. Auf den Stadtautobahnen geht es aber meist flüssig vorwärts, und für die Nutzung der Straßen der Innenstadt wird eine Citymaut verlangt, was zusammen mit den horrenden Parkgebühren dort dafür sorgt, dass der Zustrom von Autos überschaubar ist.

Damit das auch so bleibt, hat der Stadtstaat zum Jahresbeginn 2018 beschlossen, die Anzahl zugelassener Pkw zu deckeln. Es gibt derzeit knapp über 600.000 Pkw in der Stadt (bei ca. 5.5 Mio. Einwohnern) – und mehr werden schlichtweg nicht zugelassen (München hat im Vergleich dazu eine dreimal höhere Autodichte). Was in Deutschland undenkbar ist, haben die Singapurer ohne großes Murren hingenommen; die Notwendigkeit eines solchen Gesetzes scheint jedem einzuleuchten.

Es gibt eben ausreichend Alternativen zum eigenen fahrbaren Untersatz: Der öffentliche Nahverkehr ist bequem, günstig und zuverlässig (siehe 65. Grund).

Taxis sind so spottbillig, dass wir dieses bequeme Fortbewegungsmittel ausgiebigst nutzen. Die Fahrt vom etwa 18 Kilometer entfernten Flughafen nach Hause kostet je nach Tageszeit um die 20 Singapur-Dollar (rund 13 Euro), durch die Stadt selbst kommt man oft für die Hälfte.

Die Taxifahrer, vor denen wir vorab gewarnt wurden, fahren vielleicht etwas beherzter, als wir es gewohnt sind, aber bislang sind wir allesamt heil an unser jeweiliges Ziel gekommen, ohne dass uns ein Härchen gekrümmt wurde. Und zwar ohne Kindersitz, denn dieser ist zwar in Privatautos durchaus Pflicht – auch wenn das meinem Empfinden nach nicht ganz so ernst genommen wird –, aber für Taxis gelten Sonderregeln, da sie zum öffentlichen Nahverkehr zählen. Kinder dürfen dort einfach auf den Schoß genommen werden. Natürlich muss das jeder selbst entscheiden, viele nutzen ihre eigenen Kindersitze für Taxifahrten – dabei liegt Singapur im Ländervergleich tatsächlich hinter Deutschland, was den Prozentsatz der tödlich verlaufenden Autounfälle angeht.

Die beste Erfindung ist die ständige Verfügbarkeit von Privattaxis, die dank des Marktführers *Grab* überall per Handy-App bestellbar sind und meist sogar noch ein wenig günstigere Preise als ein reguläres Taxi anbieten. Außerdem werden die schon in der Stadt vorhandenen Autos besser ausgenutzt, und unnötige Leerfahrten können vermieden werden.

Die minütlich wechselnden Preise resultieren aus Angebot und Nachfrage: Zu Stoßzeiten ziehen die Preise an, vormittags ist es spottbillig, sobald ein Regenschauer einsetzt, zahlt man mindestens 50 Prozent mehr als bei Sonnenschein. Über die App kann man außerdem Autoklasse und -größe auswählen, wenn man z.B. einen Sechssitzer oder einen großen Kofferraum benötigt, und einen Kindersitz dazu buchen.

Was die meisten aber vom Autofahren abhält, ist die Tatsache, dass ein eigener Pkw in Singapur wirklich teuer ist. Hier ist ja vieles (nach durchschnittlich-deutschen Maßstäben) teuer, aber ein eigenes Fahrzeug ist im Vergleich dazu wirklich ein Luxusgut. Es geht damit los, dass die Voraussetzung für ein eigenes Auto der Erwerb eines sogenannten *Certificate of Entitlement* (*COE*) ist. Die Anzahl dieser Lizenzen ist durch die Deckelung der Neuzulassungen limitiert. Verfügbare *COE*s werden monatlich versteigert, es gibt bestimmte Quoten je Fahrzeugklasse. Sie erlauben den Besitz eines Autos für zehn Jahre – und zwar fahrzeuggebunden. Danach muss ein neues *COE* ersteigert werden.

Die Preise schwanken natürlich wegen des Bieterprinzips, aber 2017 lag der Durchschnittspreis bei rund 50.000 Singapur-Dollar (über 30.000 Euro) – und da ist das Auto selbst ja noch gar nicht dabei!

Das reißt dann ein weiteres Loch in die Kasse: Aufgrund hoher Einfuhrzölle und der Mehrwertsteuer (*GST*) kostet zum Beispiel ein BMW 5er, der in Deutschland neu preislich vielleicht bei 65.000 Euro liegt, in Singapur bis zu dreimal mehr. Trotzdem kauft man hier wegen des fahrzeuggebundenen *COEs* ausschließlich Neuwagen.

Die *Land Transport Authority* (*LTA*) stellt monatlich Statistiken über die aktuell zugelassenen Automarken ins Internet, und die Auflistung liest sich wie eine Produktübersicht des Genfer Autosalons.

Wer sich also ein Auto leisten kann, zeigt es auch gerne. In Parkhäusern und in den Straßen versammeln sich beeindruckende Fuhrparks: Ferrari, Porsche, Maserati, Lamborghini, Rolls Royce, Bentley, sämtliche SUV-Varianten deutscher und asiatischer Automarken.

Dass die Singapurer so verrückt nach Sportwagen sind, wirkt auf uns Deutsche ein bisschen seltsam: Die Autos fristen ein eher tristes Dasein, denn die Tempolimits im dicht bebauten Stadtstaat sind strikt. Auf den Stadtautobahnen ist eine Geschwindigkeit von maximal 90 Stundenkilometern erlaubt, und Übertretungen werden mittels Videoüberwachung streng geahndet. Spätnachts hört man dann trotzdem hin und wieder lautes Motorengeheul, und es kursieren Gerüchte über Sportwagenfahrer, die in den frühen Morgenstunden auf der (leeren) Schnellstraße nach Kuala Lumpur und zurück rasen. Natürlich illegal – aber wer das nötige Kleingeld für ein solches Auto hat, kann notfalls auch den Strafzettel bezahlen.

67. Grund

Weil der Flughafen der beste der Welt ist

Das Leben in Singapur ist auch deshalb so lebenswert, weil die Aus- und Einreise aus dem Stadtstaat per Flugzeug ein echter Genuss ist. Richtig gelesen: *Changi Airport* ist der beste Flughafen der Welt.

Das ist nicht nur mein persönliches Empfinden, sondern deckt sich mit der Meinung von Millionen Reisenden, die jährlich für die Vergabe des *World Airport Awards* befragt werden. Singapurs Drehkreuz rangiert nun schon das siebte Jahr in Folge (Stand: 2019) auf Platz eins der beliebtesten Flughäfen, und zwar in den Kategorien Service, Check-in, Transfer, Einkaufsmöglichkeiten, Sicherheit, Passkontrolle und Abfertigung am Gate.

Changi Airport ist zum einen ein wichtiges Drehkreuz zwischen Europa, Südostasien und Ozeanien und mit 62 Millionen Passagieren jährlich einer der größten Flughäfen weltweit. Praktisch jedes Ziel in und um Asien kann von den vier Terminals aus direkt erreicht werden, und auch in unsere Heimatstadt München bringt uns der bequeme Nachtflug innerhalb von knapp zwölf Stunden.

Da Singapurs Fläche insgesamt ja nicht besonders weitläufig ist, kann der etwa 20 Kilometer von der Innenstadt entfernte Flughafen per Taxi von fast jedem Ort der Stadt aus innerhalb einer halben Stunde erreicht werden. Per MRT dauert es nur wenig länger.

Vom Aussteigen aus dem Taxi bzw. der Bahn ist man in wenigen Schritten in der Abflughalle. Die Check-in-Automaten machen langes Anstehen an den Schaltern überflüssig, auch die Gepäckaufgabe erfolgt automatisiert. Klappt es einmal nicht, steht sofort jemand vom Personal bereit und gibt Hilfestellung. Auch die Ausreiseformalitäten dauern nie länger als fünf Minuten. Unser Sohn freut sich jedes Mal auf die Passkontrolle, denn dort stehen stets Behälter voller Bonbons für die Ausreisenden bereit, und allein dafür drückt unser Vierjähriger ein paar Schritte weiter immer auf den »Excellent«-Knopf auf den Smiley-Terminals.

Da am *Changi Airport* der Sicherheitscheck erst am jeweiligen Gate ansteht, hat man nun mehr als genug Zeit, es sich in den gemütlichen, schicken Sitzecken bequem zu machen. Es gibt praktisch nie Wartezeiten, und wir werden von Mal zu Mal gleichgültiger der allgemein gültigen Empfehlung gegenüber, zwei Stunden vor Abflug am Flughafen zu sein.

Muss man doch einmal Zeit totschlagen oder einen Transitaufenthalt bewältigen, ist *Changi Airport* die beste Wahl. Zwei Kinosäle zeigen rund um die Uhr kostenlos die neuesten Blockbuster-Filme, ein großer Orchideen- und Sonnenblumengarten mitten im Terminal 2 sowie ein Schmetterlingsgarten in Terminal 3 sorgen für Naturerlebnisse, und die vielen, vielen gemütlichen *Rest Areas*, in denen Sofas, Liege- und Massagesessel sowie Schlafkojen kostenfrei verfügbar sind, laden zum Ausruhen und Entspannen ein. Kostenloses WLAN und Ladestationen sind selbstverständlich, und natürlich gibt es Spielplätze und Einkaufsmöglichkeiten en masse sowie einen Swimmingpool mit Jacuzzi auf dem Dach, der für 17 Singapur-Dollar benutzt werden kann. Eine Mikrobrauerei sorgt ebenso wie die vielen Bars und Restaurants für das leibliche Wohl, großflächige moderne Kunstwerke ziehen die Blicke auf sich, und im Terminal 4 kann die Geschichte der *Peranakans* (siehe 3. Grund) in der *Heritage Zone* erkundet werden.

Singapur will eben nicht nur den effizientesten, sondern auch den schönsten Flughafen der Welt haben. Im April 2019 wurde *Jewel Changi Airport* eröffnet, das 2016 bereits den *International Architecture Award* eingeheimst hat. In dem rundum verglasten Pavillon versammeln sich auf zehn Stockwerken gleich mehrere Themen-Gärten, ein 40 Meter hoher Wasserfall, Irrgärten, ein Wasserspielplatz sowie 300 Geschäfte und Restaurants.

Landet man in Singapur, fällt erst einmal die Ruhe in den Terminals auf. Die dicken, blitzsauberen Teppichböden dämpfen Schritte und Geräusche, aus den Lautsprechern klingt leise und unaufdringlich Klaviermusik, und über allem liegt ein angenehmer, blumiger Duft, der über die Klimaanlage verteilt wird. Selbst in den Toiletten, die aussehen, als befinde man sich in einem Luxushotel, duftet es danach. Es gibt immer spezielle Kabinen, die mit extra Sitzen für Kinder ausgestattet sind, Wickeltische sowieso.

An der Passkontrolle für die Einreise sind zu jeder Tages- und Nachtzeit stets ausreichend Schalter geöffnet, auch wenn nur wenige Passagiere erwartet werden. Daneben kann jeder Reisende, der über einen biometrischen Pass verfügt und bereits in Singapur registriert ist, über einen Automaten innerhalb von Sekunden einreisen.

Obwohl hier kaum Zeit verloren geht, drehen stets die Koffer bereits eine Runde auf dem Gepäckband. Ein einziges Mal standen wir vergeblich dort, doch schon kam ein Mitarbeiter des Flughafens, entschuldigte sich mehrfach und erklärte uns, dass gerade ein heftiger Monsun-Regenguss das Ausladen des Gepäcks erschweren würde und wir uns deshalb noch kaum entschuldbare 20 Minuten gedulden müssten.

Am Taxistand steht man selbst zu Ferienbeginn oder am Sonntagabend nie länger als zehn Minuten, mindestens drei Mitarbeiter regeln dort das Anstehen und die optimale Ausnutzung der Fahrzeuge.

Unser Rekord liegt deshalb aktuell bei unter 60 Minuten von Aufsetzen auf der Landebahn bis zum Aufschließen der Wohnungstür, und zwar mit vollem Gepäck und Kind dabei!

Weil selbst Friedhöfe der Modernisierung der Stadt weichen

Früher hatte jede Volksgruppe des Schmelztiegels Singapur einen eigenen Friedhof. Dieses Gebaren musste im 20. Jahrhundert aber aufgegeben werden, dafür gab es schlichtweg keinen Platz mehr. Muslime, Buddhisten, Christen und sämtliche anderen Glaubensangehörigen teilen sich nun die wenigen verfügbaren Plätze auf den ausgewiesenen Friedhöfen – ohne Garantie, dass sie dort bis in alle Ewigkeit ruhen dürfen. Gab es 1978 noch 213 Friedhöfe, existiert heute nur noch ein einziger. Denn Singapurs stetig wachsender Bedarf nach Bebauungsflächen macht auch vor den Toten nicht halt. Unzählige ehemalige Friedhöfe wurden zu Bauplätzen erklärt, Tausende von Gräbern umgebettet oder gleich dem Erdbeben gleichgemacht.

Der Stadtteil *Tiong Bahru* verrät sogar in seinem Namen, dass er auf einem ehemaligen chinesischen Friedhof errichtet wurde (siehe 22. Grund). Große Kaufhäuser entlang der Einkaufsmeile *Orchard Road* stehen auf aufgegebenen Teochew-Grabstätten, und bei jeder Tiefbauaktion werden Grabsteine ans Tagelicht befördert, die in den letzten 200 Jahren überbaut wurden.

Auf dem *Fort Canning Hill* wurden ab 1819 Christen begraben, darunter viele Deutsche, die im Auftrag von Handelsgesellschaften und Reedereien nach Singapur beordert wurden. 1865 war das von einer Mauer eingefasste, etwa 600 Gräber fassende Gelände überfüllt, der Friedhof wurde aufgegeben und das Gelände nach Singapurs Unabhängigkeit in einen Park umgewandelt. Die noch intakten Grabsteine wurden kurzerhand in die Überreste der ehemaligen Friedhofsmauer eingebaut und können dort heute noch besichtigt werden.

Aber auch heute gibt es keine Garantie, dass die letzte Ruhestätte auch wirklich die letzte bleibt. Aktuell gibt es gleich zwei Friedhofsbaustellen in Singapur:

Der altehrwürdige *Bukit Brown Cemetery*, ehemals größter chinesischer Friedhof, beherbergte bis in die 1970er-Jahre mehr als 100.000 Gräber (die ältesten davon von 1833), in denen Abkömmlinge der wohlhabendsten Familien, Politiker und Honoratioren neben ganz gewöhnlichen Gemeindemitgliedern ruhen.

Noch kann man die verbleibenden Grabstätten besuchen, die inzwischen von einer Großbaustelle umgeben sind, denn hier soll die neue, achtspurige Stadtautobahn hindurchführen. Seit 2011 wird gegraben und asphaltiert, was das Zeug hält, der Großteil der Gräber wurde ausgehoben und eingeäschert. Nur einer engagierten Bürgerinitiative ist es zu verdanken, dass 1.300 Gräber auf ihrem ursprünglichen Platz verbleiben dürfen.

Erreicht man zwischen Kränen und Baggern den Eingang, findet man sich bald in einem verwunschenen Park wieder. Die Natur hat sich den Friedhof zurückerobert, Grabsteine versinken in der weichen Erde und verschwinden in der üppigen Vegetation des subtropischen Regenwalds. Insekten und Vögel in großer Zahl locken Naturfreunde an, Schlingpflanzen wuchern über den Grabsteinen, die Wege sind teilweise bereits zugewachsen und bemoost.

Nur ein paar wenige Ehrenamtliche kümmern sich mehr schlecht als recht um die Instandhaltung, Hobbyforscher gehen auf die Suche nach ihren Ahnen, und findige Stadtführer locken mit nächtlichen Geistertouren. Ein echter Geheimtipp für einen Ausflug der besonderen Art. Wer weiß, wie lange noch.

2017 verkündete die *Urban Redevelopment Authority* (URA), dass insgesamt 80.000 Verblichene auf dem heute noch genutzten Friedhof von *Choa Chu Kang* für die Erweiterung der *Tengah Air Base* exhumiert und kremiert werden, damit im Jahr 2030 der *Paya Lebar* Militärflugplatz dorthin verlagert werden kann. Noch bis 2020 können sich Angehörige melden und eine Umbettung veranlassen. Neuzugänge bekommen nur noch auf 15 Jahre limitierte »Liegeplätze« und werden anschließend feuerbestattet. Wer es sich leisten kann – das betrifft vor allem muslimische Glaubensangehörige, deren Religion unbedingt eine Erdbestattung vorschreibt –, nimmt da lieber gleich die Kosten für eine Überführung zur Verwandtschaft in die Nachbarländer in Kauf.

Vermutlich wird Singapur in Zukunft eine Stadt ganz ohne Gräber sein, damit die stetig wachsende Bevölkerung untergebracht werden kann. Dabei kann keine Rücksicht auf Kultur, Familiengeschichte und Historisches genommen werden – das Wohl der Gemeinschaft und der Fortschrittsgedanke sind in Singapur eben stets wichtiger als das des Einzelnen.

69. Grund

Weil Datenschutz in Singapur unerheblich ist

Asien und damit auch Singapur sind das Tech-Mekka des 21. Jahrhunderts und zukunftsweisend in der Computer- und Softwareentwicklung. Auch die Anwender haben keine Berührungsängste vor neuen Technologien. Speziell Singapurer gehen völlig ungerührt mit der Preisgabe ihrer persönlichen Daten in der digitalen Welt um.

Während es einem Europäer kalt über den Rücken läuft, weil die Privatsphäre ein hohes Gut ist, ist der Ausdruck »Datenschutz« in Singapur unbekannt. Munter werden Fotos hochgeladen, geteilt und frei zugänglich ins Internet gestellt, bei jedem noch so kleinen Serviceanbieter Benutzerkonten angelegt.

Bezahlvorgänge funktionieren fast nur noch über das Handy, Apps wie *PayLah* oder *WeChat* Pay sind weit verbreitet. Hier muss nur noch wahlweise ein QR-Code eingescannt oder die Handynummer des Zahlungsempfängers eingegeben werden, schon ist die Überweisung getätigt. Das geht im Taxi ebenso wie bei der Garküche.

Der fast schon gedankenlose Umgang mit Daten hilft natürlich den Software-Entwicklern ungemein dabei, neue Technologien auszuprobieren.

Online-Kartensysteme erkennen, mit welchem Verkehrsmittel ich mich gerade fortbewege, und wollen sofort von mir wissen, wie voll es darin war. Meine Auskunft hilft wieder anderen Pendlern dabei, sich in Echtzeit über die Situation im Bus zu informieren.

In der ganzen Stadt sorgen Kameras an Straßenlaternen für eine fast lückenlose Überwachung. Per Gesichtserkennung können so selbst große Menschenmengen sondiert und zum Beispiel Terroranschläge zukünftig schneller aufgeklärt oder gar verhindert werden. 1,8 Milliarden Gesichter können damit in weniger als drei Sekunden erkannt werden.

Am Flughafen wird zurzeit versuchsweise dieselbe Technik genutzt, um gezielter zum Beispiel Zuspätkommer aufzuspüren, auf die man beim Boarding wartet. Im Terminal 4 kann bereits an Automaten eingecheckt sowie das Gepäck aufgegeben werden, das Computerdisplay kann Gesichter praktisch fehlerlos zuordnen. Damit werden die Wartezeiten zusätzlich verkürzt, und es kann Personal eingespart werden.

Auch Kaufhäuser experimentieren mit der Gesichtserkennung. So ein System könnte den Kunden schon am Eingang namentlich begrüßen und kennt dank der gesammelten Daten aus vorherigen Internetbestellungen und sonstigen Einkäufen bereits seine Präferenzen. Damit könnte der Kunde gezielt durch die für ihn relevanten Geschäfte und Regale geführt werden und am Ende bargeldlos bezahlen.

Datenschutzrechtliche Bedenken haben die Südostasiaten nicht, solange sie davon profitieren. Natürlich gibt es hin und wieder ein paar Skandälchen, wenn ein Datenleck aufgedeckt wird, doch wird der Vorteil, der von den modernen Technologien erwartet wird, höher gehandelt als die eigene Privatsphäre.

70. Grund

Weil ein paar landwirtschaftliche Betriebe dafür sorgen, dass auch Großstädter Landluft schnuppern können

Singapur ist vor allem als Wirtschaftsstandort bekannt. Banken, Versicherungen, internationale Handelsgesellschaften und Computerfirmen haben ihren Sitz im Stadtstaat, die meisten von ihnen mit Büros in auf Hochglanz polierten, ultramodernen Wolkenkratzern.

Doch nicht alle Betriebe sitzen in solchen Bürokomplexen. Fährt man ganz ans nördliche Ende der Stadt, stößt man auf ein paar landwirtschaftliche Betriebe, die dort den dichten Mangrovenwäldern und Sumpfgebieten ein wenig Anbaufläche abgetrotzt haben.

In *Kranji* findet man zum Beispiel eine Ziegenfarm, deren meckernde Bewohner gefüttert und gestreichelt werden dürfen, bevor man frische Ziegenmilch verkosten kann.

Bei *Bollywood Veggies, Citizen Farm, Quan Fa Organic Farm* oder *Open Farm Community* gibt es Schau-Ackerflächen für jegliche Gemüse- und Obstsorten, die im hofeigenen Restaurant auch zu köstlichen Gerichten verarbeitet werden. Bio, versteht sich.

Baumschulen und Großgärtnereien versorgen die ganze Stadt mit dem vielfältigen Blumenschmuck, der Autobahnbegrenzungen, Fußgängerbrücken und Parks schmückt. Fischzuchtbetriebe wie die *Khai Seng Fish Farm* locken mit Becken voller Tilapia und Pangasius, aus denen man sich sein Abendessen selbst angeln kann. Auf der *Jurong Frog Farm* können Fans der Amphibien einen besonderen Leckerbissen finden

Naturliebhaber können in einfachen Blockhütten ausprobieren, wie es sich in unmittelbarer Nähe der Bauernhöfe so lebt, und dort am Wochenende übernachten, Besichtigungstour und Kinderprogramm inklusive.

Natürlich reichen die landwirtschaftlichen Erzeugnisse nicht aus, um die ständig wachsende Bevölkerung zu versorgen, doch sind die Betriebe für die Großstädter ein beliebtes Ausflugsziel. Die Stadt hat eigens ein Shuttle-Bus-System eingerichtet, damit die Höfe bequem erreichbar sind.

Unter der Woche besuchen vor allem Kindergarten- und Schulkinder die Farmen und lernen alles über Imkerei, organischen Gemüseanbau und Erntezyklen, am Wochenende bevölkern ganze Großfamilien die Hofläden und Schaubetriebe und lassen sich ein wenig Landluft um die Nase wehen. Eine willkommene Abwechslung zum Großstadtleben in der sonst so ultramodernen Metropole.

7. Kapitel

Alltägliches

71. Grund

Weil man das ganze Jahr über Flipflops tragen kann

Die Kleiderwahl in Singapur ist denkbar einfach: Kinder tragen unter der Woche ihre jeweilige Schuluniform (auch im Kindergarten). Am Wochenende wird schnell in eine kurze Hose, ein T-Shirt und die Flipflops geschlüpft: fertig.

Erwachsene, die keinen Bürojob haben, tun dasselbe. Dabei sollte man allerdings nicht vergessen, dass Kleidung in Farben, bei denen Schweißflecken sehr offensichtlich sind, nicht die beste Wahl sind.

Regenjacken werden verbannt, denn einem tropischen Regen halten nur die wenigsten davon stand, außerdem schwitzt man darin wie in einer Sauna und wird deshalb trotzdem nass. Warme Jacken und Pullis verstaut man am besten weit unten im Schrank, ebenso Socken, Unterhemden und geschlossene Schuhe.

Flipflops sind stets die beste Wahl, denn sowohl bei Hitze als auch bei tropischen Regengüssen kommt man damit bestens voran. Allerdings ist dann unbedingt auf einen regelmäßigen Gang zum Pediküre-Salon zu achten, von denen es in Singapur an jeder Ecke einen gibt.

Von Lederschuhen ist abzuraten, denn sind diese einmal nass geworden (von innen oder von außen), kann man recht gut beobachten, wie sich innerhalb weniger Tage Schimmel und moosartige Gewächse darauf ausbreiten.

Sehr beliebt sind in Singapur auch Schuhe aus Silikon, sogenannte *Jelly Shoes*. Wasserabweisend, auch bei feuchten Schwitzfüßen noch angenehm zu tragen, da sie nicht auf der Haut scheuern, geruchsarm und bei Bedarf einfach unter dem Wasserhahn sauber zu machen, und dazu immer im neuesten Design, mit niedlichen Schleifchen, Tiergesichtern oder Perlen – der perfekte Schuh für Groß und Klein, zumindest für Kinder und Damen!

Für männliche Schreibtischarbeiter gilt ein an die Temperaturen angepasster Dresscode: Männer tragen Anzughose und langärmliges Hemd, aber weder Krawatte noch Sakko, dazu natürlich geschlossene Schuhe, die aber nicht unbedingt aus Leder sein müssen.

Frauen tragen schicke, maximal knielange Kleider oder Röcke, gerne ärmellose Oberteile dazu. Dazu dürfen gerne offene Sandalen oder sogar die oben beschriebenen »Gummischuhe« kombiniert werden. Allerdings sind sämtliche Büroräume auf 18 Grad Celsius klimatisiert, es ist also empfehlenswert, immer etwas Langärmliges in der Schreibtischschublade zu haben!

72. Grund

Weil man sich überdurchschnittlich groß fühlen kann

Nach etwa einem Jahr in Singapur habe ich es endlich akzeptiert. Was bisher galt, trifft hier nicht mehr zu. In Singapur bin ich nämlich überdurchschnittlich groß. Und zwar mit 1,63 Meter Körpergröße.

Zum ersten Mal in meinem Leben werde ich bei Gruppenfotos regelmäßig in die zweite Reihe gestellt. Massenveranstaltungen wie z.B. die Umzüge zum indischen Lichterfest *Deepavali* oder zum »Light-up« der Weihnachtsbeleuchtung besuche ich im Gegensatz zu Deutschland zunehmend gern, schließlich kann ich endlich einmal das jeweilige Spektakel mit eigenen Augen (und nicht nur über die Displays der Handykameras vor meiner Nase) sehen. Griffe in U-Bahnen und Bussen hängen in erreichbarer Höhe, auch das ist eine völlig neue Erfahrung für mich.

Die Durchschnittgröße von Frauen in Singapur liegt nämlich bei nur knapp 1,60 Metern, Männer liegen bei 1,71 Metern. Im gesamten asiatischen Raum sind die Bewohner des Stadtstaates sogar richtiggehende Hünen, was man an den Zahlen für die indonesischen (Frauen: 1,47 Meter / Männer: 1,58 Meter) und malaysischen Nachbarn (Frauen: 1,53 Meter / Männer: 1,65 Meter) sehen kann. Vergleicht man dazu Deutschland (Frauen: 1,66 Meter / Männer: 1,80 Meter), sind wir fast schon Riesen.

Gleichzeitig musste ich mich aber auch daran gewöhnen, überdurchschnittlich beleibt zu sein. Zumindest für asiatische Verhältnisse. Ein BMI über 23 gilt hier für Frauen fast schon als bedenklich.

Nach einer Probestunde in einem schicken Yogastudio wurde ich vor versammelter Mannschaft auf die Waage gestellt und komplett vermessen. Man riet mir anschließend, dringend abzunehmen, um ein Idealgewicht von 49 Kilogramm (!) zu erreichen. Dass die ganzen Tabellen für schmalhüftige und leichtknochige Asiatinnen ausgelegt sind, scheint irrelevant zu sein.

Als deutsche Frau entspricht man hier definitiv nicht dem Schönheitsideal. Die Asiatinnen sind fast durchweg furchtbar dünn und knabenhaft, dementsprechend ist auch die Mode, und die internationalen Ketten passen selbstverständlich ihre Größen für den asiatischen Markt an. Deshalb muss ich in Singapur automatisch zur Kleidung in einer größeren Ausführung greifen als gewohnt, denn *Small* entspricht hier einer winzigen 32 und passt wirklich nur den androgynen kleinen Chinesinnen.

Immerhin finde ich problemlos Hosen und Kleider, die mir in der Länge auf Anhieb passen. Und mein Mann ist sehr froh, dass er mit seiner in Deutschland oft schwer aufzutreibenden Schuhgröße 39/40 hier in jedem Schuhladen fündig wird.

Die Standardlänge in Singapur für Matratzen liegt bei 1,90 Metern – hier brauchen Großgewachsene Sonderanfertigungen, ebenso wie für Kleidung und für Schuhe. Zum Glück gibt es ausreichend Möglichkeiten, sich in den Nachbarländern kostengünstig mit Maßanfertigungen einzukleiden!

73. Grund

Weil es überall Möglichkeiten gibt, sich abzukühlen

Falls ich es noch nicht oft genug erwähnt haben sollte: Es ist heiß in Singapur. Und schwül. Kurz gesagt: Schwitzen ist an der Tagesordnung. Das ist vor allem für Kinder anstrengend, denn sie können ihren Temperaturhaushalt noch nicht so gut regulieren wie Erwachsene. Sie verfügen über weniger Schweißdrüsen und überhitzen deshalb schneller.

Singapur ist dafür gerüstet: Die Stadt verfügt über eine schier endlose Zahl an kostenlosen Wasserspielplätzen. Dort können sich die Kleinen (und Großen) im lauwarmen Nass abkühlen, herumtollen, spritzen, rutschen und sich von Kopf bis Fuß hineinlegen.

Die aufwendige Ausstattung dieser Wasserspielplätze sorgt bei uns jedes Mal für Begeisterung. In Singapur ist eben alles auf das Vorbildlichste gepflegt und tipptopp in Schuss.

Auf großen Hinweistafeln stehen die Nutzungsregeln (ohne Schuhe, nur mit Badekleidung, Kinder müssen beaufsichtigt werden, nicht essen bzw. trinken), und das allgegenwärtige Aufsichtspersonal bläst häufig die Trillerpfeife, wenn eine der Regeln übertreten wird – egal, ob von Eltern oder Kindern.

Die Kinder jedenfalls haben große Freude an den Rutschen, Wasserpistolen, Duschen und Wasserspeiern, und auch die Erwachsenen tummeln sich gerne am Rand, kühlen wenigstens die heißen Füße ab und lassen sich nicht allzu ungern anspritzen.

Liegt die Badehose noch zu Hause: Auch kein Problem, notfalls geht das Kind eben in Unterhose und T-Shirt ins Wasser, die Sonne trocknet auch noch so nasse Kleidung anschließend schnell, frieren muss keiner. Die Erfahrung zeigt jedenfalls: Am besten immer ein kleines Handtuch und Badesachen dabeihaben, wir entdecken immer noch neue Wasserspielmöglichkeiten!

Sollte also die Sonne scheinen, in der Wohnung ist es kochend heiß und die Familie weiß nichts mit sich anzufangen? Rausgehen und planschen! Aber Achtung: Viele Wasserspielplätze werden montags gereinigt und bleiben deshalb geschlossen!

In solchen Fällen liegt die Rettung nahe: Praktisch jeder Wohnkomplex und teilweise sogar Reihen- und Einfamilienhäuser verfügen über einen eigenen Swimmingpool.

Je mehr Wohnungen sich einen solchen Pool teilen, umso größer ist die Wasserlandschaft. Die großen *Condominiums* warten stets mit einem 50-Meter-Becken, Kinderbadebereichen und Whirlpools auf.

Zu Beginn unserer Zeit in Singapur nutzten wir denn auch praktisch täglich diese wunderbare Abkühlungsmöglichkeit und verbrachten Stunden im Wasser. Dabei wunderten wir uns, wie wenig besucht die Badeanlagen tagsüber sind. Mit der Zeit passten wir uns aber mehr und mehr den hiesigen Gepflogenheiten an. Inzwischen können auch mal mehrere Tage oder gar Wochen vergehen, in denen wir nicht schwimmen gehen. Wenn man das kühle Nass täglich direkt vor der Haustür hat, lässt der Reiz daran offenbar nach.

Mir fällt schon bald auf, dass in Singapur selbst kleine Kinder mit drei bis vier Jahren bereits sicher schwimmen können. Bei den vielen ungesicherten Badestellen in und um die Wohnhäuser ist das ja auch durchaus sinnvoll; Schwimmschulen bieten bereits Kurse für die Kleinsten an. Dabei wird im Gegensatz zu deutschen Gepflogenheiten von Anfang an auf Schwimmhilfen verzichtet. Die Kinder müssen so bereits im Babyalter lernen, sich selbst über Wasser zu halten, und die Schwimmlehrer, die hier nachmittags Hausbesuche machen und Kurse abhalten, leisten tolle Arbeit.

Beim Gespräch mit einem solchen *Coach* schüttelt dieser nur den Kopf, als ich ihm erzähle, dass in Deutschland nicht einmal jede Gemeinde über ein öffentliches Schwimmbad verfügt und wie mühsam es vor allem im Winter ist, sich in überheizten Umkleidekabinen aufzuhalten. Er lacht, als ich ergänze, dass deutsche Kinder deshalb statistisch im Alter zwischen fünf und acht Jahren schwimmen lernen. Davor hätten sie laut Expertenmeinung noch nicht die richtigen motorischen Voraussetzungen. »Aber in dem Alter haben Kinder ja vielleicht schon Angst vor dem Wasser und ihre natürlich Bewegungsfähigkeit verlernt!«, erklärt er mir kopfschüttelnd.

In Singapur kraulen bereits Achtjährige wie Profis und schwimmen Bahn um Bahn. Schwimmen ist eben Lieblingssportart Nummer eins in Singapur – jede weiterführende Schule hat eigene Außenbecken in Wettkampfgröße, die 365 Tage im Jahr genutzt werden können, da es ja nie zu kalt ist, um draußen zu schwimmen. Hier werden die nächsten Nachwuchstalente gefördert, um an den Erfolg des Singapurers Joseph Schooling anzuknüpfen, der bei Olympia 2016 in Rio die Goldmedaille über 100 Meter Schmetterlingsschwimmen geholt hat.

74. Grund

Weil Singapur malariafrei ist

Wer mit mir unterwegs ist, ist grundsätzlich gegen jegliche Stechattacken gefeit. Denn ich bin sozusagen ein natürlicher Mückenschutz. Praktisch für andere, blöd für mich. Egal, mit welchen Mittelchen ich mich einnebele, irgendein Fleckchen vergesse ich, und schon tummeln sich Heerscharen blutrünstiger Insekten auf mir.

Meine größten Bedenken galten also dem vermeintlichen Malariarisiko in Singapur, denn als gestandene Reisende weiß ich, dass Asien größtenteils Gefahrengebiet ist. Bereits unser Hausarzt zerstreute alle Bedenken, und ich kann zukünftig auch alle unsere Besucher beruhigen: Singapur gilt seit 1981 vonseiten der Weltgesundheitsorganisation (WHO) als malariafrei.

Darauf ist man stolz, schließlich war Singapur noch vor gut 150 Jahren ein mückenverseuchter Dschungel mit sumpfigen Mangrovenwäldern. Seitdem ist viel passiert, die Regierung nimmt die Gefahr der krankheitsübertragenden Insekten sehr ernst.

Einzig gegen Dengue, das durch Tigermücken übertragen wird, wird noch gekämpft: In Singapur wurden in den letzten Jahren vergleichsweise hohe Zahlen von Denguefieber-Erkrankungen registriert, auf der offiziellen Homepage der *National Environment Authority* (NEA) kann man tagesaktuell die Zahl der gemeldeten Dengue-Fälle nachlesen.

Mit groß angelegten Print-Kampagnen wird versucht, die Bevölkerung auf mögliche Brutherde aufmerksam zu machen; stehendes Wasser ist der bevorzugte Legeplatz für sämtliche Mückenarten. Deshalb bittet man die Bevölkerung um Mitarbeit, indem man ihr Regeln einbläut: überschüssiges Wasser aus Blumentöpfen abgießen, keine gefüllten Gießkannen oder Eimer draußen stehen lassen, Dachrinnen sauber halten und Pfützenbildung auf Balkonen und Terrassen vermeiden.

Vor allem Baustellen – von denen es in Singapur mehr als genug gibt – sind eine stetige Gefahrenquelle, da sich dort überall Wasseransammlungen finden. In den nassen Monaten November/Dezember und Mai bis Juli steigt die Gefahr regelmäßig an. Die Viecher lieben die Feuchtigkeit und breiten sich ungeniert aus.

Die Dengue-Kontrolleure rücken deshalb täglich aus und suchen nach Brutstätten der Tigermücken – in Abflüssen, Baumlöchern, Privatwohnungen und auf Hausdächern. Dafür sind sogar Drohnen im Einsatz. Finden sie eine Larve auf Privatgrund, muss der Verursacher bis zu 200 Singapur-Dollar (rund 140 Euro) Strafe bezahlen.

Jedes Wohnhaus und öffentliche Gebäude folgt einem genau festgelegten *Pest Control*-Plan, mindestens einmal monatlich erfolgt die Insektenvernichtung. Beim sogenannten *Fogging* wird stinkender Qualm auf sämtlichen Außenanlagen verteilt, in Regenrinnen eingespeist und in Gullys gesprüht. Angeblich sollen die darin enthaltenen Insektizide in den abgegebenen Mengen unschädlich für Menschen sein. Ich halte trotzdem lieber die Luft an, wenn ich mich durch dichte Rauchwolken und bestialischen Gestank bewegen muss, denn es gibt natürlich auch Gegenstimmen, die die Abschaffung der Nervengift-Benebelung fordern.

Aber trotz aller Kritik: Es funktioniert. Obwohl ich sonst die beliebteste Mückenbeute aller Zeiten bin, bleibe ich in Singapur verschont. Zumindest innerhalb der Stadt brauchen wir keinerlei Mückenschutz. Anders sieht es in den vielen, vielen Parks und naturbelassenen Grünflächen aus, in denen sich oft auch Teiche und Seen befinden. Hier sollte man sich vor der Mückenplage mit geruchsintensiven Aufklebern, Sprays oder Cremes schützen.

Die sonstige Krabbeltierdichte hält sich im Vergleich zu den Nachbarländern ebenfalls in Grenzen. Aber dazu muss eben wöchentlich alles aufgeboten werden, was das Kammerjägerherz erfreut.

Leidtragende sind aber die Vögel – von denen gibt es in der Stadt erstaunlich wenige, obwohl es mehr Grünflächen als in jeder deutschen Stadt gibt. Mir fällt nach ein paar Wochen auf, dass wir hier nie von Vogelgezwitscher geweckt werden! Nach einigem Nachdenken wird mir klar warum: wo keine Insekten, da kein (Vogel-) Futter! Das ausgelegte, gesprühte und sonst wie verteilte Gift tötet auch Schmetterlinge, Bienen und andere harmlose Kleintiere. Die Bekämpfung von Seuchen hat eben ihren Preis.

75. Grund

Weil Singapur so sauber ist

Müllhaufen, stinkende Gassen, verschmutzte Gewässer – Asiens Großstädte sind meist kein Ausbund an Sauberkeit. Wer die Bilder von Manila oder Mumbai vor Augen hat, wird von Singapur überrascht sein: Die Stadt ist blitzblank sauber. So sauber, dass sogar das Leitungswasser trinkbar ist (siehe 79. Grund).

Im öffentlichen Nahverkehr ist Essen und Trinken streng verboten und wird mit einer Geldstrafe von bis zu 500 Singapur-Dollar (rund 370 Euro) belangt. Stetige Lautsprecherdurchsagen weisen auf das Verbot hin. Das führt dazu, dass hier kein Fitzelchen Papier und kein Krümelchen den Boden verunreinigt und nirgends klebrige Pfützen den Boden verschandeln. Das Einfuhrverbot von Kaugummi ist weltweit bekannt.

Verschmutzte Bushaltestellen oder beschmierte Hauswände gibt es nicht, die Singapurer achten auf ihr Gemeinschaftseigentum, und die Strafen sind drastisch. Stockhiebe und mehrere Monate Gefängnis lautete das Urteil im Fall der beiden Leipziger, die 2014 eine U-Bahn mit Graffiti besprüht hatten. Das wirkt so abschreckend, dass seither niemand mehr seine künstlerische Ader unerlaubt auslebt.

Sämtliche Straßen, Plätze und Parks sind frei von Müll, wie geleckt sehen Gehwege und selbst Hinterhöfe aus. Wer so dreist oder doof ist, seinen leeren Kaffeebecher einfach fallen zu lassen, dem drohen sofort 2.000 Singapur-Dollar (rund 1.400 Euro) Strafe. Bei Wiederholungstätern verdoppelt sich der Betrag. Außerdem muss der Schmutzfink öffentlich Abbitte leisten, indem er einige Stunden lang Singapurs Freiflächen säubern muss – und zwar in seiner Nachbarschaft, sodass alle seine Bekannten die Bestrafung sehen können. Die Singapurer erziehen sich selbst zu Sauberkeit.

Freiwillige Helfer gibt es genug, die *Keep Singapore Clean*-Bewegung erfreut sich größter Beliebtheit. Ins Leben gerufen wurde sie vom ersten Premierminister, Lee Kuan Yew, im Jahr 1968. Sein Ziel war es, mithilfe der Bewohner Singapur zur saubersten und grünsten Stadt Asiens zu machen (siehe 52. Grund). Die Begeisterung dafür hält bis heute an. An Nachmittagen und Wochenenden versammeln sich ganze Schulklassen an öffentlichen Plätzen, singen Lieder und rezitieren Gedichte, um die Passanten dazu anzuhalten, ihren Abfall richtig zu entsorgen. Familien und Bürogemeinschaften verbringen ihre Freizeit an den Stränden der Stadt, um diese vom angespülten

Plastikmüll zu befreien, oder damit, die Grünflächen nach Zigarettenkippen und Papiertaschentüchern zu durchsuchen.

Dazu kommt das riesige Heer an städtischen Angestellten, die sich um die Müllentsorgung kümmern. 56.000 registrierte *Cleaners* gibt es in der Stadt. Denn die Müllabfuhr kommt täglich – eine wichtige Maßnahme, um im tropischen Klima die Entstehung von Krankheitskeimen zu vermeiden, denn der verrottende Müll zieht fast sofort Ungeziefer jeglicher Art an. Und er stinkt bei den feuchtheißen Temperaturen fast sofort bestialisch. Danach werden sämtliche Mülltonnen von unermüdlichen Hausmeistern ausgewaschen und gereinigt, Straßenkehrer sammeln noch die kleinsten Krümelchen von Gehwegen und Einfahrten auf.

Doch wohin mit so unappetitlichen Dingen wie Hausmüll? Ein Problem für eine Stadt, die ja rundum von Wasser umgeben ist. Doch Singapur hat auch dafür eine Lösung: *Pulau Semakau* und *Pulau Sakeng*. Die im Süden gelegenen Inselchen werden durch Landgewinnung vergrößert und miteinander verbunden – mithilfe von 63 Millionen Kubikmetern Müll (der vorher in Verbrennungsanlagen dementsprechend aufbereitet wurde). Nach Berechnungen ist Singapur damit in Sachen Müllentsorgung bis in das Jahr 2035 abgesichert. Was danach geschieht, ist noch nicht endgültig geklärt. Langfristig sollen aber die Singapurer zur Müllvermeidung und zum Recycling erzogen werden.

Die Müllinseln jedenfalls grünen und blühen, es gibt hier so viele Vögel und Insekten wie nirgends sonst, denn es wird peinlich darauf geachtet, dass hier ein Ökosystem entsteht. Auch hier soll die Stadt also grün werden – dank ihres Abfalls.

76. Grund

Weil die öffentlichen Toiletten nicht nur gratis, sondern auch luxuriös sind

Normalerweise erfreuen sich öffentliche Toiletten ja nicht gerade eines guten Leumunds. Meist sind sie alt, verdreckt, nass, schmierig, unauffindbar und unbenutzbar, dazu muss man oft erst mühsam Kleingeld hervorkramen, um sie aufsuchen zu können.

Nicht so in Singapur – wer hier mal muss, ist fein raus: Toiletten gibt es en masse in der ganzen Stadt. Natürlich hat jedes Kaufhaus auf jedem Stockwerk Waschräume, aber auch in Parks und in jeder *MRT*-Station finden sich öffentliche Toiletten. Und die Benutzung ist immer und überall gratis!

Doch nicht nur das: Stets sind die Toiletten so gestaltet, dass man kaum etwas anfassen muss. Die Eingangstür kann mit dem Ellbogen aufgedrückt werden (wenn sie nicht sowieso offen steht), die Toilettentür selbst muss zwar verriegelt werden, Wasserhähne und Seifenspender funktionieren aber häufig kontaktlos, und nach dem Händewaschen hat man keinerlei Berührungspunkte mehr mit eventuell durch Bakterien verseuchte Türgriffe.

Wobei das in Singapur ohnehin kaum denkbar ist, Hygiene wird hier sehr groß geschrieben. Selbst die kleinsten Waschräume in U-Bahnhöfen sind stets blitzblank geputzt und fast schon steril, das Putzpersonal steht jederzeit bereit und wischt noch das kleinste Wassertröpfchen vom Waschtisch.

In Einkaufszentren und dem Flughafen wird dem Ganzen die Krone aufgesetzt, hier sehen die Toiletten aus, als befinde man sich in einem Luxushotel, denn es gibt sogar Schminktische, Musikberieselung, Blumenschmuck und Vergrößerungsspiegel. Dezente Duftzerstäuber sorgen für äußerst angenehme Atmosphäre, das Toilettenpapier geht niemals aus, und niemand hat es hier eilig, die Räumlichkeiten zu verlassen.

Als Mutter bin ich hellauf begeistert, dass in sämtlichen öffentlichen und auch in den meisten nicht öffentlichen Gebäuden Waschbecken auf Kinderhöhe zur Standardausstattung gehören. Die Kinder können sich also, sobald sie laufen können, selbstständig die Hände waschen – gut für die Gesundheit und das Selbstbewusstsein! Sehr häufig gibt es eigene Kinder-Klos oder zumindest einen hinzuklappbaren Toilettensitz in Kindergröße. Mancherorts habe ich sogar in der Erwachsenen Kabine einen Klappsitz mit Gurt entdeckt, auf dem man das Kind »parken« kann, solange man selbst sitzt. In Deutschland dagegen habe ich das Baby des Öfteren notgedrungen auf dem längst nicht so sauberen Boden ablegen müssen. Sowohl in Damen- und Herrentoiletten finden sich zudem Kinder-Urinale für die kleinen Jungs, die es ganz eilig haben, außerdem Wickeltische.

Am Eingang zu den Toiletten finden sich meistens Trinkwasserspender – zur großen Begeisterung unseres Sohnes auch immer sowohl in Kinder- als auch in Erwachsenenhöhe. Stille Örtchen mit Stil: Singapur macht's möglich!

77. Grund

Weil die Lebensmittelpreise dazu führen, dass man zum Selbstversorger wird

In den ersten Wochen in Singapur verzweifelte ich fast: Das Haushaltsgeld schmolz bedrohlich schnell dahin. Die Preise in den Supermärkten sind astronomisch im Vergleich zu deutschem Standard. Eine Packung Nudeln (500 Gramm) kostet schnell das Dreifache und ein Shampoo gar das Fünffache!

Das liegt daran, dass Lebensmittel zum einen hoch besteuert werden. Zum anderen hat Singapur als kleiner Stadtstaat keine Möglichkeiten, Obst und Gemüse in ausreichender Menge selbst anzubauen. Deshalb müssen sämtliche Lebensmittel, egal ob frisch oder haltbar, aus Malaysia und vor allem aus Australien und Neuseeland importiert werden. Dabei entstehen natürlich hohe Kosten, da Singapur auch kaum Lagerflächen hat und deshalb Lebensmittel nicht in großen Mengen abnehmen kann.

Aber ich gebe nicht auf und halte es mit dem Spruch: »Do as the locals do« (»Mache es wie die Einheimischen«). Und die kaufen natürlich nicht im westlich anmutenden Supermarkt ein, sondern gehen auf den *Wet Market*, die Markthalle, die in jedem Stadtviertel vorhanden ist. Der Name kommt daher, dass in diesen Hallen auch frischer Fisch und Fleisch jeglicher Ausprägung verkauft werden, die zur Kühlung auf großen Eisbergen lagern. Deshalb steht man in den betreffenden Gängen in tiefen Pfützen, überall tropft es vom schmelzenden Eis und den Eimern voller Wasser, die hier ständig ausgegossen werden, um den schlimmsten Schmutz wegzuspülen.

Genau dort versorge ich uns künftig mit Obst, Gemüse, Eiern, frischen Nudeln und Tofu für Centbeträge, auch wenn ich mich dort kaum mit den Verkäufern verständigen kann und bei der Hälfte der angebotenen Gemüsesorten nicht einmal die leiseste Ahnung habe, um was es sich dabei handelt. Es wird nicht gehandelt, sondern es gibt Festpreise – diese variieren aber, ein Stammkunde bekommt natürlich einen besseren Preis als ein Neuling, ebenso ein Einheimischer gegenüber einer »Langnase«.

Drogerieartikel hole ich ausschließlich in Großpackungen im indischen Großkaufhaus *Mustafa* (siehe 98. Grund) und lasse mir von jedem Besucher aus Deutschland Kofferladungen voller Kosmetika, Drogerieartikel und Biolebensmittel mitbringen. Denn von Letzteren haben wir uns in Singapur fast komplett verabschiedet, da sie offenbar mit Gold aufgewogen werden.

Trotz aller asiatischer Leckereien haben wir doch hin und wieder Lust auf ein gewöhnliches Käsebrot, das den Namen auch verdient hat. Nach enttäuschenden Versuchen mit dem lokalen Brot fuchse ich mich in die Zubereitung und Hege von Sauerteig ein und backe wöchentlich selbst. Für den Belag muss man dann aber wirklich tief in die Tasche greifen – alles abseits von Cheddar und Scheibletten-Käse kostet so viel, dass wir überlegen, ob sich nicht stattdessen die Haltung einer Kuh auf dem Balkon lohnt. Denn die Preise für Milch und Butter sind ebenfalls astronomisch. Immerhin lässt sich Joghurt im traditionellen indischen Tontopf bei den feucht-heißen Temperaturen Singapurs günstig und ohne viel Aufwand selbst herstellen.

Pizzen backen wir ausschließlich selbst, denn in den wenigen echt italienischen Restaurants kostet eine einfache *Pizza Margherita* so viel wie anderswo echter Kaviar. Inzwischen habe ich die Herstellung von Pizzateig derart perfektioniert, dass ich regelmäßig im Kindergarten unseres Sohnes antrete, um den Kindern Pizzabacken beizubringen.

Selbstversorger sein ist nicht nur »in«, sondern in Singapur auch eine wirklich gute Sparmaßnahme. Und es macht dabei noch Spaß!

78. Grund

Weil die Namen der Bushaltestellen so logisch sind

Für einen Besucher ist Busfahren ja immer etwas knifflig. Während in U-Bahnen die Pläne überall deutlich sichtbar aushängen und die Haltestellen während der Fahrt stets angesagt/angezeigt werden, kann es im Bus schon mal passieren, dass unklar ist, welche Haltestelle als nächste kommt, in welche Richtung der Bus fährt und wo überhaupt die richtige Haltestelle ist, an der man am besten aussteigen sollte.

Ich kann allen Singapur-Besuchern hiermit versichern: In Singapur ist das alles überhaupt kein Problem – Busfahren ist hier so bequem, dass dabei (fast) nichts schiefgehen kann, auch wenn man sich in der Stadt nicht besonders gut auskennt.

Zum einen gibt es ganz wunderbare Apps, mit deren Hilfe man sich die beste Route von A nach B anzeigen lassen kann, inklusive integrierter Live-Abfahrtszeiten, genauer Anzahl der freien Sitzplätze und Namen der Haltestellen auf dem Weg. Selten wartet man länger als ein paar Minuten. Sitzt man dann im richtigen Bus, dessen Nummer und Fahrtrichtung stets deutlich sichtbar großflächig über der Windschutzscheibe per Leuchtdisplay angezeigt werden, kann man sich entspannen. Die nächste Haltestelle wird sowohl vorne und mittig an einem Display als auch an den Türen bei den Automaten, an denen man seine Fahrkarte registrieren lässt, angezeigt. Behält man diese Anzeige also im Auge, verpasst man seine Haltestelle nicht.

Auch wenn ich stets an der richtigen Stelle aus dem Bus gestiegen bin, waren für mich anfangs die Namen der Bushaltestellen böhmische Dörfer. Die meisten klangen fremd, und es dauerte ein paar lange, lange Fahrten, bis ich das System durchschaute. Seitdem musste ich niemals mehr überlegen, auf welcher Straßenseite ich in den Bus steigen muss – denn die Namen der Haltestellen sind selbst für mich, die ich keinen besonders ausgeprägten Orientierungssinn habe, ziemlich logisch:

Bef und *Aft*, gefolgt von einem bestimmten Gebäude oder einer Querstraße, heißt schlichtweg *before* und *after*, also »davor« oder »danach«, und bezeichnet die Haltestelle, die eben genau vor oder nach dem deutlich sichtbaren Gebäude oder der nächsten Querstraße kommt. Beispiel: *Aft Orchard Blv.*

Ähnlich dazu verhält es sich mit *Opp*, also mit *opposite* (»gegenüber«). Unsere nächste Bushaltestelle heißt *Hotel Royal* und ist direkt vor dem Hoteleingang – die in die Gegenrichtung heißt schlichtweg *Opp Hotel Royal* und ist auf der anderen Straßenseite. *Bet* ist die Abkürzung von *between* (»dazwischen«), bei *Bet Blks 155/157* findet man die Haltestelle eben genau zwischen den beiden Hausnummern.

Haltestellen heißen häufig entweder wie der nächstgelegene Wohnblock (siehe 102. Grund) oder einfach *Blk 167* nach der Hausnummer des *HDB*-Wohnblocks, vor dem die Bushaltestelle ist.

Beim Bird Singing lassen stolze Vogelbesitzer ihre gefiederten Sänger gegeneinander antreten. Die Bird Singing Corners sind beliebte Treffpunkte der Einheimischen.

Oben: Farbenprächtige Fassaden historischer Peranakan-Wohnhäuser in der Joo Chiat Road.
Unten: Die beeindruckende Skyline des Geschäftsviertels.

Im preisgekrönten Flughafen Changi Airport erwartet die Fluggäste unter anderem der weltgrößte Indoor-Wasserfall. Wartezeiten lassen sich hier problemlos überbrücken.

Oben: Verbotsschilder in der Zügen der MRT: immer in allen vier Staatssprachen (Englisch, Chinesisch, Malaiisch, Tamilisch) und immer mit dem Hinweis auf empfindlich hohe Geldstrafen.
Unten: Durian oder Stinkfrucht, die ihren deutschen Namen zu Recht trägt – und von den Singapurern heiß und innig geliebt wird. Man sollte sie bloß nicht im öffentlichen Nahverkehr transportieren.

Oben und unten: Es ist heiß in Singapur. Wie gut, dass es so viele Möglichkeiten gibt, sich abzukühlen; sowohl auf öffentlichen Spielplätzen als auch im hauseigenen Pool.

Oben: Auf dem lokalen Markt findet man immer eine große Auswahl an frischen Lebensmitteln, und die Preise sind für Singapurer Verhältnisse erschwinglich.
Unten: Auf den Hawker Centres isst man für wenig Geld ganz ausgezeichnet quer durch weltweite Landesküchen. Egal, ob Geschäftsleute, Touristen, Rentner, Familien, gut oder weniger gut Betuchte: An den Plastiktischen ist Platz für jeden.

Die Statue von Sir Stamford Raffles steht an der Stelle, an der im Jahr 1819 sein Schiff anlegte und er beschloss, genau dort einen Freihafen unter britischer Herrschaft zu errichten.

Oben: So sah Singapur wohl flächendeckend aus, als Raffles vor gut 200 Jahren seinen Fuß an Land setzte. Teile des ursprünglichen Primärwaldes sind erhalten, und so findet man sich schnell im dichten Grün wieder, wenn man die Hauptverkehrsstraßen der Stadt verlässt.
Unten: Dort fühlen sich die Javaneraffen wohl, die sich aber auch in den Gärten der Wohnanlagen und Stadtparks tummeln.

Oben: Begegnungen mit Wildtieren sind in Singapur an der Tagesordnung. Während Krokodile eher im Naturreservat zu finden sind …
Unten: … trifft man auf praktisch allen Grünflächen der Stadt auf ihre Verwandten, die Warane.

Oben: Die Wandbilder von Yip Yew Chong zeigen Alltagsszenen aus der Vergangenheit Singapurs. Sie sind über die gesamte Stadt verteilt; in der Eng Watt Street sind mobile Garküchen, die landestypische Spezialitäten anbieten, verewigt.
Unten: Das Stadtviertel Tiong Bahru ist im Art-déco-Stil erbaut und steht heute unter Denkmalschutz.

Weihnachtsstimmung kommt auch in Singapur bei tropischen Temperaturen auf – beim Schlittschuhlaufen im Grünen, auf dem Weihnachtsmarkt.

Oben: Die Freiluftbühne im Botanischen Garten wird fast jedes Wochenende bespielt, und dann finden sich auf den Wiesen rundum große und kleine Musikfans ein, die die Gratiskonzerte genießen.
Unten: Das Veranstaltungszentrum Esplanade – Theatres by the Bay ist in seinem Aussehen einer Durian (Stinkfrucht) nachempfunden.

Oben: In der Traditionellen Chinesischen Medizin wird auf die Heilkräfte der Natur gesetzt. In den Apotheken Chinatowns findet man deshalb allerlei Kurioses wie getrocknete Eidechsen, Seepferdchen oder Vogelnester. **Unten:** Dieser chinesische Friedhof wird über kurz oder lang der neuen Stadtautobahn weichen, und seit er nicht mehr genutzt wird, erobert ihn die Natur im Handumdrehen zurück .

Zum Chinesischen Neujahr wird die ganze Stadt großflächig mit dem neuen Tierkreiszeichen dekoriert. 2019 war eindeutig das Jahr des Schweins.

Darauf stilecht in der Bar des Raffles Hotels einen Singapore Sling – der Ort, an dem der legendäre Longdrink erfunden wurde.

Überhaupt erfolgt die Namensgebung der Haltestellen vornehmlich nach markanten Geländepunkten, während man in Deutschland gerne Straßennamen verwendet, was voraussetzt, dass sich der Fahrgast auskennt. Besonders bei langen Straßen, in denen es mehrere Bushaltestellen gibt, führt das oftmals zu Verwirrung. Die Krankenhäuser, Schulen, Wohnblöcke oder Einkaufszentren, die in Singapur als Namensgeber herhalten, sind für jeden eindeutig erkennbar.

Und wer sich immer noch nicht zurechtfindet, kann sich auf offiziellen Webseiten ausgiebig über sämtliche offiziellen Abkürzungen im Singapurer Straßenverkehr informieren.

Ein gutes Orientierungsmerkmal sind übrigens auch die überdachten Wege, die zu den Bushaltestellen führen. Singapur rühmt sich, mehr als 200 Kilometer an überdachten Fußwegen angelegt zu haben, um den Bewohnern die Nutzung der öffentlichen Verkehrsmittel so bequem wie möglich zu machen. Manchmal wird dabei über das Ziel hinausgeschossen, etwa wenn selbst unter (!) einer Autobahnbrücke ein Dach über den Fußweg gebaut wird.

79. Grund

Weil in Singapur das Leitungswasser Trinkwasserqualität hat

In vielen asiatischen Ländern ist die allgemeine Hygiene eher fragwürdig. Wasser sollte man nur aus abgepackten und versiegelten Flaschen trinken, niemals aus der Leitung, rät jeder Reiseführer.

Das ist natürlich lästig und verschlimmert das stetig wachsende Müllproblem noch zusätzlich. Wie viel Plastikmüll zum Beispiel Thailands Touristen allein durch ihren Durst verursachen, möchte man sich gar nicht vorstellen; die wenigsten machen sich die Mühe und kochen das Leitungswasser ab oder nutzen eigene Filter – die sicherste Methode, um Keime abzutöten.

Der Aufwand, der betrieben werden muss, um Trinkwasser in guter Qualität aus der ganz normalen Wasserleitung bereitzustellen, ist so enorm, dass sich ausschließlich die reichen Staaten so eine Versorgung leisten können. In Asien hat nur das Wasser in Südkorea, Japan, Hongkong, Brunei und Singapur Trinkwasserqualität.

Für einen Bewohner Singapurs ist das natürlich im Alltag überaus praktisch. Es ist so heiß hier, dass in unserer Familie jeder mindestens drei Liter Wasser täglich trinkt. Dazu drehen wir einfach den Wasserhahn auf und halten ein Glas darunter. Einziger Minuspunkt: Das Wasser aus der Leitung enthält keinerlei Mineralstoffe. Immerhin sparen wir uns den auf Dauer teuren Kauf von Wasserflaschen, müssen keine Kisten nach Hause schleppen und produzieren keinen Müll.

Das zu bewerkstelligen, kostet den Staat viel Geld und langfristige Planung. Singapur ist dicht besiedelt – trotzdem werden große Flächen für Wasserreservoirs genutzt, in denen Regenwasser, das hier in den Tropen ja reichlich fällt, gesammelt und aufbereitet wird. Damit haben bereits die Briten begonnen, 1866 wurde mit dem *MacRitchie Reservoir* der erste Wasserspeicher angelegt. 1913 und 1949 folgten das *Lower Peirce Reservoir* und das *Upper Seletar Reservoir*. Außerdem wurde Wasser aus der benachbarten Halbinsel Johor (Malaysia) mit Genehmigung des Sultans nach Singapur geleitet. Im Zweiten Weltkrieg wurde diese Pipeline von den Briten bei ihrem Rückzug über die *Straße von Johor* zerstört (siehe 6. Grund) und ließ Singapurs Bevölkerung mit knappsten Wasservorräten zurück.

Dieses Erlebnis wirkte – obwohl die Wasserleitung nach Malaysia schnellstens wieder instand gesetzt wurde – so nachhaltend traumatisch, dass der erste Premierminister, Lee Kuan Yew, ab den 1960er-Jahren der unabhängigen Wasserversorgung der Stadt einen wichtigen Stellenwert einräumte. So ganz traute man den malaysischen Nachbarn wohl nicht, die die Loslösung Singapurs bis heute nicht ganz verwunden haben. Die Beziehungen sind seither angespannt, und die Sorge ist groß, dass der große Nachbar nach dem

Ablauf des 99 Jahre gültigen Vertrags zur Wasserversorgung spätestens 2061 den (Wasser-)Hahn einfach zudreht. Deshalb wird stetig daran gearbeitet, die Wasserversorgung zu sichern und das Wasser sauber zu halten.

Die 2001 ausgerufene *Four Tabs*-Politik (*tab* = »Wasserhahn«) etabliert vier Quellen für die fast 20 Millionen Hektoliter Wasser, die die Stadt täglich braucht:

Tab 1 ist das Wasser aus den inzwischen insgesamt 17 Speichern, *Tab 2* ist das importierte Wasser aus Malaysia, *Tab 3* ist das wieder aufbereitete Brauchwasser und *Tab 4* das Wasser aus Entsalzungsanlagen, deren Bau seit Jahren vorangetrieben wird.

Bis zum Jahr 2026 möchte Singapur in der Wasserversorgung autark sein, schafft es aber zumindest in Jahren mit ausreichenden Regenfällen bereits jetzt schon, 95 Prozent des Trinkwassers selbst bereitzustellen.

Vor allem auf das werbewirksam als *NEWater* bezeichnete Abwasser, das per Umkehrosmose, Mikrofiltration und Desinfektion mit UV-Bestrahlung wieder zu Trinkwasser wieder aufbereitet wird, werden große Hoffnungen gesetzt.

Der Stadtstaat ist Vorreiter in der Wiederaufbereitung von Abwasser, hier wird nichts vergeudet. Mit dem Bau von insgesamt fünf Wiederaufbereitungsanlagen und großen Werbe- und Aufklärungskampagnen, um der Bevölkerung das ehemalige Abwasser schmackhaft zu machen, wird seit Anfang des 21. Jahrhunderts erfolgreich Trinkwasser geliefert. Bis 2020 sollen außerdem insgesamt zwei weitere zu den bislang vier großen Meerwasser-Entsalzungsanlagen ihren Betrieb aufnehmen, dafür wurden große Flächen Land an der Küste zur Verfügung gestellt.

Wasser soll und darf kein Luxusgut sein – und Singapurs Finanzierung von Forschung zur Gewinnung von Trinkwasser ist ein richtiger Schritt zur Sicherung der Wasserversorgung weltweit.

80. Grund

Weil man alles per Mobiltelefon erledigen kann

Asiaten haben ja allgemein wenig Scheu vor Technik. Besonders auffällig ist die ständige Verwendung von Mobiltelefonen. Jeder hat ein nagelneu aussehendes Handy, meist individuell und liebevoll mit putzigen Hüllen, Bommeln und Halterungen versehen.

Beim Abendessen platzieren die Eltern das Smartphone vor der Nase der Kinder, damit der Nachwuchs im Restaurant bloß Ruhe gibt. Selbst Kinderwagen sind hier nicht allzu selten mit Handyhalterungen versehen, damit die lieben Kleinen die neuesten Trickfilme anschauen können.

Auch ich ertappe mich nach einer gewissen Eingewöhnungsphase dabei, dass ich mein Handy fast ständig in der Hand habe. Denn in Singapur lässt sich praktisch alles mit diesem handlichen Gerät erledigen. Per App vereinbare ich mit der Reinigung den Abholservice für die Anzüge meines Mannes, ich bestelle Lebensmittel beim Supermarkt und wähle gleich das für mich am besten passenden Zeitfenster für die Lieferung aus. Brauche ich einen fahrbaren Untersatz, finde ich für die Taxibestellung gleich drei verschiedene Apps auf meinem Telefon. Bei allen ist meine Kreditkarte hinterlegt, sodass ich mich nicht einmal mehr um die Bezahlung der Fahrt kümmern muss.

Tischreservierungen im Restaurant inklusive Erinnerungsfunktion 24 Stunden vorher klappen digital reibungslos, ebenso wie Ticketkäufe, die Buchung von Yogastunden oder Stadtführungen, die Krankmeldung in der Musikschule und die Organisation von Chorproben. Hotels buche ich ausschließlich übers Handy, denn so kann ich Leerlaufphasen wie die drei Minuten Wartezeit an der Bushaltestelle (über die ich dank App bestens informiert bin) sinnvoll nutzen. Die besten Busverbindungen habe ich natürlich nebenbei auch noch recherchiert. Habe ich beim Ausgehen einmal kein Bargeld dabei, scanne ich schnell den QR-Code am Essensstand und schicke eine Überweisung ab. Paketdienste lassen sich fast auf die Minute genau bestellen, und trifft man mich doch einmal nicht zu Hause an, bekomme ich sofort eine Nachricht und kann digital einen alternativen Ablageort übermitteln.

Mit Handwerkern und Putzhilfen, Privatverkäufern, Arztpraxen und Reiseveranstaltern kommuniziere ich ausschließlich über Instant-Messaging-Dienste, ein richtiges Telefonat führe ich innerhalb Singapurs äußerst selten.

Alles davon checke und erledige ich auch noch nach 22 Uhr oder am Wochenende tippend und wischend auf dem Smartphone, denn die digitale Welt schläft nie. Wegen des sechs- bzw. siebenstündigen Zeitunterschieds zu Deutschland ist spätabends sowieso die beste Zeit, um mit Freunden und Familienmitgliedern in der Heimat zu kommunizieren. Dank Instant-Messaging-Diensten verlieren wir trotz der 10.000 Kilometer großen Distanz nicht den Kontakt zueinander und lassen uns per Text- und Sprachnachrichten, Fotos und Videos gegenseitig an unserem Leben teilhaben.

Kein Wunder, dass ich das Handy kaum noch aus der Hand lege – wie alle in dieser Stadt! Da fällt mir ein: Ich muss gleich mal »Handydaumen« recherchieren bzw. per Live Chat mit meinem Hausarzt besprechen, denn dieser Finger schmerzt inzwischen doch ein wenig.

81. Grund

Weil man in Singapur Geduld lernt

Jeder, der zu Ungeduld neigt, sollte eine Weile in Singapur leben. Hier ticken die Uhren im Alltag langsamer, Hektik ist ein Fremdwort. Bewege ich mich tagsüber oder abends durch Einkaufszentren oder die Straßen der Stadt, fällt mir auf, wie langsam das Schritttempo hier ist. Offenbar muss niemand außer mir pünktlich von

A nach B – man schlendert, als hätte man alle Zeit der Welt. Und blockiert dabei gerne noch die gesamte Breite des schmalen Gehwegs, sodass Überholen zur Herausforderung wird.

Natürlich sorgt das Klima dafür, dass übertriebene Eile sofort mit akuten Schweißausbrüchen bestraft wird, also verlangsamt der Durchschnittspassant lieber die Geschwindigkeit, bevor er überhaupt einen Versuch unternimmt, noch über die grüne Fußgängerampel zu huschen. Die nächste Grünphase kommt bestimmt.

Woher das Gerücht kommt, dass in Singapur die Fußgänger im weltweiten Vergleich am schnellsten unterwegs sind, weiß ich nicht. Ich halte es für einen modernen Mythos – von einer durchschnittlichen Gehgeschwindigkeit von 10,55 Sekunden für gut 18 Meter, die eine Studie von 2007 belegt, kann im Alltag keine Rede sein.

Noch nie habe ich jemanden die Rolltreppe zur *MRT* hinuntereilen oder in letzter Sekunde durch die offene Zugtür hechten gesehen. Warum auch, schließlich fährt die Bahn im bequemen 3-Minuten-Takt, da lohnt sich übertriebene Hetze nicht.

Dass Singapurer gerne anstehen, ist ein ganz eigenes Kapitel (siehe 34. Grund). Ungeduld ist auch hier fehl am Platz, egal, wie lange die Warteschlange auch sein mag. Jeder starrt selbstvergessen auf sein Handy und scheint darüber völlig die Zeit zu vergessen, die er oder sie damit zubringt, vor dem Geldautomaten oder dem Essensstand anzustehen. Am schlimmsten ist es beim Supermarkt-Einkauf. Ich sehne mich zuweilen geradezu nach deutschen Discountern zurück. Nicht unbedingt wegen des Warenangebots, sondern wegen des Kassiervorgangs. Das Tempo, mit dem hier sowohl in kleinen Läden als auch in großen Kaufhäusern bedient wird, reicht andernorts dafür, seine Memoiren zu verfassen. Jeder Artikel wird viermal gewendet, die Kassiererin tippt hoch konzentriert auf dem Touch-Display, betrachtet erneut zerstreut die Ware, läuft ohne Ankündigung weg, hält auf dem Rückweg ein Schwätzchen mit der Kollegin, trinkt einen Schluck Wasser, … Ist dann die Ware gescannt, folgt eine ausgiebige Diskussion darüber, ob ich nicht vielleicht wenigstens für die

Tomaten eine Plastiktüte benötige. Auch nicht für die Butter? Aber doch ganz sicher für die Milch! Auch nicht? Inzwischen plane ich stets zehn Minuten zusätzlich für den Bezahlvorgang ein.

Anfangs zuckten mir dabei die Füße. Ich bin nicht dafür gemacht, durch das Leben zu bummeln. Ich spüre dabei förmlich, wie meine Lebenszeit verrinnt, was außer mir aber niemanden zu stören scheint. Mit zunehmender »Singapurisierung« nehme ich mir ein Beispiel am Gebaren der Einheimischen. Sehr hilfreich bei dieser inneren Neujustierung ist es, dass es in Singapur zum täglichen Leben dazugehört, zu spät zu kommen. Keiner stört sich an vermeintlicher Unpünktlichkeit, ganz im Gegenteil outet man sich dadurch höchstens als pedantischer Deutscher.

Entspricht es nicht sogar der Lehre des Zen-Buddhismus, die Langsamkeit als Wert zu empfinden und schätzen zu lernen? Warum muss ich denn immer im Stechschritt zur Bushaltestelle eilen? Fährt der Bus eben ohne mich ab, der nächste kommt bestimmt.

82. Grund

Weil man sich nach einer Weile gerne an deutschen Service erinnert

Vergessen Sie alles, was Sie je über die »Servicewüste Deutschland« gehört haben. Wer auch immer diesen Ausdruck erfunden hat, war noch nie in Singapur. Das Sprichwort »Der Kunde ist König« kennt in Singapur jedenfalls niemand. Zwar ist die Bevölkerung, beeinflusst durch die chinesische Mehrheit, sehr geschäftstüchtig – aber von Service oder Kundenfreundlichkeit kann dabei keine Rede sein. Da könnte sich so mancher gleich mehrere Scheiben von einer tüchtigen deutschen Servicekraft abschneiden.

In Restaurants oder Cafés wartet man stets eine Weile, bis man bedient wird. Steht endlich das Essen auf dem Tisch, kommt es niemals für alle Gäste am Tisch zur gleichen Zeit. Das Prinzip des zeitgleichen Servierens ist unbekannt.

Hat der Erste am Tisch seine Mahlzeit beendet, wird sein Teller direkt abgeräumt, ob die anderen am Tisch Sitzenden noch beim Essen sind oder nicht. Und wenn ich sage, »direkt abgeräumt«, meine ich das wörtlich. Hier gilt es, gut aufzupassen und keine allzu langen Essenspausen einzulegen. Meist kaue ich noch und überlege, ob ich die restliche Sauce aufstippen will, was ich durch deutliches Festhalten meines Bestecks demonstriere, während mir ein Kellner den Teller quasi unter den Händen wegzieht und die Mahlzeit damit für beendet erklärt.

Gemütlich ist es in Restaurants – ausgenommen westliche Lokale oder Etablissements mit gehobener Küche – meist sowieso nicht, in Singapur wird gegessen um des Essens willen und nicht, um stundenlang zusammenzusitzen. Deshalb würde ein Kellner niemals auf die Idee kommen, zu fragen, ob man vielleicht noch ein zweites Glas Wein oder ein Dessert möchte.

Stattdessen wird nach dem Abräumen direkt und unaufgefordert entweder die Rechnung auf den Tisch gelegt, oder man wird nach dem Beenden der Mahlzeit zur Persona non grata und geflissentlich ignoriert. Das liegt aber nicht etwa an Personalmangel, denn den gibt es dank niedriger Mindestlöhne und ausreichend Arbeitswilliger nicht. Meist stehen vier oder fünf Kellner in einem mäßig besuchten Restaurant oder im Kaufhaus an einem ruhigen Montagvormittag herum, jeder von ihnen hält ein Handy in der Hand und glotzt lieber hoch konzentriert auf das Display, anstatt sich um die Kunden zu kümmern, während man rufend oder winkend versucht, die Aufmerksamkeit des Personals auf sich zu ziehen. Spricht man jemanden vom Personal direkt an, vermittelt einem das Gegenüber stets das Gefühl, bei etwas unheimlich Wichtigem gestört worden zu sein.

Kassierer bemühen sich niemals um Schnelligkeit (siehe 81. Grund), das gilt auch für die Gastronomie. Zum Bezahlen muss man häufig zu einem kleinen Tischchen oder Kassenhäuschen gehen, wo der Chef des Hauses sitzt und keine andere Aufgabe hat, als zu kassieren. Manchmal schwelge ich in Erinnerungen an eine grantige, aber ungemein aufmerksame Münchner Bedienung, die sich Bestellungen einer großen Tischrunde merken kann und praktisch unaufgefordert Getränke-Nachschub bringt. So verschiebt sich die Wahrnehmung, wenn man eine Weile in Singapur lebt.

83. Grund

Weil Haushaltshilfen zum Alltag in Singapur dazugehören

Als wir unsere Wohnung bezogen, waren wir etwas irritiert über das kleine, fensterlose Zimmerchen hinter der Küche, das standardmäßig in jeder Wohnung vorhanden ist. Das ist im besten Fall vier Quadratmeter groß und verfügt über keine eigene Klimaanlage. Daneben befindet sich ein winziges WC mit Dusche. Was in Deutschland als Vorratsraum fungieren würde, ist hier der sogenannte *Helper's Room* – das Zimmer für die Haushaltshilfe.

Dass dort tatsächlich solche sogenannten *Helper* oder *Maids* wohnen, stellen wir sehr bald fest. Während in unseren Dienstbotenquartieren bald Regale voller Schuhe, Werkzeug, Sportgeräte und Winterkleidung Einzug halten, hat praktisch jeder Haushalt in Singapur ein zusätzliches Familienmitglied.

Diese Angestellte kümmert sich um Haushalt, Wäsche, die Kinder und Haustiere, kocht, putzt, kauft ein und erledigt lästige, zeitfressende Aufgaben. Dafür erhalten die Damen zwischen 600 und 1.000 Singapur-Dollar monatlich (400 bis 650 Euro), Kost und Logis sind frei. Laut lokalem Arbeitsrecht stehen der Angestellten zwei freie Tage pro Monat bei Arbeitszeiten von maximal 44 Stunden pro Woche zu. Nach Absprache mit dem Arbeitgeber darf sie alle ein bis zwei Jahre auf Heimaturlaub gehen, die Reisekosten trägt der Dienstherr.

Die zuständige Behörde, das *Ministry of Manpower* (MOM), verzeichnet in Singapur mehr als 200.000 weibliche *Foreign Domestic Workers* (FDW). Um eine Arbeitserlaubnis zu erhalten, müssen diese zwischen 23 und 60 Jahre alt sein und aus Ländern wie Bangladesch, Kambodscha, Indien, Indonesien, Myanmar, Philippinen oder Thailand kommen.

Wer eine solche Hilfe einstellen will, muss über 21 Jahre alt sein, darf kein überzogenes Bankkonto haben und muss ein dreistündiges *Employer Orientation Programme* (EOP) besuchen (online oder persönlich), in dem man über Rechte und Pflichten als Arbeitgeber aufgeklärt wird. Darunter fällt, dass man als solcher für angemessene Unterkunft zu sorgen hat (Mindestausstattung: Matratze, Kissen, Decke, geschützt vor Wind und Wetter und mit ausreichend Privatsphäre) und der oft schwer arbeitenden Angestellten ausreichend gesundes Essen bereitstellen soll.

Außerdem muss der Arbeitgeber sicherstellen, dass die Angestellte nach Ablauf des Vertrags entweder ohne Umschweife einen neuen Arbeitgeber findet oder unverzüglich die Rückreise in ihr Heimatland antritt. Keinesfalls darf sie auch nur einen Tag ohne Anstellung in Singapur verweilen.

Die Helferinnen verrichten sechs Tage pro Woche schwere Arbeit und sind eine Stütze jeder Familie, werden oft unverzichtbar und bleiben über viele Jahre bei ein und demselben Arbeitgeber.

Der Löwenanteil unter ihnen stammt von den Philippinen und aus Indonesien, und sie lassen oft die eigenen Kinder in der Obhut der Familie zurück, um als Arbeitskraft in den reichen Ländern Geld zu verdienen. Der Lohn wird meist zu fast 100 Prozent nach Hause geschickt, ganze Großfamilien werden so versorgt.

Die Philippinen entsenden jährlich etwa zehn Millionen Arbeitskräfte ins Ausland, deren ins Heimatland geschickte Verdienste über zehn Prozent des Bruttoinlandsproduktes ausmachen. Statistisch gesehen lebt jeder dritte Filipino auf Kosten eines im Ausland arbeitenden Angehörigen.

An ihren freien Tagen – meist Sonntag – bevölkern die Haushaltshilfen die Grünflächen Singapurs, treffen sich mit ihren Freundinnen zum Picknick und verbringen den ganzen Tag so möglichst kostengünstig draußen. Die weitsichtigeren unter ihnen besuchen Weiterbildungen, um zu lernen, wie sie sich für die Rückkehr in die Heimat finanziell absichern können.

Vor allem Expat-Familien mit mehreren Kindern sorgen meist gut für ihre Haushaltshilfen und können sich gar nicht mehr vorstellen, in ihr Heimatland zurückzukehren: Wie soll das gehen, ohne Maid? Nicht wenige nehmen ihre geliebte Nanny sogar mit in den Urlaub, damit auch dort die Eltern ein paar Auszeiten genießen können. Dafür nehmen die Arbeitgeber sogar den bürokratischen Aufwand in Kauf, den man bewältigen muss, wenn man mit einer Angestellten in die EU oder nach Australien reist.

Natürlich gibt es auch unzählige Leidensgeschichten, von ausgebeuteten Arbeitskräften, die ohne freien Tag mehr als 18 Stunden täglich arbeiten müssen. Auch Misshandlungen sind gar nicht so selten. Die Organisation *HOME* (*Humanitarian Organization for Migration Economics*) kümmert sich seit 2004 um die, die es schaffen, mit ihnen Kontakt aufzunehmen. Sie bieten eine vorübergehende Unterkunft an und sorgen für rechtlichen Beistand sowie eine kostenlose ärztliche Versorgung.

Nach über zwei Jahren in Singapur ohne Hilfe sind letztendlich auch wir den Verlockungen erlegen, die eine eigene Haushaltshilfe bietet. Warum bloß haben wir so lange damit gewartet?

84. Grund

Weil in Singapur fast jeder Sportfan aktiv oder passiv auf seine Kosten kommt

Dass Singapur keine international besonders erfolgreiche Fußballnationalmannschaft vorzuweisen hat, ist zwar während Weltmeisterschaften schade, fällt aber sonst nicht weiter ins Gewicht. Profisport auf Weltniveau ist im kleinen Stadtstaat eben schwierig.

Aber wer sich in welcher Disziplin auch immer sportlich betätigen möchte, ist hier genau richtig. Denn die sportlichen Aktivitäten, die in Singapur ausgeübt werden können, sind vielfältig. Schwimmen ist Nationalsport bis hin zu olympischem Niveau, jeder zweite Singapurer joggt regelmäßig trotz Tropenhitze in den vielen Parks oder fährt mit dem Rennrad. Marathons und Triathlons finden praktisch wöchentlich statt, ganze Firmen treten dabei fast geschlossen an.

Auf den vielen Wasserflächen in und um den Inselstaat liegt Wassersport nahe. Besonders beliebt sind Drachenbootrennen; der chinesische Nationalsport mit den auffälligen Holzbooten wird regelmäßig in Regatten ausgefochten.

Sport gehört zum Lebensgefühl der so aktiven und umtriebigen Singapurer dazu. Auf jeder Grünfläche, in jedem Park und Wohnkomplex stehen Fitnessgeräte zur freien Verfügung bereit.

Besonders verbreitet sind die Sportarten, die aus den Zeiten als britische Kronkolonie stammen. Tennis, Cricket und Baseball bzw. Softball stehen in allen Schulen auf dem Lehrplan, Plätze und Spielfelder gehören zu jedem Campus und größeren Wohnhaus dazu.

Von den englischen und später australischen Siedlern stammt sicher auch die große Pferdebegeisterung.

Der *Singapore Polo Club* ist einer der ältesten Sportvereine der Stadt, gegründet 1886 vom britischen Reiterregiment. Er erfreut sich auch heute noch einer Vielzahl aktiver Mitglieder.

Im *Singapore Turf Club*, der seit dem Jahr 1842 besteht, dreht sich ebenfalls alles um die edlen Einhufer. Vom klimatisierten Klubhaus aus können dort spannende Pferderennen auf höchstem Niveau verfolgt werden, das wichtigste Rennen ist der jährlich stattfindende *Singapore Airlines International Cup*, der mit 3 Millionen Singapur-Dollar dotiert ist. Natürlich verfügt die Rennbahn auch über ausreichend Wettbüros, denn Glücksspiele und Sportwetten sind zwar deutlich bewegungsärmer, in Singapur aber sehr beliebt und verbreitet.

Viele Singapurer sind außerdem begeisterte Golfer. Das vermutet man nicht unbedingt, schließlich braucht man zum Golfen vor allem eines: viel Platz. Doch für großzügige Golfplätze greift man gerne auf die sonst so knappe Landfläche zu. In brütender Hitze sieht man die Golfer auf einem der 21 Rasen stundenlang den Schläger schwingen. Die Instandhaltung des Grüns ist in den tropischen Gefilden zwar alles andere als einfach, doch Singapur ist stolz darauf, weltweit die Stadt mit den meisten Golfplätzen pro Kopf zu sein.

8. Kapitel

Sehenswertes

85. Grund

Weil man beim Ausgehen den besten Blick über die Stadt hat

Alkohol in Singapur ist teuer, sogar sehr teuer. Und doch gibt es Ausgehmöglichkeiten en masse, die von den Einheimischen und Zugezogenen ausgiebig genutzt werden. In Singapur wird einfach gerne (wenn auch meist nicht allzu lange) gefeiert. Am besten in einer Bar mit Blick über die Stadt. Denn so wenig der Singapurer tagsüber draußen sein möchte, so sehr genießt er den abendlichen Blick über die eindrucksvolle Skyline, den Hafen und das Meer. Der Vorteil einer möglichst hoch gelegenen Dachterrasse: Auf 200 Metern über dem Meeresspiegel weht immer eine angenehme Brise, und so lässt es sich auch ohne Klimaanlage oder Ventilator draußen gut aushalten.

Für einen gebürtigen Mitteleuropäer ist das Angebot der Bars mit Dachterrasse ein echtes Geschenk. Denn im Gegensatz zu den heimatlichen Gefilden kann man hier bei den klimatischen Gegebenheiten fast jeden Abend draußen verbringen. Höchstens eine Handvoll Tage im Jahr (das ist wörtlich zu nehmen) sind verregnet, aber dann gibt es ausreichend Möglichkeiten, die Party nach drinnen zu verlegen. Denn überdacht sind diese *Rooftop Bars* selten, um das ganze Flair des Drinks in luftiger Höhe unter dem Sternenhimmel nicht zu zerstören.

Dabei gilt natürlich das Prinzip: je höher, desto angesagter. Der höchste Club der Stadt liegt auf dem Dach des höchsten Gebäudes auf 282 Metern Höhe und verfügt natürlich über eine Bar, die den besten 360 Grad-Blick bietet. Doch auch die anderen Hochhäuser halten mit, und solange der Blick unverbaut ist, genügt auch eine Bar im Außenbereich des fünften Stocks, um den Gästen bei einem Drink das spektakuläre Panorama der Marina vorzuführen. Selbst auf dem größten der künstlichen Bäume in *Gardens by the Bay* befindet sich eine Dachbar. Dass die Getränke dort in Plastikgläsern serviert werden, tut dem fantastischen Blick von der anderen Seite der Marina über die Stadt überhaupt keinen Abbruch!

Für so einen Ausgehabend sollte man aber angemessen gekleidet sein, in den meisten der schicken *Rooftop Bars* herrscht Dresscode. Die Damen werfen sich also in das »kleine Schwarze« und die High Heels (bzw. alles außer Flipflops zugelassen) und die Herren tragen Hemd und geschlossene Schuhe zur langen Hose. Mittwochs ist in fast allen Clubs und Bars der Stadt *Ladies Night*, und es gibt zig Vergünstigungen für die Damenwelt, z.B. freien Eintritt oder gratis Getränke.

Selbst nach zwei Jahren in Singapur habe ich noch längst nicht alle *Rooftop Bars* erkundet, bin aber jedes Mal wieder sehr angetan vom besonderen Ausblick, der alle Gäste stets in seinen Bann zieht!

86. Grund

Weil ein ganzes Stadtviertel im Stil des Art déco erbaut ist

Tiong Bahru und ich: Das war Liebe auf den ersten Blick. Das Flair dieses Stadtviertels ist einfach besonders. Das liegt zum einen an den französischen Bäckereien, Yogastudios, schicken Cafés, Kunstbuchhandlungen, Galerien und verkehrsberuhigten Straßen, die vergessen lassen, dass man sich in Singapur befindet. Die schmalen Gässchen, die an den Hinterhöfen der Häuser vorbeiführen, sind liebevoll mit Blumentöpfen versehen, die Bewohner sitzen entspannt daneben, halten Schwätzchen und grüßen freundlich.

Die Kontraste, die die Stadt so lebenswert machen, findet man hier auf dichtestem Raum.

Dabei ist *Tiong Bahru* das älteste öffentlich geplante Siedlungsprojekt Singapurs. 1920, als die Stadt noch britische Kolonie war, befand sich hier ein chinesischer Friedhof (siehe 22. Grund). Dieser wurde von den Briten als gesundheitsgefährdend eingestuft, die Gräber wurden ausgehoben und die Toten auf andere Friedhöfe umgebettet. Die benachbarten Bewohner wurden kurzerhand umgesiedelt, und in jahrelanger Bautätigkeit wurde das Gelände aufgeschüttet und bebaut, um für die unteren Schichten der Bevölkerung bezahlbare und moderne Wohnungen nach dem neuesten hygienischen Standard zu errichten. So entstanden zwischen 1936 und 1941 unter der Federführung von Architekt Alfred G. Church 30 Wohnblocks mit mehr als 900 Wohneinheiten auf zwei bis fünf Stockwerken – im damals sehr angesagten Baustil der Stromlinien-Moderne, gemischt mit Art-déco-Elementen.

Die Gebäude haben weiße Fassaden, abgerundete Ecken und runde Balkone, Flachdächer, Arkadengänge sowie außen angebaute spiralförmige Treppenhäuser. Dadurch heben sie sich deutlich von den in den 1960er-Jahren erbauten kastenförmigen *HDB*-Hochhäusern (siehe 12. Grund) ab. Diese Art von Architektur findet sich in Singapur nur in diesem Viertel. Heute sind 20 der noch erhaltenen Wohnblocks denkmalgeschützt und gehören zu den begehrtesten Wohnungen der Stadt.

Teuer waren die Mieten hier beim Erstbezug vor knapp 90 Jahren allerdings auch schon, denn in diesen schicken Wohnungen – unweit des Vergnügungsviertels von Chinatown gelegen – brachten die reichsten Bewohner Singapurs, die allesamt ihr Geld mit Opiumhandel verdienten, ihre Geliebten unter. Damals war *Tiong Bahru* auch bekannt als *Mei Ren Wo* (»Höhle der Schönheiten«). Später siedelte sich die Film- und sonstige Prominenz an, man sprach wegen der glamourösen Nachbarschaft gar vom *Hollywood of Singapore*.

Heute leben hier Künstler, Freigeister, Familien, aber in den alten *HDB*-Häusern auch die alteingesessenen Bewohner – noch hat die Gentrifizierung nicht Einzug gehalten! Der *Tiong Bahru Market* ist jedenfalls einer der bekanntesten und ursprünglichsten *Food Courts* der Stadt und fest in chinesischer Hand.

Trotzdem mussten ein paar der lieb gewonnenen Plätze Neubauten weichen. Der einheimische Künstler Yip Yew Chong erinnert mit seinen Wandmalereien, die an verschiedenen Straßenecken im Viertel zu finden sind, an das Leben in *Tiong Bahru* in der Vergangenheit. Die Alltagsszenen zeigen Wahrsager, Händler und Straßenstände. Auch die im Jahr 2000 einem Hotelbau zum Opfer gefallene *Bird Singing Corner* ist verewigt: An dieser Straßenecke trafen sich Vogelliebhaber, um ihre speziell trainierten Singvögel in deren Käfigen auszustellen und gegeneinander im Sängerwettstreit antreten zu lassen (siehe 37. Grund).

Ein geschichtsträchtiges Viertel, ein Eldorado für Architekturfans und gleichzeitig eine echte Wohlfühloase!

87. Grund

Weil es auf der stadteigenen Vergnügungsinsel alles gibt, was das Ausflugsherz begehrt

Singapur verfügt ja über vieles, was Besucher anlockt und die Stadt für Einheimische lebenswert macht: gute Infrastruktur, beeindruckende moderne Architektur, viele Grünflächen, Dauer-Sonnenschein, exzellente Küche, Jobmöglichkeiten en masse, ... Nur eine Sache, die fehlte noch: Ein Strand musste her.

Eine der kleinen Inseln im Süden des Stadtstaats kam da wie gerufen. Sie blickt auf eine eher unrühmliche Geschichte zurück: Eine Malariaepidemie rottete in den 1840er-Jahren die gesamte Bevölkerung dort aus, und während der japanischen Besatzung im Zweiten Weltkrieg gab es hier ein Gefangenenlager, in dem viele der internierten Chinesen hingerichtet wurden. Der Name der Insel, *Pulau Blakang Mati*, bedeutet auf Malaiisch deshalb auch »Insel mit Tod hinter sich«. Um die Erinnerungen daran zu tilgen, benannte man das kleine Fleckchen Land 1972 nach einem Wettbewerb des

Singapore Tourist Promotion Board in *Sentosa* um, was auf Malaiisch so viel wie »Friede, Ruhe« bedeutet und deutlich anziehender klingt.

Erste Versuche, diese Insel zum Touristenmagneten zu machen, blieben zunächst erfolglos. Die Singapurer spotteten, *Sentosa* bedeute so viel wie »So Expensive and Nothing to See Also«, da Staat und private Geldgeber rund 900 Millionen US-Dollar in den Aufbau der Insel investierten.

Doch bald ging es Schlag auf Schlag: Eine Gondel entstand, ebenso die große Brücke, die die Innenstadt mit der nur 500 Meter entfernten Insel verbindet. Kurz darauf eröffnete mit der Einschienenbahn eine weitere Anreisemöglichkeit, die Fußgängerbrücke kam 2009 hinzu, außerdem Geschäfte, Restaurants und Hotels auf einer Fläche von fünf Quadratkilometern, die durch Landgewinnung stetig vergrößert werden konnte.

Vom ursprünglich die Insel bedeckenden Regenwald ist ein Teil erhalten geblieben, der Lebensraum für Warane, Affen, Pfauen und Papageien bietet.

Gleich drei Strände mit weißem feinsten Sandstrand und schattenspendenden Palmen stehen für einen Badeausflug bereit, das Meer ist warm und einigermaßen sauber, wenn man sich nicht am Blick auf die großen Containerschiffe stört, die davor ankern. In einem der Beach Clubs lässt es sich ganz vorzüglich an einem lauschigen Nachmittag aushalten, dort hat man die Qual der Wahl zwischen Swimmingpool und einem Abstecher ins Meer. Am Wochenende treffen sich dort Menschen mit »Beach Bodys« und »Party People« sowie Expat-Familien, die ohne mit der Wimper zu zucken die Kreditkarte zücken, um ein paar Stunden für einen dreistelligen Betrag bei dem einen oder anderen Cocktail den Strand zu genießen.

Große Schilder weisen darauf hin, dass man über eine kleine Hängebrücke den südlichsten Punkt der asiatischen Landmasse erreichen kann – nur eine weitere der vielen Attraktionen. Natürlich stehen auf der ganzen Insel freies WLAN, Duschen und Umkleidekabinen ebenso wie ein riesiger Kinder-Wasserspielbereich zur Verfügung.

Ein kostenloser, auf altmodisch gemachter Shuttlebus bringt Besucher vom *Monorail*-Bahnhof an alle Ecken der Insel, und wer zu Fuß gehen möchte, kann dies auf überdachten Wegen tun, die vor Regen und der heißen Sonne schützen.

Ein beliebter Wanderweg führt über die *Orchid Connection*. Der Park dort ist mit seinen Keramikskulpturen, Zerrspiegeln und Wasserspielen eindeutig von Antoni Gaudí inspiriert. Am Ende ragt der riesige *Merlion* auf, eine gigantische Kopie des Singapurer Wahrzeichens. Das Mischwesen aus Löwe und Fisch ist ein beliebtes Selfie-Motiv für Asiaten, sodass hier kaum ein Durchkommen ist. Brunnen, mit Michelin-Sternen gekrönte Restaurants und Luxushotels säumen den Weg, über dem durch dezent aufgehängte Lautsprecher Musik erklingt, ehe man wieder am Bahnhof ankommt.

Möchte man mehr »Action«, findet man diese an der Sommerrodelbahn mit dazugehörigem Sessellift, beim Bungeespringen, im *Wave House* auf der künstlichen Surferwelle und bei vielem mehr.

Das *S.E.A. Aquarium Sentosa* ist eine gigantische Unterwasserwelt: Darin befindet sich neben vielen anderen, kleineren Aquarien ein Meeresbecken, das 18 Millionen Liter Wasser fasst und in dem sich allein schon 50.000 Lebewesen tummeln. Ein großer Vergnügungspark, die *Universal Studios*, lockt zu Achterbahnfahrten und anderen Adrenalin freisetzenden Mutproben, ein kleiner Schmetterlings- und Insektenzoo und die ehemalige britische Militärfestung können besichtigt werden, und auf dem Golfplatz werden regelmäßig internationale Turniere ausgetragen. Frei verfügbare Grillplätze laden zum Essen mit Freunden ein. Sogar Wohnungen und Schulen gibt es auf der Insel, hier wohnt alles, was Rang und Namen hat.

Es gibt im Bereich Freizeitvergnügen nichts, was es hier nicht gibt.

Sentosa wirkt dermaßen unecht, dass mir die Insel wie ein groß angelegter Vergnügungspark vorkommt – der natürlich Eintritt kostet (bis zu 7 Singapur-Dollar / 4,50 Euro pro Person am Wochenende): ein bisschen zu sauber und steril ist es dort, eine künstliche Inselwelt eben. Und doch so lieb gewonnen, dass wir sogar eine *Islander Card* besitzen, die für eine überschaubare Jahresgebühr freien Eintritt bietet. Ich liebe es, mit dem Taxi von zu Hause aus nur knapp eine halbe Stunde bis zum Strand zu brauchen!

88. Grund

Weil sich die Fremdwährungen in der Schublade nach kürzester Zeit türmen

Unser Kind jammert jedes Mal, wenn ich verkünde, dass wir mal wieder verreisen und deshalb Koffer packen müssen: »Ich will nicht immerzu in den Urlaub fliegen! Warum können wir am Wochenende nicht einfach mal zu Hause bleiben?«. Denn wir sind ständig unterwegs. Sämtliche früher so exotisch klingenden Reiseziele liegen nun praktisch vor der Haustür: Thailand, Kambodscha, Malaysia, sämtliche indonesischen Inseln, Philippinen, China, Taiwan, Japan – alles nur wenige Flugstunden entfernt oder teilweise einfach per Auto oder Fähre erreichbar. Selbst Australien und Neuseeland sind beliebte Reiseziel für »mal eben eine Woche Urlaub«.

Also versuchen wir, soviel wie möglich davon zu besuchen. Denn Singapur als Stadtstaat bietet zwar endlos viele Möglichkeiten zur Freizeitgestaltung, aber hin und wieder muss man einfach mal raus. Und zwar mindestens einmal monatlich. Egal, mit wem man sich unterhält: Früher oder später tauscht man Tipps für einen Wochenendtrip auf schnuckelige Inselchen, in aufregende Städte oder in Tauchparadiese aus. Einige davon gehören quasi zum Kanon des Singapur-Expats. Wer da nicht gewesen ist, wirkt verdächtig: Bintan, Malakka, Tioman, Bali und Bangkok sollte jeder Neuankömmling auf jeden Fall schnellstens besuchen, um »mitreden« zu können.

Für unseren Sohn ist Fliegen so normal wie der Weg zum Kindergarten, statt Fußballbildchen werden nun eben Stempel im Reisepass gesammelt. Der Vierjährige packt inzwischen routiniert selbst seinen Koffer, räumt Badesachen, Wandersandalen und kurze Hosen in den Kinder-Trolley. Die Fremdwährungen in der Schreibtischschublade türmen sich, inzwischen haben wir ein eigenes Ablagesystem dafür entwickelt, und ständig verwechseln wir die Umrechnungskurse von Indonesischen Rupien, Malaysischen Ringgit und Thailändischen Baht. Kürzlich habe ich am Singapurer Flughafen die restlichen japanischen Yen von unserem Skiurlaub in Nagano direkt in taiwanesische Dollar gewechselt, um weiter nach Taipeh zu reisen.

Unser Sohn ist für alle Zeiten verdorben, hat er doch bereits jetzt die schönsten Strände der Welt gesehen. Wahrscheinlich wird er später einmal ein Cluburlauber, der nach 40 Jahren im immer gleichen Lieblingshotel die »Goldene Plakette« als treuester Gast verabreicht bekommt.

89. Grund

Weil sich mutige Architektur auszahlt

Es ist wohl seit seiner Fertigstellung 2010 das meistfotografierte Gebäude der Stadt und bereits jetzt ein echtes Wahrzeichen: Die Rede ist vom *Marina Bay Sands.*

Durch Aufschüttung der ehemaligen Mündung des *Singapore Rivers* wurde von 1969 an kontinuierlich Land gewonnen und eine völlig neue Marina angelegt. Die Stadtplaner hatten dafür große Ambitionen und langfristig gedachte Visionen: Singapurs neuer Stadtteil *Marina Bay* sollte von Attraktionen nur so strotzen und Touristen in großer Zahl anlocken.

Heute mündet der Fluss in diese Bucht, die von 360 Hektar neuer Landfläche umgeben ist, bevor das Wasser ins Meer abfließt. Auf der neu gewonnenen Landfläche tummeln sich Hotels, Restaurants, Büros, und vor allem nach Einbruch der Dunkelheit ist der Blick von der Außenseite der Marina über die hell erleuchteten Wolkenkratzer des *Central Business Districts* sehenswert.

Doch als ob das nicht schon genug wäre, setzte man dem Ganzen mit der Genehmigung eines Hotelneubaus direkt am Wasser die Krone auf.

Der israelisch-kanadische Stararchitekt Moshe Safdie erdachte im Auftrag der *Las Vegas Sands Corporation* einen von einem Stapel Spielkarten inspirierten Bau. Der Entwurf wurde, nachdem er von mehreren *Feng Shui*-Meistern überprüft und abgesegnet wurde (siehe 42. Grund), innerhalb von vier Jahren umgesetzt.

Entstanden ist ein Bauwerk mit gigantischen Ausmaßen: Drei Türme mit je 191 Metern Höhe beherbergen auf 55 Stockwerken über 2.500 Zimmer. Darüber verbindet ein 340 Meter langer Dachgarten, der wie ein Surfbrett oder Boot geformt ist, die drei Türme. Dieser Dachgarten wartet neben einer Aussichtsplattform mit einer Joggingstrecke, mehreren Bars und einem 146 Meter langen Infinity-Pool auf – der allerdings nur den Hotelgästen offensteht und ein äußerst beliebter Ort für Selfies ist.

Doch es geht weiter mit den Superlativen:

Zum Hotel gehört ein Einkaufszentrum mit 74.000 Quadratmetern Verkaufsfläche. Die *Shoppes at Marina Bay Sands* locken kaufkräftiges Publikum mit einer schier unüberschaubaren Zahl an Luxusboutiquen, Restaurants weltweit bekannter Küchenchefs und einem Kasino mit 500 Spieltischen und 1.600 Automaten auf vier Stockwerken. Schmerzen die Beine vom vielen Shopping, kann man sich auf dem im untersten Stockwerk angelegten Kanalsystem per traditionellem *Sampan* (ein chinesisches Fischerboot) umherschippern lassen, natürlich stilecht mit einem Gondoliere. Die Kunsteisbahn im Erdgeschoss ist leider inzwischen geschlossen.

Wer statt Einkaufsbummel lieber auf Bildung setzt, ist im vorgelagerten *ArtScience Museum* genau richtig, das ebenfalls zum gesamten Hotelkomplex gehört. Das 19.000 Quadratmeter große Wissenschafts- und Kunstmuseum wartet mit einer interaktiven, computeranimierten Dauerausstellung sowie Wechselausstellungen auf.

Wer im Hotel selbst wohnt, muss dieses eigentlich gar nicht verlassen, denn auch für angemessene Abendunterhaltung ist gesorgt: In den zwei Theatersälen sind regelmäßig internationale Musicalproduktionen zu Gast.

Mit Blick auf die Skyline der Stadt findet nach Einbruch der Dunkelheit jeden Abend zwei Mal zur vollen Stunde (am Wochenende sogar drei Mal) *Spectra – A Light & Water Show* statt. Die beeindruckende Lasershow, untermalt von dramatischer Musik, ist ein echter Besuchermagnet.

Was anderswo wahrscheinlich jahrelange Diskussionen in Politik und Gesellschaft hervorgerufen hätte und womöglich durch Bürgerbegehren vereitelt worden wäre, wurde in Singapur ohne viel Federlesen realisiert – mit bahnbrechendem Erfolg.

90. Grund

Weil das muslimische Stadtviertel so angesagt ist

Kampong Glam, das muslimische Stadtviertel, ist einer der ältesten Stadtteile. Seinen Namen hat es vom malaiischen Wort *gelam* für den Melaleuca-Baum, *kampong* bedeutet schlichtweg »Dorf«. Ursprünglich lebten hier die wichtigsten Vertreter der Malaien wie der Sultan von Johor, der Stamford Raffles 1819 per Vertrag das Recht einräumte, einen britischen Handelsposten zu errichten. Der Sultan verblieb mitsamt seinem gesamten Haushalt in diesem Teil der Stadt und zog weitere arabische und muslimische Landsleute an, die sich dort niederließen.

Mit der wachsenden Bevölkerung ab den 1850er-Jahren vergrößerten sich die malaiischen Siedlungen massiv, und auf den benachbarten Landflächen wurden neue *Kampongs* gegründet. Bald siedelten sich dort Einwanderer aus aller Herren Länder an, und das Stadtviertel mit dem heutigen Namen *Kampong Glam* wurde genauso multikulturell wie der Rest von Singapur.

Trotzdem ist dieser Teil der Stadt nach wie vor fest in muslimischer Hand, deutlich erkennbar durch die alles überragende goldene Kuppel der *Majid Sultan* (»Sultan-Moschee«). Hier wird zwar am Eingang streng darauf geachtet, dass Knie und Schultern bedeckt sind (falls nicht, bekommt man einen dunkelgrünen Kaftan ausgehändigt), aber Besucher sind stets willkommen. Im Inneren geht man mit der Zeit, gleich vor der großen Gebetshalle befindet sich in einer Nische eine große Handyladestation für die Gläubigen.

Das benachbarte *Malay Heritage Centre* arbeitet in seinen Ausstellungen und Rahmenprogrammen die Kultur und Geschichte der malaiischen Gemeinschaft auf. Die kleinen Gässchen des Viertels laden zum Bummeln ein. Die historischen Warenhäuser sind liebevoll restauriert und beherbergen Souvenirläden, arabische Restaurants, Parfümgeschäfte, Teppichhändler und Schneidereien. Der Gegensatz von ultramodernen Hochhäusern rund um das Viertel und maximal zweigeschossigen, über 100 Jahre alten Häuschen lässt jedes Besucherherz höher schlagen.

In der *Haji Lane* – deren Name von den früher hier ansässigen Geschäften stammt, die sich auf die Organisation der islamischen Pilgerfahrt (*Hadsch*) nach Mekka für die Gläubigen spezialisiert hatten – reihen sich *Scandinavian Design*-Läden, Modeboutiquen kleiner Labels, hippe Friseursalons, Bio-*Coffeeshops*, Galerien, Yogastudios, Läden voller Retro-Fahrräder oder Vintage-Spielzeug, Tattoo-Geschäfte und Bars aneinander. Viele Fassaden sind mit aufwendigen Graffiti bemalt und beliebte Fotomotive.

Würde man hier eher tief verschleierte Frauen und betende Gläubige vermuten, machen die Bars offenherzig für Happy-Hour-

Angebote Werbung, Fashionistas durchstöbern die Boutiquen auf der Suche nach den neuesten Trends, Fotoshootings für Zeitschriften und Online-Magazine finden in den malerischen Gassen statt, und neben Falafel und Kebab kann man auch ausgezeichnetes Sushi und französische Croissants genießen.

Kurz: Das Viertel ist ein Hipster-Wunderland – und könnte eins zu eins in den Style-Metropolen Berlin, Kopenhagen oder New York stehen.

91. Grund

Weil es »tanzende« Bäume gibt

Um ein Zeichen zu setzen und zu zeigen, wie ernst es der Regierung mit ihrem Bestreben ist, Singapur zu einer »*City in a Garden*« zu machen (siehe 52. Grund), verkündete Premierminister Lee Hsien Hong 2005, auf dem durch Aufschüttung gewonnenen Gebiet südlich der Marina ein Naherholungsgebiet errichten zu wollen. Im Jahr 2012 wurde *Gardens by the Bay* eröffnet: eine insgesamt 101 Hektar große Gartenanlage, verteilt über drei Parks.

Der größte – und wohl auch bekannteste – ist *Bay South Garden*, dessen Form an die Nationalblume, die Orchidee *Vanda ›Miss Joaquim‹* erinnern soll. Er lockt mit künstlerischem Gartendesign und konzentriert sich auf die tropische Pflanzenwelt.

Ein Besuchermagnet und architektonischer Hingucker sind die beiden Gewächshäuser: Im *Cloud Forest* wird bei kühlen 18 Grad ein Nebelwald nachgebildet, in dem die typischen Pflanzen wachsen, die in tropischen Bergwäldern zwischen 1.000 und 3.000 Meter über Meereshöhe vorkommen – inklusive Wasserfall.

Der *Flower Dome* beherbergt Pflanzen des semiariden Mittelmeerklimas bei 23 bis 25 Grad Celsius, wie z.B. einen Olivengarten und wechselnde Blumenausstellungen. Er ist das weltweit größte Gewächshaus mit freischwebendem Dach. Beide Konservatorien sind so nachhaltig wie möglich gebaut: Regenwasser wird gesammelt und zur Kühlung der Fassaden genutzt.

Natürlich darf auch im Park selbst ein Kinderbereich nicht fehlen, der mit einem Abenteuerspielplatz, einem Erlebnispfad und einem großen Wasserspielbereich aufwartet.

Ist man hungrig, kehrt man einfach entweder in eines der Restaurants oder – viel typischer und schöner – in das parkeigene *Hawker Centre Satay by the Bay* ein. Hier kann man sich mit Blick auf die Marina Speisen aus aller Herren Länder schmecken lassen, und vielleicht schaut auch einer der freilebenden Otter vorbei.

Die Hauptattraktion – und sicher eines der beliebtesten Fotomotive Singapurs – sind die sogenannten *Supertrees*. Diese zwischen 25 und 50 Meter hohen künstlichen Bäume fallen sofort auf. Wobei »künstlich« gar nicht richtig ist: Die Konstruktion ist zwar künstlich, doch ihr Bewuchs mit Farnen, Kletterpflanzen und Bromelien ist echt und ein moderner, vertikaler Garten, während sich im Inneren Räume für Anzucht und Verwaltung befinden.

Im höchsten der *Supertrees* ist ein Restaurant mit Dachbar untergebracht, die anderen warten mit Solaranlagen auf, mit deren Hilfe Strom für die Beleuchtung der Bäume gewonnen wird. Regenwasser wird auch hier gesammelt, damit erfüllen die künstlichen Konstruktionen ganz ähnliche Aufgaben wie ihre natürlichen Vorbilder.

Jeden Abend nach Einbruch der Dunkelheit, um 19:45 Uhr und um 20:45 Uhr, erwachen die *Supertrees* zum Leben: In einer perfekt choreografierten Licht- und Musikdarbietung »tanzen« die Tausenden LEDs, die an den Stämmen und in den Kronen angebracht sind, für jeweils 15 Minuten. Das Thema und die Musikauswahl wechseln monatlich, Künstler aus aller Welt werden damit beauftragt. Ein echtes Erlebnis, das jeden Besucher sprachlos zurücklässt.

Ein Park der Superlative – und (bis auf die Gewächshäuser) mit freiem Eintritt!

92. *Grund*

Weil man jeden Samstag der Feuerwehr bei der Arbeit zusehen kann

»Tatütata!« Wenn ich mit unserem Sohn Feuerwehr, Polizei oder Krankenwagen spiele, singe ich automatisch die schöne Quarte der deutschen Rettungskräfte. Das Geheul der Singapurer Sirenen finde ich dagegen unmelodisch.

Um aber endlich in meinem Kopf zu verankern, dass wir im Notfall nicht mehr 112, sondern 995 wählen müssen, statten wir kurzerhand dem nächstgelegenen Feuerwehrhaus einen Besuch ab. Jeden Samstag ist nämlich in vielen Feuerwachen der Stadt »Tag der Offenen Tür«, mit Vorführungen für Groß und Klein. Und zwar kostenlos. Frühes Aufstehen ist empfehlenswert, je nach Lage der Feuerwache ist nämlich ganz schön viel los. Besonders beliebt ist die *Central Fire Station* in der *Hill Street*, die älteste Feuerwache der Stadt, 1909 erbaut. Das im Kolonialstil aus Backsteinen errichtete Gebäude beeindruckt durch seinen Aussichtsturm, von dem aus die Stadt früher auf Brandherde und Rauchentwicklung überwacht wurde. Bis 1930 war dieser das höchste Gebäude Singapurs.

Im Innenhof erzählen sehr engagierte Feuerwehrmänner von ihrer Arbeit. Der Rettungswagen wird geöffnet, die Krankenliege und sämtliche Gerätschaften werden gezeigt. Anschließend wird jeder Ausrüstungsgegenstand vorgeführt, den ein Angehöriger der *Singapore Civil Defence Force* (SCDF) bei einem Einsatz bei sich trägt. Die fertig Bekleideten demonstrieren anschließend in voller Montur, wie sie sich im dichten Rauch im Inneren eines brennenden Gebäudes orientieren können. Immer mal wieder ertönt zwischendurch ein lauter Alarm, kurz darauf öffnet sich eines der Tore zur Straße, und ein Einsatzwagen fährt mit Blaulicht los. Laut den Feuerwehrleuten erreichen sie fast jeden Ort der Stadt innerhalb von zehn Minuten. Eine beruhigende Information!

An sämtliche Kinder werden kostenlos Feuerwehrhelme verteilt, die Lösch-, Drehleiter- und sonstigen Einsatzfahrzeuge stehen geöffnet auf dem Innenhof, und die Kinder (und Erwachsenen) dürfen hinein- bzw. hinaufklettern und sich alles genau ansehen und anfassen. Die Dienst habenden Feuerwehrleute gehen daneben ganz routiniert ihrem Alltag nach, rollen Schläuche auf, bestücken Einsatzfahrzeuge und überprüfen die Funktionsweise von Ventilen und Spritzen, klären aber interessierte Besucher auch über Brandschutz in den eigenen vier Wänden auf. In der zur Feuerwache gehörigen Dauerausstellung kann man sich weiter über Verhalten im Notfall und die Geschichte der Singapurer Feuerwehr informieren.

Diese bürgernahe Veranstaltung dient der Wissensvermittlung, fördert aber auch das Vertrauen der Bevölkerung in »ihre« Retter. Ein geniale Image-Kampagne – und nicht nur für Kinder hochinteressant! »Wasser, marsch!«

93. Grund

Weil jeder Shoppingfan auf seine Kosten kommt

Neben Anstehen und Essen ist Shopping die liebste Beschäftigung der Singapurer. Noch niemals vorher habe ich so viele Einkaufszentren gesehen. In der Innenstadt reiht sich eine *Shopping Mall* an die andere. In der Haupteinkaufsstraße, der *Orchard Road*, sind die Einkaufszentren sogar unterirdisch miteinander verbunden, sodass man gut klimatisiert und trockenen Fußes fast komplett durch die Innenstadt kommt, ohne überhaupt nur eine Chance zu bekommen, die Einkaufstour zu beenden.

Wo bis Anfang des 20. Jahrhunderts weitläufige Plantagen (daher der Name, der so viel wie »Obstgarten« bedeutet) angelegt waren, die ihren Besitzern mit dem Anbau von kostbaren Gewürzen wie

Muskat, Pfeffer und Gambir ein Vermögen bescherten, stehen heute Hochglanz-Konsumtempel.

Singapurs Nationalsport Nummer eins wird praktisch rund um die Uhr betrieben. Selbst unter der Woche herrscht in den Einkaufszentren Hochbetrieb, denn die in jedem Untergeschoss vorhandenen Food Courts locken Angestellte aus den umliegenden Büros zu günstigen Mittagessen.

In Singapur haben nämlich fast alle Geschäfte sieben Tage die Woche geöffnet, und zwar täglich von 10 bis 22 Uhr. Selbst an Feiertagen finden sich genug Einkaufsmöglichkeiten, und auch Friseure und Nagelstudios bieten ihre Dienste täglich an. Gerade an den Wochenenden wird es voll.

Denn Singapurer lieben nichts mehr, als die Freizeit mit der gesamten Familie in der fensterlosen, heruntergekühlten *Shopping Mall* zu verbringen. Dort wird am Samstag und/oder am Sonntagmorgen gefrühstückt, anschließend besuchen die Kinder die Musik- oder Sprachenschule im zweiten Stock, während die Eltern bummeln oder zum Zahnarzt gehen – Arztpraxen sind nämlich ebenfalls immer mitten im Einkaufszentrum gelegen. Nach dem Mittagessen geht es auf den Indoor-Spielplatz, dann wird wieder gebummelt und eingekauft, Eis und Kuchen verputzt oder eine der Kinder-Shows besucht, mit denen die Malls Familien locken. Zum Abendessen besucht man den *Food Court* im Untergeschoss und macht sich bei Dunkelheit vollbepackt mit Tüten auf den Heimweg. Ein perfekter Familienausflug!

Viele Einkaufszentren konzentrieren sich gleich auf eigene Themengebiete, um bestimmte Zielgruppen anzulocken. Die *United Square Mall* bietet Kinderbekleidungs-/Schuhgeschäfte jeder Couleur, Bäckereien und Spielplätze und ist damit ein beliebtes Familienausflugsziel. Das *JCube* dagegen lockt mit »cooleren« Läden Teenager an, die in großen Rudeln die Karaokebuden und Greifer-Automaten auf den Gängen belagern, *Bubble Tea* schlürfen oder auf der Eislauffläche ihre Runden drehen (siehe 99. Grund).

Das *Velocity* hat sich den (Freizeit-)Sportlern verschrieben. Jede große Sportmarke und -kette hat hier eine Filiale, vor dem Haupteingang herrscht auf dem Basketballplatz stets Hochbetrieb, und abends finden kostenlose Aerobic- oder Zumbakurse statt.

Wer Lust auf einen Einkaufsbummel hat, hat die Qual der Wahl. Es gibt praktisch keine internationale Marke, die in Singapur nicht mindestens eine Filiale hat. Die großen Luxusmarken, Einrichtungshäuser und Modeketten sind gleich mehrfach vertreten, daneben gibt es natürlich auch lokale Boutiquen und Warenhäuser. Es gibt schlichtweg nichts, was es nicht gibt – von Billigtand aus China bis hin zu kostspieligen Luxusartikeln wird jeder Shoppingtraum wahr. Dabei spielt es keine Rolle, dass die Preise deutlich über dem internationalen Standard liegen. Davon lässt sich ein echter Shopping-Fan definitiv nicht abhalten.

94. Grund

Weil Singapurs Stadtbild durch Gegensätze so einzigartig ist

»Knips« – der Klang des Auslösers der Handykameras ist sicher das meistgehörte Geräusch in Singapur. Die Stadt lockt an jeder Straßenecke mit neuen, unerwarteten und spektakulären Ausblicken.

In der jungen Stadt herrscht seit den 1960er-Jahren ein Bauboom, um ausreichend Wohnraum für die ständig wachsende Bevölkerung zu bieten und Firmen mit attraktiven Büroräumen und Arbeitsplätzen hierher zu locken.

Der Platz auf der Insel ist begrenzt – zwar wird durch Landaufschüttung versucht, dem Meer noch zusätzliche Quadratmeter Landfläche abzuringen, doch muss der Stadtstaat versuchen, mit seinen gut 700 Quadratkilometern auszukommen. Die Lösung ist schnell gefunden: In die Höhe muss gebaut werden.

Seither wachsen die Gebäude in den Himmel und führen zu einer spektakulären und viel fotografierten Skyline. Häuser, die älter als 30 Jahre sind, werden praktisch über Nacht dem Erdboden gleichgemacht, können doch dank moderner Bautechniken bei einem Neubau mindestens zehn Stockwerke zusätzlich errichtet werden. Allerdings werden dabei keine Höhenrekorde angestrebt, denn gesetzlich ist festgelegt, dass kein Gebäude höher als 280 Meter sein darf, um den Luftverkehr nicht zu behindern.

Das Klima ist so feindlich gegenüber jeder Bausubstanz, dass gar kein Wert darauf gelegt wird, »für die Ewigkeit« zu bauen. Stattdessen werden gefühlt im Wochentakt die mutigsten und futuristischsten Baupläne verwirklicht.

Singapur ist damit das Mekka für Architekten aus aller Welt. Bei neuen Bauvorhaben wird weder die Bevölkerung zu ihrer Meinung befragt, noch müssen langwierige Anträge gestellt oder finanzielle Mittel bewilligt werden – der Vorteil in einem pseudo-demokratischen Staat, der damit sehr durchsetzungsfähig agieren kann. Eine einzige Behörde ist im Stadtstaat für das Bauwesen zuständig, dort wird schnell und so unbürokratisch verfahren, dass selbst Großprojekte oft innerhalb von zwei Jahren vom ersten Entwurf bis zur Fertigstellung entstehen. Außerdem spielt Geld kaum eine Rolle. Damit wird sichergestellt, dass auch öffentliche Gebäude und Wohnsiedlungen immer nach dem neuesten Standard und mit jeder nur erdenklichen Sorgfalt und in bester Qualität errichtet werden.

In Singapur herrscht der Optimismus, man glaubt an eine erfolgreiche Zukunft und ist deshalb bereit, wuchtige und zugleich verspielte Architektur zuzulassen. Große Würfe gelingen so, von namhaften Architekten wie Daniel Libeskind (*Reflections at Keppel Bay*), Norman Foster (*Expo MRT Station, Supreme Court, South Beach*), Toyo Ito (*VivoCity*) und den Deutschen Christoph Ingenhoven (*Marina One*) und Ole Scheeren (*Interlace, DUO Twin Towers*) erdacht. Dem Einfallsreichtum der Kreativen werden praktisch keine Grenzen gesetzt.

Dass das Stadtbild in Singapur trotz aller chromglänzenden und verspiegelten Fassaden so harmonisch wirkt, liegt an den Gegensätzen, die sich dem Auge des Betrachters offenbaren. Gerade noch rechtzeitig wurden die teilweise 150 Jahre alten, bunten Warenhäuser der chinesischen, malaiischen und indischen Händler unter Denkmalschutz gestellt. Die viktorianischen Kirchen, Klöster und Regierungsgebäude, die aus den Zeiten britischer Verwaltung stammen, bilden mit ihren Säulen und klassizistischen Formen, aber vor allem mit ihren blendend weißen Fassaden einen spannenden Kontrast dazu.

Diese Bauten wirken heute zwar winzig, wenn der Blick auf die Wolkenkratzer in unmittelbarer Nachbarschaft fällt, doch macht genau dieser Kontrast die Attraktivität und Fotogenität Singapur aus. Immer wieder schieben sich traditionell verzierte Tempeldächer in den Fokus, die zu Füßen der 60 Stockwerke hohen Bürotürme liegen.

Bleibt zu hoffen, dass Singapur langfristig der Verlockung widerstehen kann, auch auf dem Grund der Altbauten und historischen Gebäude Hochhäuser zu errichten.

95. Grund

Weil es in Singapur vier (bald fünf) Tierparks gibt

Zwar kreucht und fleucht es in Singapur sowieso an jeder Ecke, aber auch in »gezähmter« Form ist die Tierwelt im Stadtstaat in außergewöhnlicher Form beheimatet: Der, oder besser gesagt, die Tierparks sind herausragend, einzigartig in ihrer Anlage und völlig zu Recht das Lieblingsausflugsziel der Singapurer und Touristen.

Aktuell befinden sich gleich drei Zoos im Norden der Stadt, mitten im Sumpfgebiet und angrenzend an das *Upper Seletar Water Reservoir* gelegen: *River Safari*, *Night Safari* und seit 1973 der eigentliche *Singapore Zoo*.

Mit 69 Hektar Fläche und 315 Tierarten verzeichnet der Zoo jährlich Besucherzahlen von 1,7 Millionen. Von Anfang an folgte der *Singapore Zoo* dem modernen Konzept, Tiere in geräumigen, naturnah gestalteten, offenen Gehegen mit durch üppige Vegetation versteckten Barrieren, Wassergräben und Glas zwischen den Tieren und Besuchern anzusiedeln. Ein Zoo ganz ohne Käfige also, mit dem großen Wasserspeichersee als natürliche Begrenzung.

Er beherbergt die weltweit größte Orang-Utan-Kolonie außerhalb der freien Wildbahn; die Menschenaffen können sich mehr oder weniger frei im ganzen Zoogelände bewegen und hangeln oft unvermutet im Astwerk über den Köpfen der Besucher entlang. Immer wieder kriechen große Warane über den Weg oder rascheln im Gebüsch, Pfaue, Hähne und Schildkröten leben hier frei und finden sich manchmal auch auf dem Parkplatz oder der Zufahrtsstraße wieder. Da die ursprüngliche Vegetation des Primärwalds großteils erhalten wurde, fühlt man sich bald wie im Dschungel und vergisst, dass man Besucher eines Tierparks ist.

Mit der *Night Safari* befindet sich gleich nebenan ein weiterer, mit 40 Hektar Fläche nur unwesentlich kleinerer Zoo, der sehr ähnlich angelegt ist – und der ausschließlich von 19 Uhr bis Mitternacht geöffnet ist. Der erste Nachtzoo der Welt, eröffnet 1994, bietet den Besuchern die Möglichkeit, 130 vor allem nachtaktive Tierarten zu sehen. Es macht großen Spaß, in der dem Mondlicht nachempfundenen Beleuchtung nach Einbruch der Dunkelheit durch den tropischen Urwald zu wandern und die 2.500 dort beheimateten Stachelschweine, Gürteltiere, Flughunde, Eulen, Wildkatzen, Leoparden, Hyänen und Schlangen zu sehen.

Zwischen Zoo und *Night Safari* befindet sich auf zwölf Hektar Fläche die 2012 eröffnete *River Safari*, deren Schwerpunkt auf Fischen und anderen Wassertieren liegt. Auf beschatteten Wegen führt die Route durch Bereiche, die nach dem Vorbild der bedeutendsten Flüsse gestaltet wurden. Die dort jeweils heimischen Tierarten sind zu bewundern; neben Fischen, Ottern, Seekühen und Krokodilen gibt es Affen und Vögel zuhauf zu entdecken. Die Terrarien, Aquarien und Volieren sind riesig und bodentief, sodass Groß und Klein beste Sicht haben.

Die Hauptattraktion ist aber sicherlich das große Pandahaus, ach was, Halle trifft es besser. Voll klimatisiert, auf knapp 20 Grad Celsius gekühlt, groß wie ein Flugzeughangar, wunderhübsch wie ein Bambushain bepflanzt, und alles für zwei mittelgroße Pandas. Die Asiaten lieben die aus China stammenden Bären Kai-Kai und Jia-Jia heiß und innig, und in einem eigens dafür eingerichteten, hochmodernen Labor wird fieberhaft daran gearbeitet, Nachwuchs zu züchten. Bisher leider erfolglos, und da die Pandas nur eine Leihgabe Chinas bis 2022 sind, drängt die Zeit.

Der 1971 eröffnete *Bird Park* in *Jurong* im Westen Singapurs ist selbst für Nicht-Ornithologen einen Besuch wert. Die hier in natürlicher Umgebung lebenden 5.000 Vögel aus 400 verschiedenen Arten sind teilweise wirklich außergewöhnlich. Es gibt sechs Pinguinarten, eine schier unüberschaubare Zahl Pelikane und Störche, die sich frei bewegen können, aber die Fütterungszeiten so attraktiv finden, dass sie gerne hierbleiben. Pfaue, Fasane und Krontauben spazieren in gigantischen Volieren herum, ebenso Papageien, Nashornvögel und Tukane. Der Vogelpark ist – wie auch die anderen Zoos der Stadt – mitten im originalen Regenwald beheimatet, sodass man sich wie in der Wildnis fühlt.

Ab 2020 wird der *Bird Park* in die direkte Nachbarschaft der anderen Tierparks verlegt und ein weiterer, *Rainforest Park*, eröffnet werden. Damit beträgt die Gesamtfläche von Singapurs Zoos insgesamt 120 Hektar – mehr Tierleben auf einem Fleck gibt es weltweit außer in den tiefsten Urwäldern nirgends!

Weil Museumsfans voll auf ihre Kosten kommen

»Mama, gehen wir endlich mal wieder in so ein Museum?« Wenn ein Vierjähriger diese Frage stellt, ist das der Beweis, dass Singapurs Museumslandschaft einen echten Fan hervorgebracht hat.

Denn wer in Singapur nur einige der Museen dort besucht hat, ist auf alle Zeiten verdorben. Die Museumslandschaft im räumlich gesehen so kleinen Stadtstaat ist so reichhaltig, abwechslungsreich und spannend, dass es selbst der versierteste Museumsbesucher kaum schafft, bei all den wechselnden Ausstellungen auf dem Laufenden zu bleiben.

Ganze sechs Nationalmuseen leistet man sich:

Das *Asian Civilisations Museum* hat sich auf panasiatische Kultur spezialisiert, das seit 1849 bestehende *National Museum of Singapore* beschäftigt sich mit der Geschichte der Stadt.

Die 2015 eröffnete *National Gallery* beherbergt die weltgrößte Sammlung Singapurer und südostasiatischer Kunst mit über 8.000 Werken. Zu finden ist diese erlesene Kunstkollektion in den Räumlichkeiten des ehemaligen Obersten Gerichtshofs und des Rathauses. Die beiden Gebäude wurden durch ein modernes Architekturkonzept miteinander verbunden und warten seitdem mit einer Ausstellungsfläche von 64.000 Quadratmetern auf.

Vergleichsweise klein ist dagegen das *Peranakan Museum*, das sich voll und ganz auf Darstellung der Kultur der Singapurer Mischkultur verschrieben hat (siehe 3. Grund).

Das *Singapore Art Museum* widmet sich seit gut 30 Jahren der Modernen Kunst vor allem aus Singapur und Südostasien. Ein Ableger davon ist das *SAM at 8Q*, das großflächige Installationen, Performance-, Klang-, Video- und Fotokunst zeigt.

Neben den großen Platzhirschen finden auch viele kleinere Museen ihren Platz und ihre Berechtigung. Ein Spielzeug- und diverse Design-Museen, viele ständig wechselnde Kunstausstellungen sowie die hauseigenen Museen der Universitäten bereichern das Ausstellungsangebot der Stadt zusätzlich. Einrichtungen wie das *Chinatown Heritage Centre*, das *Indian Heritage Centre*, das *Malay Heritage Centre* und das *Teochew Cultural Centre* haben sich auf die Kunst und Geschichte der jeweiligen Kultur spezialisiert, im *Science Centre* können Kinder und Erwachsene Wissenschaft und Forschung betreiben und im dazugehörigen Planetarium dem Lauf der Sterne folgen.

Jährlich finden außerdem weltweit beachtete temporäre Ausstellungen wie das *Singapore International Photography Festival*, die *Singapore Art Week*, das *Singapore International Film Festival* oder das *Singapore Night Festival* statt, bei denen aufwendige Installationen und Sonderausstellungen Tausende von Besuchern anlocken.

Allein die Nationalmuseen verzeichnen jährlich Besucherrekorde, im Jahr 2017 lag die Zahl der Besucher bei 5,4 Millionen, insgesamt nutzten mehr als elf Millionen Menschen das Angebot aller Museen.

Kein Wunder, warten doch praktisch alle Museen mit Ausstellungen auf, die nach allen Regeln moderner Museumspädagogik konzipiert wurden. Leicht zugängliche Informationen in gedruckter Form oder digital stehen kostenlos zur Verfügung, Führungen zu jedem nur erdenklichen Thema finden praktisch zu jeder vollen Stunde statt, die Eintrittspreise sind moderat bzw. für gebürtige Singapurer und Inhaber einer ständigen Aufenthaltsgenehmigung (sogenannte *Permanent Residents*) oft kostenlos.

Jedes Museum betreibt stets einen eigenen Kinderbereich und bietet Kinderprogramme an, Kinderwagen dürfen mitgebracht werden, und niemand stört sich hier an nicht ganz so andächtig vor Kunstwerken erstarrenden jungen Museumsbesuchern.

Ganz im Gegenteil locken die Museen mit Social Media- und Schulaktionen massiv junges Publikum in ihre Räumlichkeiten, bieten Workshops an und lassen Studenten der Musikhochschulen zu Übungszwecken in den Ausstellungsräumen auftreten.

Sowohl die staatlichen als auch die nichtstaatlichen Museen sind bestens in Schuss, und alle paar Jahre schließen sie rigoros für eine Weile ihre Pforten und werden einer Generalsanierung und Neueinrichtung unterzogen. Geld spielt eben auch in der Museumslandschaft Singapurs keine allzu große Rolle.

Für Bewohner und Besucher der Stadt eine echte Bereicherung, und wir nutzen das Angebot so oft wie möglich. Unser Sohn freut sich jedenfalls schon auf den nächsten Ausflug ins Museum.

9. Kapitel

Kurioses

97. Grund

Weil man Fremde mit »Onkel« oder »Tantchen« anspricht

Im Kindergarten unseres Sohnes sorgt jeden Morgen und Nachmittag ein netter älterer Herr dafür, dass die ein- und ausfahrenden Autos sich nicht gegenseitig behindern und dabei auch keine Kinder umfahren. Bald schon begrüßt und verabschiedet unser Sohn den Herrn freudig mit »Bye!«, kurz darauf hängt er dahinter noch eine direkte Anrede an. Ich verstehe nicht richtig, was der Vierjährige da ruft – so ganz vertraut bin ich mit asiatischen Namen noch immer nicht, und deshalb halte ich ein paar Wochen lang das Wort »Ankal« (denn so klingt es für mich) für einen chinesischen Vornamen. Irgendwann funktionieren die Schnittstellen in meinem Hirn dann, als ich erkenne, dass der Herr schlichtweg mit *Uncle* angesprochen wird. Und zwar von Kindern, Eltern, Erziehern und der Kindergartenverwaltung. Wie nett, denke ich, so ein »Onkel«!

Dazu gibt es natürlich auch das weibliche Gegenstück: In fast allen Familien der Stadt, ob einheimisch oder zugezogen, lebt eine Haushaltshilfe, zu deren Aufgaben auch die Betreuung der Kinder gehört, während die Eltern arbeiten (siehe 83. Grund). Des Nachmittags treffe ich also bei der Abholung im Kindergarten sowie auf Spielplätzen und beim Einkaufen auf philippinische, indonesische oder indische *Maids*. Diese werden von den zugehörigen Kindern konsequent mit *Auntie*, »Tantchen«, angesprochen.

In Singapur ist *Auntie* und *Uncle* tatsächlich die gängige, respektvolle Anrede für ältere Menschen, deren Namen man nicht kennt. Ob Taxifahrer, Bäckereiverkäuferin, Haushälterin, Kindergarten-Hausmeister oder Wildfremde: Sie alle werden als »Tantchen« oder »Onkel« angesprochen.

Anfangs scheue ich mich, die intim anmutende Anrede zu verwenden, nehme mir aber bald ein Beispiel an unserem vierjährigen

Sohn, der routiniert alle Erwachsenen so anspricht, deren Namen er nicht kennt. Und als ich eines Tages die Parkwächter unseres Wohnhauses um Hilfe bitten muss, wende ich mich mit einem vertraulichen *Uncle* an die beiden und gebrauche damit die höflichste Möglichkeit der Anrede, da die beiden kein Namensschild tragen.

Natürlich gibt es einen Kodex für die Verwendung der Onkel-/Tantchen-Anrede: Die Benimmregeln besagen, dass die Anrede vor allem für Mitmenschen verwendet wird, die eindeutig älter sind als man selbst. Wie viel älter, darüber gehen die Meinungen auseinander, aber ein paar Jährchen sollten es schon sein. Zu eng darf die Beziehung zur anderen Person nicht sein, für Blutsverwandte, Freunde oder Nachbarn, die man täglich sieht, sollte man den Namen erfragen und zusätzlich verwenden (Auntie Li oder Uncle Vivek).

Für Dienstleister wie Gärtner, Putzhilfen, Supermarkt-Angestellte oder die Fremde im Bus, der man hinterher rufen will, weil sie ihren Schirm vergessen hat, ist das respektvolle *Uncle* oder *Auntie* dem eher lieblosen »Hello!« oder »Excuse me!« eindeutig vorzuziehen.

Taxifahrer sind immer Onkel, egal, wie alt sie sind. Auch damit hat man einen einfacheren Zugang, falls man den normalerweise recht schweigsamen Fahrern von der Rückbank aus etwas mitteilen will. Ein britisch angehauchtes »Sir« als Anrede würde herablassend wirken. Wahrscheinlich haben diese verwandtschaftlichen Bezeichnungen ihren Ursprung aus der Zeit, als Singapur aus einer Ansammlung von Dörfern, sogenannten *Kampongs*, bestand. Dort war es gang und gäbe, dass sich Familien und Nachbarn gegenseitig Essen kochten, die Kinder betreuten und gegenseitig aushalfen. Damit verschwammen die eigentlichen Blutsbande.

Ich mag diese Art der Anrede jedenfalls sehr: Sie ist freundlicher und zugewandter als die unpersönliche Anrede, gerade wenn man den Namen des Gegenübers nicht kennt. Sinngemäß bezeichnet man den Fremden als Familienmitglied und bezieht ihn mit ein; damit wird das vielleicht rein professionelle Verhältnis gleich ein wenig enger und herzlicher.

Als ich selbst zum ersten Mal als *Auntie* bezeichnet werde, muss ich schwer an mich halten, um nicht in lautes Lachen auszubrechen. Die Mutter eines Kindergartenfreundes sagte zu ihrem Sohn beim Besuch in unserem Haus, er möge doch die *Auntie* um ein Glas Wasser bitten. Er dauerte, bis ich begriff, dass sie mich damit meinte. Ich, eine ältere Respektsperson?!

98. Grund

Weil es im indischen Kaufhaus einfach alles gibt

Little India, fest in der Hand tamilischstämmiger Einwohner, ist innerhalb Singapurs schon ein besonderes Viertel: Lärmend, unordentlich, bunt, laut, chaotisch ist es eine Art Gegenpol zum sonst so perfekten, geordneten, aufgeräumten, geleckten Stadtstaat. Ein bisschen Indien mitten in Singapur eben, hygienisch unbedenklicher als das Original.

Mittendrin liegt das sagenumwobene Einkaufszentrum *Mustafa*, gegründet 1971 als Bekleidungsgeschäft von der nordindischen Einwandererfamilie um Mustaq Ahmad.

Was zunächst als kleiner Laden begann, dehnt sich heute als Kaufhaus über zwei komplette Häuserblocks entlang der *Syed Alwi Road* aus und erstreckt sich auf über sechs Stockwerke (vier über- und zwei unterirdisch) plus Dachterrasse mit Restaurant.

Jeder in Singapur kennt *Mustafa*. »Alle Dinge, die du brauchst oder von denen du noch gar nicht wusstest, dass du sie brauchst, findest du dort – und zwar jeweils in hundertfacher Ausführung«, höre ich zu Beginn unseres Aufenthalts hier immer wieder.

Nach vielen Besuchen dort kann ich diese Worte bestätigen:

Das Einkaufszentrum, auch hinsichtlich der Angestellten fest in indischer Hand und sieben Tage die Woche rund um die Uhr (!) geöffnet, ist vollgestopft von oben bis unten. Einen Übersichts- oder

Gebäudeplan sucht man zunächst vergeblich, nur in Briefmarkengröße stehen die verschiedenen Departments im Aufzug angeschrieben. Nutzt man stattdessen die (Roll-)Treppen, ist man praktisch auf sich allein gestellt.

Ausgänge sind ähnlich klein ausgeschildert, und schnell verliert man den Überblick, wo man sich eigentlich befindet. Die clevere Geschäftsidee: Wer einmal drin ist, darf so schnell nicht wieder raus! Das funktioniert offenbar so gut, dass der Kaufhausgründer heute zu den reichsten Singapurern gehört.

Die sich schier kilometerweit erstreckenden Regalreihen stehen so eng, dass kaum zwei Menschen aneinander vorbeigehen können, ohne sich anzurempeln. Das hält aber niemanden davon ab, sich trotzdem mit einem Einkaufswagen in die Beklemmungen hervorrufenden Aufzüge und Gänge zu quetschen. Die von mir bevorzugten gelben Einkaufskörbchen dagegen sind so klein, dass darin nie alle Einkäufe untergebracht werden können.

Denn es gibt bei *Mustafa* alle nur erdenklichen Konsumgüter: von Saris bis hin zur Schlagbohrmaschine, von Markenparfüm über Goldschmuck bis hin zur Bettwäsche, Lebensmittel aus aller Herren Länder, Elektrogeräte, Computer, Fahrradersatzteile, Geschirr, Haushaltsgeräte, Medikamente, Handwerkszubehör, Bücher, Souvenirs, Uhren, Schuhe, Spielzeug, … Mir wird allein bei der Aufzählung ganz schwindelig.

Am besten kommt man hier ohne Einkaufszettel her und lässt sich von Stockwerk zu Stockwerk durch sämtliche Abteilungen treiben. Sucht man eine bestimmte Ware, kann einen das schnell zur Verzweiflung treiben: Denn jedes Produkt gibt es in hundertfacher Ausführung. Sie suchen eine neue Trinkflasche? Gerne! Vier jeweils zehn Meter lange Regale mit bis zu sechs übereinander geordneten Regalbrettern voller Trinkflaschen gibt es – querbeet, unsortiert und meist ohne Preisschild.

Auf dem Einkaufszettel steht Zimt? Von welcher der ungefähr 50 verschiedenen Gewürzmarken darf er denn sein? In der gigantischen Lebensmittelabteilung gibt es nämlich wirklich alles: deutsche, indische, chinesische, russische, amerikanische Marken teilen sich die Regale, Reis nimmt allein in seinen sämtlichen Ausprägungen und Packungsgrößen eine ganze Abteilung ein, ebenso wie Gewürze.

Findet man jemanden vom Personal, kennt sich derjenige meist erstaunlich gut aus: »Sie suchen Tofu? Dritter Gang rechts, 50 Meter geradeaus, dann links, erster Gang rechts, Regal 37.« Trotzdem ist hier der Kunde nicht König, dafür sorgt die indische Laissez-faire-Haltung der Verkäufer.

Manche Produkte gibt es nicht nur in mannigfacher Ausführung, sondern sie sind auch auf die unterschiedlichsten Bereiche im Kaufhaus verteilt. Batterien findet man sowohl in der Drogerie als auch bei Elektro als auch bei den Spielsachen als auch beim Heimwerkerbedarf.

Jeder frei verfügbare Zentimeter der knapp 14 Millionen Quadratmeter großen Verkaufsfläche ist mit insgesamt mehr als 300.000 Waren vollgestellt – der Platz für Kassen wurde deshalb auf das absolute Mindestmaß begrenzt. Ein Warentransportband gibt es nicht, und deshalb dauert es unerträglich lange, bis die Kunden jeden Artikel ihres Großeinkaufs einzeln der Kassenkraft präsentiert haben und dieser umständlich in die Kasse eingescannt wurde. Dann wird verpackt, und zwar akribisch in Tüten und noch mehr Tüten, die zusätzlich mit Kabelbindern verschlossen werden. Dem Diebstahl keine Chance! Als ich wie so oft darum bitte, die Waren in meinen Jutebeutel und den Rucksack zu verpacken, wird dieser kurzerhand ebenso diebstahlsicher verriegelt – und ich stehe später zu Hause vor verschlossenen Türen, denn ohne Schere komme ich nicht an den Hausschlüssel.

Ich bin jedenfalls nach jedem Besuch in dieser Shopping-Hölle jedes Mal fix und fertig, will nur noch raus aus dem unübersichtlichsten und chaotischsten Ort Singapurs und lande stets an einer gänzlich anderen Straßenecke als gedacht. Mein Einkaufsbeutel ist bis zum Anschlag mit einer bunten Mischung aus Drogerieartikeln,

Lebensmitteln, Kleidung, Souvenirs und sonstigem Schnickschnack gefüllt. Es gibt wirklich nichts, was es nicht gibt. Man muss es nur finden.

99. Grund

Weil in Singapur sogar Wintersport möglich ist

Singapur liegt in den Tropen, genauer gesagt: 140 Kilometer nördlich des Äquators. Damit ist es ganzjährig heiß, die Temperaturen schwanken zwischen 25 und 33 Grad Celsius.

Nicht der richtige Ort für Wintersport, sollte man meinen. Berge gibt es nicht (die höchste Erhebung, der *Bukit Timah Hill*, ist knapp 164 Meter hoch), und Schnee natürlich auch nicht. Aber Singapur wäre nicht Singapur, wenn man dafür nicht eine Lösung gefunden hätte: Indoor-Wintervergnügen. Ganzjährig verfügbar.

Regelmäßig um die Weihnachtszeit herum überkommt uns die Sehnsucht nach kühleren Temperaturen und Weihnachtsstimmung. Wir nutzen also die Weihnachtsferien und fahren in den westlichen Stadtteil *Jurong*. Dort befindet sich *Snow City*, eine Wintersporthalle, mitten in einem Industriegebiet.

Mit unseren Aufenthaltsgenehmigungen erhalten wir zum Glück ermäßigten Eintritt, der Eintrittspreis ist nämlich hoch und berechtigt trotzdem nur für eine Stunde Schneespaß! Kurz darauf stehen wir in der Umkleidekabine. Im Eintrittspreis enthalten sind eine Winterjacke und dicke Boots, den Rest an Winterkleidung kann man gegen eine wieder recht hohe Gebühr leihen. In weiser Voraussicht habe ich unsere eigenen wasserdichten Hosen, Pullis, dicken Socken, Handschuhe und Mützen aus unserem reichhaltigen Outdoor-Bestand eingepackt.

Und das ist auch gut so, denn bereits nach dem Betreten der Schneehalle schlägt uns eisige Luft entgegen, hier drinnen hat es höchstens minus 2 Grad Celsius. Auf dem spiegelglatten Boden liegt etwa zehn Zentimeter hoch künstlich hergestellter Schnee, es gibt Eisbahnen zum Rutschen und Iglus, außerdem eine einigermaßen steile, 60 Meter lange Piste zum Skifahren und Rodeln. Die einzige Singapurer Skischule hat hier ihren Hauptsitz, und am Tresen stehen Skilehrer in voller Wintermontur, verleihen komplette Skiausrüstungen und üben Pflugbogen mit willigen Schülern.

Nach dem 365 Tage langen Dauer-Sommer in Singapur ist der Erstkontakt mit Schnee grandios: Mein Sohn quietscht vor Freude und wirft sich mehrfach in voller Länge in die Schneehaufen, wirbelt darin herum, lässt es schneien, rutscht die Eisbahnen hinunter, schlittert über die komplett vereisten Wege und hat bald richtig winterliche rote Bäckchen. Ich bin anfangs auch sehr angetan von der wundervoll frischen, kühlen Luft und dem Gefühl von Schnee unter den Füßen, doch nach ungefähr zehn Minuten in der Halle ist es vorbei mit der Romantik, und ich weiß wieder genau, warum ich den deutschen Winter so überhaupt nicht vermisse: Eisige Zehen und Finger schmerzen hier wie dort unangenehm! Die geliehenen Jacken und Schuhe sind von äußerst schlechter Qualität und dazu noch völlig abgenutzt, wir haben nach kürzester Zeit nasse Füße, und durch meine Jacke pfeift der »Wind« aus der Klimaanlage.

Die Stunde zieht sich, doch wir wollen den teuren Eintritt natürlich voll ausnützen und bewundern noch eine Weile die »rasanten« Skifahrer, bevor wir die nassen Schuhe und Socken gegen Flipflops tauschen und uns bei knapp 30 Grad Außentemperatur aufwärmen.

Doch Ski-/Schlittenfahren ist nicht die einzige Wintersportart, die im Inselstaat verfügbar ist. Auch Schlittschuhlaufen steht hoch im Kurs. Auf dem größten Weihnachtsmarkt der Stadt wird alljährlich unter freiem Himmel eine Kunststoffbahn aufgebaut, wo man ein Vermögen dafür ausgeben kann, 30 Minuten lang mehr schlecht als recht seine Runden zu drehen. Immerhin ist der Ausblick auf das *Marina Bay Sands Hotel* und die *Supertrees* beeindruckend, und wo kann man schon in kurzer Hose und T-Shirt draußen Schlittschuh laufen, während einem der Schweiß von der Stirn rinnt und die Füße in den geschlossenen Schuhe schier kochen?

Professioneller und »winterlicher« geht in den beiden Eislaufanlagen der Stadt zu. Eine davon hat sogar olympische Ausmaße, dort trainieren Singapurs Eiskunst- und Eisschnellläufer. Aber auch Anfänger und Eishockeyspieler treffen sich dort, am Wochenende verabreden sich die Teenager nachmittags und drehen mehr oder weniger geschickt ihre Runden, genauso wie ich als 13-Jährige in Bayern.

Während wir allerdings immer dick eingepackt waren – und auch in Singapur das Eis nur in langen Hosen, mit Pulli und Handschuhen betreten –, halten die empfindlich kalten Temperaturen einige andere Schlittschuhläufer nicht davon ab, in Hotpants und T-Shirts auf dem Eis herumzustolpern und sich dabei mit dem Handy zu filmen. Die Eismaschine, die die Eisfläche wieder in Ordnung bringt, wird mit großem Jubel begrüßt, und in den Einkaufszentren, in denen sich die Eislaufanlagen befinden, kann man sich bestens mit Heißgetränken und Snacks versorgen.

In Singapur ist eben alles möglich – sogar Wintersport. Die Schnee- und Eisvergnügungen sind teuer, aber Geld spielt im wohlhabenden Stadtstaat kaum eine Rolle. Weder für die Erbauer, noch für die Besucher. Die Eintrittspreise sind happig, aber die Einheimischen lieben die Ausflüge in die »winterlichen« Gefilde der fensterlosen Hallen, und so manche Familie gönnt sich gleich eine Jahreskarte.

Und die, bei denen das Geld noch lockerer sitzt, fliegen eh jedes Jahr in die französischen Alpen oder nach Japan zum Skiurlaub mit der ganzen Familie. Denn auch in Singapurs Sportgeschäften kann man sich von Oktober bis März mit Wintersportkleidung eindecken, die man bei den frostigen Temperaturen in den Läden sogar anprobieren kann, ohne Schweißausbrüche zu bekommen.

Weil für die Tischreservierung ein Päckchen Taschentücher reicht

Wer mit einer Gruppe oder der Familie zum *Hawker Centre* (siehe 45. Grund) geht, um dort zu essen, kennt das Problem: Jeder möchte sich an einem anderen Stand sein Lieblingsessen holen, und die Tische sind knapp. Die – vor allem wenn es um Essen geht – äußerst findigen Singapurer haben dafür ein System entwickelt, das den Stadtneuling anfangs staunen lässt. Einsam und verlassen liegen auf vermeintlich freien Tischen einzelne Päckchen Taschentücher, manchmal auch eine Visitenkarte oder ein Kugelschreiber. Hauptsache: wertlos. Obwohl weit und breit niemand zu sehen ist, bedeutet dieses Zeichen: Dieser Tisch ist besetzt.

Niemand im höflichen Singapur würde auf die Idee kommen, die Taschentücher einfach vom Tisch zu fegen und sich selbst hinzusetzen. Besetzt ist besetzt, das wird stillschweigend akzeptiert.

Diese spezielle Art des Reservierungsvorgangs ist in Singapur so populär, dass es dafür sogar ein eigenes Wort auf *Singlisch* (siehe 29. Grund) gibt: *chope.* Mein persönliches Lieblingswort, dafür gibt es keine adäquate Übersetzung. Abgeleitet wurde es vom malaiischen Wort *cap*, das so viel wie »Stempel« bedeutet. Daraus wurde umgangssprachlich *to chop*, »eine Spur hinterlassen«.

Der Ausdruck ist hier Allgemeingut und so verbreitet, dass der bekannteste Onlineservice für Restaurantreservierungen in Asien (mit Entwicklungsstandort in Singapur) genauso heißt: *Chope.*

Zwischen Gegnern und Befürwortern dieses Rituals ist ein erbitterter Kampf entbrannt. Gerade zu Spitzenzeiten sind die Plätze in den *Food Courts* knapp und die Zeit auch. Zur Mittagszeit kann das Anstehen an einem beliebten Essensstand schon einmal 15 Minuten dauern. Warum werden also leere Tische okkupiert, obwohl sie momentan offensichtlich gar nicht genutzt werden?

Lächerlich und unhöflich, diese Unsitte, befinden die einen – praktisch und einzigartig für Singapur, quasi ein Kulturgut, verteidigen die anderen.

Ich persönlich mag diese Sitte. Sie passt zum respektvollen Umgang miteinander, der in Singapur groß geschrieben wird. Privates Eigentum wird nicht angetastet. Man könnte problemlos auch sein Handy oder seinen Geldbeutel auf dem Tisch liegen lassen, niemand würde danach greifen.

Wenn man mit einer Gruppe unterwegs ist, kennt jeder den Tisch, an dem man sich trifft und alle gemeinsam essen. Keiner muss mit vollbeladenen Tabletts und einem Kleinkind am Rockzipfel auf Platzsuche gehen. Allerdings sollte man sicherstellen, in Zukunft immer ein Päckchen Taschentücher, Feuchttücher, einen Schlüsselanhänger oder eine wertlose Plastikkarte dabeizuhaben.

101. Grund

Weil bei der Formel 1 die Rennautos mitten durch die Stadt rasen

Jedes Jahr im September steht in Singapur ein Großereignis an: Die Formel 1 kommt in die Stadt! Seit 2008 rasen die Boliden auf dem gut fünf Kilometer langen *Marina Bay Street Circuit* durch die Innenstadt. Das ist wortwörtlich zu verstehen: Zu über 70 Prozent besteht die Rennstrecke aus öffentlichen Straßen, die tagsüber von Bussen, Autos und Fahrradfahrern genutzt werden. Für ein Wochenende verwandeln sich diese in eine Rennstrecke.

Einzig Startbereich, Zieleinfahrt und Boxengasse befinden sich rund um das sogenannte *F1 Pit*, das vom deutschen Bauingenieur Hermann Tilke erdacht und erbaut wurde.

Bereits Wochen vorher stapeln sich die Absperrungen und Scheinwerfertürme an den Straßenrändern, Tribünen werden aufgebaut, und von Tag und Tag sind immer mehr Kreuzungen gesperrt und Umwege nötig. Was anderswo Taxifahrer und Fußgänger zur Verzweiflung bringen würde, ruft in Singapur keinen Unmut hervor. Man ist stolz darauf, das erste Nachtrennen der Formel-1-Klasse auszurichten. Die Gründe dafür sind vielfältig: Zum einen kann so der europäische Markt trotz der sechsstündigen Zeitverschiebung ein Live-Rennen am Nachmittag genießen, zum anderen herrscht keine allzu große Hitze mehr, und zum dritten wirkt natürlich die Skyline Singapurs in voller Beleuchtung vor dem Nachthimmel noch viel eindrucksvoller und tourismusfördernder als bei Tageslicht.

Das Rennen gilt als eines der anspruchsvollsten: Die Strecke entlang der Marina ist extrem kurvig, die hohe Luftfeuchtigkeit und Hitze sind anstrengend für Mensch und Material und die Nachtsicht trotz der professionellen Scheinwerferausleuchtung gewöhnungsbedürftig.

Das macht den Kampf um den Großen Preis von Singapur natürlich erst recht spannend. Jährlich besuchen rund 80.000 Zuschauer das Rennwochenende.

Das liegt auch daran, dass zusätzlich zu Qualifying und Rennen selbst ein opulentes Rahmenprogramm stattfindet, das auch Rennsport-Muffel lockt. Die Zuschauertribünen werden dann zu später Stunde als Plätze für die Rock- und Popmusikfans genutzt, die von dort aus den internationalen Musikstars bei ihrem Auftritt auf den großen Open-Air-Bühnen zujubeln können.

Und selbst die, die keine Tickets haben – sei es aus Desinteresse, sei es mangels Verfügbarkeit –, können ganz einfach Rennluft schnuppern: einfach die Fenster weit geöffnet lassen oder den Abend auf dem Balkon verbringen. Der Motorenlärm ist weit über die ganze Stadt zu hören!

102. Grund

Weil Straßennamen überflüssig sind

Wenn unser Sohn mit dem Taxifahrer redet, klingt das ungefähr so: »To Lincoln Suites, please. Behind United Square Mall.« Das Kind weiß also genau, wie unser Haus heißt und welches das nächstgelegene Einkaufszentrum ist. Dass er sich partout nicht merken kann, wie unsere genaue Anschrift lautet, ist in Singapur unwichtig. Straßennamen braucht man hier nämlich nicht.

Ganz Singapur wohnt aus Platz- und Kostengründen in Mehrfamilienhäusern oder Wohnanlagen. Ist man Einheimischer, in der Eigentumswohnung im *HDB*-Block (siehe 12. Grund), ist man Zugezogener, in sogenannten *Condominiums*.

Da in den einzelnen Anlagen oder Wohntürmen immer gleich mehrere Hundert Menschen leben, hat jedes einzelne Hochhaus eine eigene Postleitzahl. Das macht die Zuordnung für Briefträger absolut eindeutig, wenn man dazu noch die Apartmentnummer (also in unserem Fall #09-02 für Wohnung 2 im 9. Stock) angibt.

Um Verwechslungen noch besser auszuschließen, haben die Mehrfamilienhäuser zusatzlich noch Eigennamen. Die staatlichen *HDBs* behelfen sich mit Block-Nummern, die privaten Baugesellschaften denken sich verkaufsfördernde, möglichst bildhafte Namen aus, die wahlweise auf Lage, Ausstattung oder anvisiertes Klientel hinweisen sollen. Für mich sind diese Bezeichnungen ein stetiger Quell der Freude, da sie oft herrlich absurd und hochtrabend klingen.

Meine persönlichen Favoriten:

- *Honolulu Towers*
- *Aspen Heights*
- *The Legend*
- *The Beverly* und *Beverly Hill*
- Gärten in unzähligen Varianten (*Tulip Garden, Charming Garden, Waterfall Garden, Mayfair Garden, ...*)

- *Casa Esperanza*
- *The Equatorial*
- *Trilight*
- *L'Viv*
- *D'Leedon*
- *Gallop Gables*

Die Liste ließe sich endlos weiterführen. Da mutet unser eigener Hausname schon fast langweilig an. Dabei haben sich die Namensgeber nicht sonderlich viel Mühe gegeben, denn er bezieht sich auf die nahe gelegene *Lincoln Road*. Das fanden andere Bauträger auch praktisch, deshalb heißen die Nachbarhäuser *Lincoln Residences* und (besonders chic) *The Linc*. Würden wir also dem Taxifahrer oder Freunden einfach nur den Namen unseres *Condos* nennen, bestünde die Gefahr, im falschen Haus zu landen.

Um auf Nummer sicher zu gehen, fügen wir deshalb stets noch das nächst gelegene Einkaufszentrum als Anhaltspunkt hinzu. Denn die Singapurer kennen ihre *Shopping Malls*! Und sollte aus unerfindlichen Gründen keine solche Mall in unmittelbarer Entfernung sein, nennt man eben notfalls die nächste *MRT*-Station.

Aber den Straßennamen? Den braucht man wirklich ausschließlich als Anschrift auf offiziellen Dokumenten und für die Post.

103. Grund

Weil es auch in Singapur eine heiße Quelle gibt

Wer jemals in Japan war, kennt die Begeisterung der Einheimischen für ihre heißen Thermalbäder, die sogenannten *Onsen*, die aus den vielen heißen Quellen gespeist werden, die aus Japans vulkanischem Untergrund sprudeln.

Dass es auch in Singapur immerhin eine einzige heiße Quelle gibt, ist den meisten dagegen gar nicht bekannt. Zugegebenermaßen ist die Notwendigkeit eines Thermalbads bei den tropischen Temperaturen nicht ganz so groß wie im teilweise eiskalten nördlichen Teil Asiens. Wohl deshalb ist ein Besuch in *Sembawang* ein echter Geheimtipp.

Entdeckt wurden die drei benachbarten Wasserquellen 1909 von einem chinesischen Kaufmann auf seiner Ananas-Plantage. Er leitete sie zu einer einzigen um und errichtete einen Brunnen darüber, der minütlich bis zu 150 Liter Wasser freisetzte.

Von Anbeginn erfreute sich die bis zu 70 Grad Celsius heiße Quelle bei den Einheimischen großer Beliebtheit, denn ihr Wasser soll Heilkräfte besitzen und gegen Arthritis, Rheuma und Hautkrankheiten helfen. Unter dem Namen *Seletaris* wurde es ab 1922 sogar in Flaschen abgefüllt verkauft, und die Siedlung in der Nachbarschaft war bald als *Kampong Ayer Panas* (»Dorf des heißen Wassers«) bekannt. Als die Japaner ab 1942 Singapur besetzten, ernannten sie das Gebiet sofort zur japanischen Zone und errichteten einen *Onsen*, um sich hier heimisch zu fühlen.

Einige Jahre lang war die *Sembawang*-Quelle fast vergessen; erst ab den 1960er-Jahren nahmen die Besuche der Singapurer wieder zu, und dem heißen Wasser wurden sogar glücksverheißende Kräfte zugeschrieben, sodass sich dort bald sämtliche Glücksspieler der Stadt tummelten, um sich für künftige Wetten zu stärken. Bis zu 300 Besucher täglich verzeichnete man zu den besten Zeiten.

Über hundert Jahre lang wurden immer wieder Versuche unternommen, dort ein Heilbad oder Hotel mit Spa-Bereich zu errichten, jedoch ohne Ergebnis. Außerdem häuften sich Unfälle, bei denen die Badenden sich ernsthaft verbrühten, und die Besucher blieben aus.

Ab 1985 gehörte die Quelle zum Gelände eines Militärflugplatzes, und der Zugang wurde zunächst gesperrt. Nach Protesten, Umbaumaßnahmen und getroffenen Sicherheitsvorkehrungen kehrten die Besucher 2002 zurück und durften wieder täglich kostenlos das heiltätige Wasser genießen. Von Wellness aber keine Spur: Ein paar Plastikstühle, ein paar Eimer, eine provisorische Umkleidekabine – das war der ganze Spa-Betrieb.

Nachgewiesenermaßen enthält das Wasser durch seinen Kontakt mit Gestein im Gegensatz zu Singapurs Trinkwasser Mineralien, Chloride und Sulfide. Letzteres führt zum schwefeligen Geruch, der das Gebiet umgibt. Der Beweis steht noch aus, ob dieses Wasser wirklich Heilkräfte besitzt. Seit 2018 ist das Gelände für Besucher geschlossen, denn das *National Park Board* hat sich endlich erbarmt und errichtet rundum einen hektargroßen Park, in dessen Mittelpunkt die heiße Quelle von *Sembawang* stehen soll.

104. Grund

Weil im buddhistischen Tempel ein Kuhzahn verehrt wird

Der *Buddha Tooth Relic Temple* ist unübersehbar. Mit seinen fünf Stockwerken markiert er den südlichen Eingang zu *Chinatown*. Eröffnet wurde er 2007, denn einer ganz besonderen Reliquie sollte eine angemessene Heimstatt errichtet werden: dem Zahn des historischen Buddhas. Für den Bau des Tempels wurden rund 70 Millionen Singapur-Dollar aufgetrieben, hauptsächlich durch Spenden.

Der Zahn wurde 1980 in einer eingestürzten Stupa in Myanmar gefunden, angeblich ist es der linke Eckzahn Buddhas, der vom Scheiterhaufen in Indien gerettet wurde und seinen Weg nach Singapur angetreten hat. Seitdem fristete er ein wenig beachtetes Dasein in einem buddhistischen Kloster. Bei einer Ausstellung im Jahr 2002 besuchten 300.000 Gläubige innerhalb weniger Tage die Reliquie, woraufhin die Idee geboren war, ihr einen eigenen Tempel zu widmen. Der Tempelbau basiert auf Elementen der Tang-Dynastie und ist bereits von außen mit seinen vielen Holzschnitzereien und den mächtigen Statuen vor der großen Eingangstür beeindruckend. Doch im Innenraum im Erdgeschoss verschlägt es Besuchern die Sprache: Hat man den Vorhof passiert, betritt man eine riesige Zeremonienhalle, an deren Ende drei mächtige goldene Buddha-Statuen stehen. Während vor der Tür Hunderte Räucherstäbchen ihren Duft verbreiten, tönt von drinnen der monotone Gesang buddhistischer Mantren. Mönche eilen mit wehenden rot-gelben Gewändern umher.

Hat man genug von der Haupthalle und ihren Tausenden an den Wänden aufgereihten Bodhisattvas gesehen, sollte man sich auf die Suche nach dem Aufzug machen, denn die Hauptattraktion befindet sich vierten Stock. Dort können Besucher und Gläubige – barfuß! – das eigentliche Heiligtum betreten. Die *Sacred Light Hall* ist mit Tausenden von kleinen Buddhafiguren geschmückt, Drachenskulpturen umrahmen in buntesten Farben den abgesperrten Bereich mit der Reliquie. Der besagte Buddha-Zahn befindet sich in einer hinter Glas gesicherten, 3,5 Tonnen schweren Stupa, die aus 320 Kilogramm Gold gefertigt wurde. Ein Großteil des Goldes wurde von Gläubigen gespendet.

Der Zahn ruht auf einem Samtkissen und ist selbst mit Abstand gut zu erkennen. Bei näherer Betrachtung fällt dem aufmerksamen Besucher auf, dass dieser Zahn nämlich ganz schön groß ist – entweder hatte Buddha ein riesiges Gebiss, oder hier liegt eine Verwechslung vor!

Und richtig: Nach Expertenmeinung stammt dieser Zahn wohl eher von einer Kuh. Das tut der Anbetung aber keinen Abbruch. Eine genauere Untersuchung lehnen die Gemeinde und ihre Vorsteher aber vehement ab. »Each of us has different views on what is ›real‹, as it depends on each individual's understanding of Buddhism«, so der Ehrenwerte Shi Fa Zhao, Abt und Hauptverantwortlicher für den Bau den Tempels (»Jeder von uns hat eine eigene Wahrnehmung, was ›echt‹ ist, so wie jeder ein eigenes Verständnis von Buddhismus hat«).

Über eine steile Treppe, die ein wenig versteckt liegt, erreicht man die große Dachterrasse. Diese ist ein echtes Kleinod, dort findet man überraschenderweise einen wunderschönen Garten mit blühenden und duftenden Plumeria-Bäumen und plätschernden Brunnen vor. In der Mitte befindet sich eine Pagode mit einer etwa zehn Meter hohen Gebetsmühle, die man unbedingt drehen sollte, um gutes Karma zu verbreiten.

Ein herrlicher Ort, dieser Tempel – auch wenn die Reliquie vielleicht nicht das ist, was sie verspricht.

105. Grund

Weil die Singapurer so sehr auf Hygiene achten

Jeden Morgen spielt sich im Kindergarten das gleiche Procedere ab: Jedes ankommende Kind wird herzlich begrüßt, anschließend werden mithilfe einer Taschenlampe Handflächen und Mundhöhlen ausgeleuchtet und inspiziert, die Temperatur an der Stirn gemessen und großzügig Desinfektionsmittel auf Kinderhänden verteilt. Erst, wenn diese Morgenvisite zur allgemeinen Zufriedenheit verlaufen ist, darf das Kind fröhlich in den Gruppenraum spazieren. Die Temperaturkontrolle wird mittags und nachmittags natürlich wiederholt.

Bricht dann doch einmal eine der auch in deutschen Kindergärten regelmäßig wütenden Seuchen aus, herrscht Ausnahmezustand. Täglich berichten Rundmails über die aktuellen Krankmeldungen, inklusive Anweisungen zu Gesundheitsvorsorge und dringender Empfehlungen, bei jedem noch so kleinen Husten stets sofort einen Arzt aufzusuchen, eine Krankmeldung zu erbitten und dem Kindergarten fernzubleiben. Und zwar so lange, bis vom selben Arzt eine explizite, schriftliche Gesundmeldung eingereicht wird.

Singapurer haben panische Angst vor Infektionskrankheiten. Natürlich sorgt das tropische Klima für eine blitzschnelle Vermehrung von Bakterien. Selbst harmlose, kleine Kratzer an Extremitäten werden über Nacht zu tennisballgroßen, eiternden Entzündungsherden, die sofort mit großzügiger Gabe von Antibiotika bekämpft werden müssen.

Der Stadtstaat wendet viel Zeit, Geld und Kräfte auf, um die mühsam eingedämmten, aber im restlichen Asien immer noch verbreiteten Seuchen gar nicht erst wieder ausbrechen zu lassen. Zu langwierig war der Kampf gegen Tuberkulose, Malaria (siehe 74. Grund) und Polio. Im Stadtstaat wohnen Millionen Menschen auf relativ engem Raum, die Ansteckungsgefahr ist also tatsächlich groß, und nach diversen Pestausbrüchen, die ganze Siedlungen ausgerottet haben, weiß man um die Gefahren von mangelnder Hygiene.

Um es erst gar nicht so weit kommen zu lassen, gibt es an jeder öffentlichen Einrichtung, in U-Bahn-Toiletten, Kaufhäusern und Restaurants Handdesinfektionsstationen wie in deutschen Krankenhäusern, ebenso wie Hinweisschilder, die das korrekte Händewaschen erklären.

Die Singapurer sind Hygienefanatiker. An Bushaltestellen und Plakatwänden tauchen in regelmäßigen Abständen die Druckwerke groß angelegter Medienkampagnen auf, die auf vermeintlich »coole« Art darauf aufmerksam machen sollen, die Übertragung von Krankheitserregern zu vermeiden. Passend dazu gibt es Kinderbücher, Infomaterial, YouTube-Videos und Handy-Apps. Die Erziehung zur Gesundheitsvorsorge beginnt schon früh.

Das Stadtbild ist im öffentlichen Miteinander geprägt von Mundschutz tragenden Pendlern – sowohl zum Selbstschutz als auch im Interesse der Nebenstehenden in der U-Bahn. Wer selbst mit kratzendem Hals oder leichten Erkältungsbeschwerden unterwegs ist, möchte niemanden damit anstecken.

Überhaupt ist es äußerst verpönt, krank ins Büro zu gehen. Die falsch verstandene deutsche Neigung, sich noch mit Fieber an den Schreibtisch zu schleppen und seinen Arbeitswillen zu demonstrieren, würde hier nur Kopfschütteln auslösen. Zu groß ist doch die Gefahr, dass am Ende die gesamte Abteilung flachliegt und sich auskurieren muss! Also bleibt man lieber schon beim kleinsten Anzeichen eines sich anbahnenden Schnupfens daheim, natürlich nicht ohne vorherigen Arztbesuch und Einreichung eines Attests.

Und was soll ich sagen: Es funktioniert! Noch nie hat unser Kind einen Magen-Darm-Virus von der Vorschule nach Hause mitgebracht, noch nie waren wir von etwas anderem als von einem Schnupfen gebeutelt (von kleineren bis größeren Totalausfällen auf Reisen einmal abgesehen). Singapurer Arztpraxen kennen wir nur von Impfterminen – im Gegensatz dazu werden wir jedes Mal beim Heimatbesuch von Bronchitis, Mandelentzündung und Grippe heimgesucht. Wir sind die deutschen Viren und Bakterien einfach nicht mehr gewohnt.

106. Grund

Weil in Singapur Weihnachten perfektioniert wird

Schneeflöckchen, Weißröckchen oder *O Tannenbaum* singt unser Sohn spätestens ab Ende November regelmäßig. Und auch wenn in Singapur weder von besagtem »Schneeflöckchen« noch von Tannenbäumen natürlich weit und breit nichts zu sehen ist und es so heiß ist wie eh und je, mangelt es nicht an Weihnachtsstimmung.

Eines der ersten Anzeichen ist der jährliche Einzug des Adventskalenders. Die Freude ist groß, als wir feststellen, dass hier 25 Türchen geöffnet werden dürfen – nach britischem Vorbild ist der eigentliche Weihnachtstag erst der 25. Dezember.

Plätzchen zu backen, stellt mich bei knapp 30 Grad Celsius Außen- und Innentemperatur jedes Jahr wieder vor größere Schwierigkeiten: Mürbeteig kühl zu halten ist schier unmöglich, so schnell kann ich gar nicht ausrollen, wie er schmilzt. Aber wir halten eisern an dieser Tradition fest. In den deutschen Kirchengemeinden werden

Adventskränze aus extra aus Deutschland eingeflogenen Tannenzweigen gebunden, und wer einen echten Tannenbaum als Christbaum an Heiligabend zu Hause aufstellen möchte, tut gut daran, diesen bereits Mitte November in einer der Großgärtnereien der Stadt vorzubestellen.

Im Kindergarten ist unser Sohn das einzige Kind, das auf Weihnachten hinfiebert und seine Erzieherinnen mit *Jingle Bells* und *Alle Jahre wieder* beglückt. Er durchmischt dabei sämtliche Traditionen rund um Christkind, Weihnachtsmann, Nikolaus und Santa Claus. Sicherheitshalber adressiert er seine Wunschzettel einfach an alle. Seine größte Sorge ist wochenlang, dass wir gar keinen Kamin für Santa Claus haben, ist sich dagegen aber sicher, dass das Christkind per Flugzeug anreist. Und dass der Nikolaus entgegen der angloamerikanischen Bräuche schon am 6. Dezember zu Besuch kommt, findet er gar nicht so schlecht. Allerdings eignen sich Flipflops nun gar nicht dazu, vom Nikolaus gefüllt zu werden. Nach einigen Abstechern in die Abstellkammer finden sich Wanderschuhe und Gummistiefel.

Obwohl in Singapur nur 18 Prozent der Bevölkerung christlichen Glaubens sind, ist Weihnachten auch ohne religiösen Hintergrund hier ein großes Thema. Schließlich ist das Weihnachtsfest ein weiterer Anlass, um die Einkaufswut der Bevölkerung zusätzlich anzufachen. Deshalb putzt sich die Stadt prächtig heraus: Die Christbäume in den Einkaufszentren und die Straßenbeleuchtungen sind prächtiger als irgendwo sonst auf der Welt, spätestens ab Anfang November blinken überall Lichterketten, hängen Girlanden und künstliche Tannenzweige, und aus dem Radio dudelt natürlich *Last Christmas*.

Beim sogenannten »Light-up« auf der längsten Einkaufsmeile, der Orchard Road, übernimmt sogar die Präsidentin selbst das Anschalten der Weihnachtsbeleuchtung, umrahmt von großem Brimborium, Presseauflauf und Rahmenprogramm.

Natürlich gibt es auch waschechte Weihnachtsmärkte, auf denen trotz tropischer Hitze sogar Glühwein serviert wird und sich ein schwitzender, verkleideter Santa Kinderwünsche ins Ohr flüstern lässt. Künstlicher »Schnee« aus Seifenschaum rieselt auf die Besucher und sorgt für Begeisterung, Tannenduft liegt über den Buden, und alles blinkt und glitzert.

Von »stader Zeit« keine Spur, und die ursprüngliche Geschichte, die hinter dem Weihnachtsfest steht, kennt eh kaum jemand. Weihnachten ist hier das universelle Fest für alle und die ultimative Entschuldigung für einen zusätzlichen exzessiven Shoppingrausch.

Mir kommt dieses »Halbgare« gerade recht, ich empfinde die »Alles kann, nichts muss«-Mentalität bezüglich Weihnachten als sehr angenehm. Wenn ich Lust auf Weihnachtsshopping, einen Besuch auf dem Weihnachtsmarkt und Weihnachtsliedersingen habe: Kein Problem, es gibt nichts, was es in der Heimat nicht auch gibt.

Auf der anderen Seite ist das Weihnachtsfest hier dermaßen unwichtig für 80 Prozent der Bewohner, dass es eine solche Unart wie Vorweihnachtsstress überhaupt nicht gibt, da praktisch niemand außerhalb der europäischen/amerikanischen Filterblase die Feiertage (die hier keine sind) auf dem Schirm hat. Wir picken uns deshalb nur die »Rosinen« raus: Keine Adventszeit ohne Plätzchenbacken (und *In der Weihnachtsbäckerei* in Dauerschleife), ohne Weihnachtsfeiern und *Drei Haselnüsse für Aschenbröde*l oder *Love actually.*

Aber gleichzeitig lassen wir das eigentliche Weihnachten jedes Jahr ausfallen. Stattdessen verbringen wir den Jahreswechsel am Strand unter Palmen – ohne Weihnachtsfest, ohne Geschenke, ohne Weihnachtsbaum, einfach nur im Familienurlaub. In Thailand oder auf Bali spielen die Feiertage keine Rolle, höchstens ein kleiner Plastiktannenbaum blinkt müde am Tresen im Restaurant. Entspannung pur. Allerdings findet unser Kind bei unserer Rückkehr nach Singapur Anfang Januar doch jedes Mal noch ein Beweisstück für den Besuch des Christkinds auf dem Balkon vor.

107. Grund

Weil in Singapur die Hölle besucht werden kann

An der Westküste Singapurs, mit Blick auf die großen Hafenanlagen, liegt der wohl kurioseste Themenpark der Stadt. Die *Haw Par Villa* wurde 1937 von den burmesischen Brüdern Aw Boon Haw und Aw Boon Par errichtet, die ein Vermögen damit verdient hatten, *Tiger Balm*, die mit ätherischen Ölen angereicherte Salbe zum Einreiben, die gegen jedes Wehwehchen hilft, in Asien und später weltweit teuer zu verkaufen. Die beiden lebten in diesem öffentlich zugänglichen Park, der bis 1985 *Tiger Balm Gardens* hieß, ihre Leidenschaft für chinesische Märchen und Sagen aus: Sie ließen auf dem gesamten Gelände mehr als 1.000 zum Teil überlebensgroße Figuren aufstellen und 150 Szenen nachbauen, die bekannte und weniger bekannte asiatische Mythen sowie die Lehren des Konfuzius darstellen.

Mitten in diesem von Figuren und Schaukästen vollgestellten Park thronte auf der Kuppe des Hügels, mit direktem Blick auf Meer und die zu Singapur gehörigen Inseln die wohl äußerst beeindruckende Privatvilla der Brüder. Diese überstand den Zweiten Weltkrieg allerdings nicht und brannte vollständig ab. Die Figuren sowie die Tempel und Gedenkstätten dagegen stehen noch da wie vor knapp 100 Jahren, ein wenig vom Zahn der Zeit angenagt, aber nicht minder beeindruckend.

Bereits am Eingang begrüßen riesige zähnefletschende Tiger und lachende Buddhas die Besucher. Die großen und kleinen Dioramen, in denen Sagen und Märchen dargestellt sind, wirken oft wie aus einer Traumwelt: Zu sehen gibt es Fliegende Fische, Meerjungfrauen, Trompete spielenden Affen, riesenhafte Ameisen, Krebse mit Menschenköpfen, aber auch Alltagsszenen, die mit erhobenem Zeigefinger dazu aufrufen, ein gutes und ehrerbietiges Leben zu führen, Ältere zu respektieren und zum Gemeinwohl beizutragen.

Wem es beim Rundgang in der Singapurer Sonne zu heiß wird, der kann sich an einem ganz speziellen Ort eine Gänsehaut holen: Die Hauptattraktion in diesem Park ist nämlich die Hölle, wie sie in der chinesischen Mythologie beschrieben wird. Mitten in einer dunklen Höhle sind lebensechte Darstellungen der *Ten Courts of Hell*, der »zehn Höllenhöfe« und die dort verübten Qualen, die Verstorbene durchleiden müssen, detailgetreu nachgebildet.

Alle nur erdenklichen Foltermethoden sind akribisch genau nachgebildet, daneben weisen Schautafeln auf das jeweilige Vergehen der Sünder hin. Allein schon auf den »Missbrauch von Büchern« steht als Strafe »Durchsägen«, Steuersünder werden auf ein Bett aus Messern geworfen, und diejenigen, die den Alten nicht den nötigen Respekt entgegenbringen, werden von Mühlsteinen zermahlen. Dantes Inferno wirkt dagegen fast schon betulich!

Wer genug hat von diesen Höllenqualen, kann sich zur Aufheiterung im Anschluss die teils bizarren Tierfiguren ansehen, die große buddhistische Tempelglocke läuten, den (echten) Schildkröten beim Baden im Teich zusehen oder einfach den beeindruckenden Blick auf den benachbarten Containerhafen genießen.

Natürlich kursieren viele Legenden darüber, dass es in diesem Park nachts spukt und dass einige der Statuen in Wahrheit mit Wachs überzogene Leichen sind. Ob wahr oder nicht: Die Mitarbeiter deponieren jedenfalls sicherheitshalber kleine Geschenke wie Essen oder Zigaretten in Reichweite der Figuren, um sie freundlich zu stimmen.

Wer sich also einmal richtig schön gruseln will, sollte diesen schrägen Themenpark unbedingt besuchen. Der Eintritt in diese besondere Unterwelt ist übrigens frei!

108. Grund

Weil Fahrrad fahren in Singapur einem Abenteuer gleicht

»Verrückte Deutsche zur Rushhour mit dem Fahrrad auf Bukit Timah Road gesichtet.« So könnte die Schlagzeile der Singapurer Tageszeitung lauten. Fahrradfahren auf den teilweise sechs- und achtspurigen Innenstadtstraßen ist nicht unbedingt empfehlenswert, wenn man schwache Nerven hat. Deshalb hält sich die Zahl der wagemutigen Fahrradfahrer in Grenzen.

Dabei gehörten noch bis weit in die 1980er-Jahre Fahrräder zum alltäglichen Stadtbild in Singapur. Fahrradrikschas beförderten Fahrgäste und Lasten, bevor die Autos die Herrschaft über die Straßen übernahmen. Auf alten Fotos und Postkarten sieht man magere Tagelöhner in abgerissener Kleidung, oft nur mit einem *Lungi* (typischer Wickelrock für Männer) bekleidet, die diese Schwerstarbeit zu Billiglöhnen verrichteten.

Doch seit die japanische Armee Singapurs Truppen quasi per Fahrrad »überrannten« und zum finalen Rückzug zwangen (siehe 6. Grund), ist das Verhältnis der Singapurer zum Zweirad scheinbar getrübt.

Anfangs fahre ich häufig Fahrrad, bin ich es doch aus meiner Heimatstadt München gewohnt, dass das Zweirad bei jedem Wetter immer das schnellste Verkehrsmittel ist. Doch mein anfänglicher Enthusiasmus lässt merklich nach, nachdem ich mehrfach mein Leben riskiert habe, um ein paar Meter weit zu fahren. Nach 17 Jahren helmloser Dauerradlerei in München habe ich mir in Singapur nach wenigen Monaten einen Helm zugelegt, der Pflicht ist, fährt man auf der Straße. Als Fahrradfahrer ist man quasi vogelfrei, es gibt kaum Verkehrsregeln, die das schwächste Glied im Straßenverkehr schützen. Zwar darf man an vielen Stellen die Gehwege benutzen, doch sind diese meist so schmal, dass das keine Option für zügiges

Vorankommen ist, zumal sie auch von Elektrotretrollerfahrern genutzt werden. Außerdem führen die Fußwege regelmäßig über steile Fußgängerbrücken mit Treppen, oft genug ohne Rampe. Straßen und Verkehrsführung sind alles andere als fahrradfreundlich.

Wagt man sich dann doch auf die mehrspurigen Straßen und Kreisverkehre, erkämpft man sich mühsam die lebensnotwendigen Zentimeter neben Doppeldeckerbussen und Autos, die allesamt zügig unterwegs sind und in puncto Vorfahrt oder Abbiegeverhalten keinerlei Achtsamkeit zeigen. Ein gesundes Selbstvertrauen sollte man als Radler also unbedingt mitbringen. Und umgekehrt keinesfalls mit Rücksichtnahme rechnen, denn die Autofahrer haben schlichtweg kein Gefühl dafür, wie viel Platz ein Radfahrer auf der Straße braucht. Gesondert ausgeschilderte oder markierte Fahrradwege gibt es – außer in den Parks – bisher nur äußerst selten. Fahrradständer und -abstellmöglichkeiten sucht man außerhalb von Grünanlangen ebenfalls meist vergebens.

Das Wetter ist zudem auch nicht unbedingt fahrradfreundlich. Entweder ist es viel zu heiß, und ich komme schweißgebadet und mit knallrotem Kopf am Ziel an, oder es gießt von einer Minute auf die andere in Strömen.

Tagsüber und außerhalb der Rushhour wage ich mich zwar nach wie vor auf die Straße, bin aber damit alleine auf weiter Flur. Zwar wurde auch in Singapur das Konzept der Leihfahrräder zunächst in großem Stil eingeführt, doch stieß dieses nicht auf allzu große Begeisterung, und die meisten Anbieter sind inzwischen wieder mitsamt ihren Zweirädern vom Markt verschwunden. Denn die Einheimischen zeichnen sich nicht unbedingt durch ihre Fahrtüchtigkeit auf dem Drahtesel aus. Wie auch, schließlich gibt es kaum Möglichkeiten für Kinder, gefahrenfrei das Fahrradfahren zu erlernen.

Wir outen uns regelmäßig als Deutsche, wenn wir mit dem Fahrrad vorfahren oder gar unser Kind auf dem Laufrad zum Spielplatz düst. Die meisten Singapurer reagieren darauf entweder irritiert oder belustigt. Oft genug werden wir angehupt, aber weniger aus

Ungeduld, sondern eher aus reiner Überraschung darüber, eine fahrradfahrende Familie mitten in der Stadt zu sehen. Das Fahrrad als Fortbewegungsmittel ist für viele Singapurer schwer vorstellbar.

Aber das soll sich ändern: Bis 2030 soll ein Radwegenetz von über 700 Kilometern kreuz und quer durch die Metropole führen. Der Weg bis dahin ist zwar noch weit, aber die Regierung setzt alles daran, Singapur im Lauf der nächsten 20 Jahre zu einer Fahrradstadt zu machen.

109. Grund

Weil Singapur seit Jahrzehnten im deutschen Liedgut verankert ist

»Was haben die Matrosen in Singapur gemacht?« Beim Stöbern in alten Schlagern horche ich auf. Singapur? Anscheinend handelt es sich bei diesem Lied um einen besonderen musikalischen Leckerbissen, denn damit haben es *Die Singenden Seesterne* 1955 in Deutschland auf Platz 4 der Hitparade geschafft. Die so spannend klingende Frage wird allerdings recht schnell mit den naheliegenden, eingängigem Reimen beantwortet: »Was haben die Matrosen in Singapur gemacht, in Singapur, in Singapur bei Nacht, sie haben ihrem Käptn das Trinken beigebracht«.

Singapur taucht tatsächlich öfter als vermutet als Sehnsuchtsort im deutschen Liedgut auf – und zwar nicht nur im beginnenden deutschen Wirtschaftswunder, sondern bis heute.

Achim Reichels Exotik-Hymne *Aloha Heja He* (1991) beginnt direkt mit »Hab die ganze Welt gesehn' / von Singapur bis Everdeen«. Dass es ihm in Sansibar am besten gefallen hat, ist natürlich keine gute Werbung für Südostasien.

Die Hamburger Punkband *Oma Hans* widmet dem *Sofa in Singapur* (2005) gleich einen ganzen Titel, *In Extremo* träumen von *Sin-*

gapur (2009) als exotischem Paradies. *Keimzeit* erzählen 2010 im Song *Singapur*: »Wir legen ab und fahr'n nach Singapur / Mit 'nem Schiff aus schäbigem Holz«, und Mark Forster bekennt in seinem Hit *Au revoir* (2014): »Ich spring in Singapur in das kalte Wasser«, wo auch immer das in den tropischen Gefilden sein mag.

Bei so vielen Singapur-Hymnen muss schon etwas dran sein an dieser wunderbaren Stadt!

Dass die *Erste Allgemeine Verunsicherung* mit ihrem Hit *Samurai* (im Jahr 1990 zwanzig Wochen in den Top Ten in Deutschland), in dem sie auf gewohnt freche und unverblümte Art Sextouristen ins Visier nimmt, gleich in der ersten Strophe singt: »Herr Meier fährt im Urlaub nur / nach Bangkok oder Singapur. / Doch nicht wegen Landschaft, / wegen weiblicher Bekanntschaft«, liegt doch wohl hoffentlich nur am passenden Reimschema.

110. Grund

Weil man sich in Singapurs Mehrfamilienhäusern wie im Hotel fühlt

Auf Wohnungssuche in Singapur: Zunächst zuckten wir ziemlich zusammen, als wir der Mietpreise ansichtig wurden – der Durchschnittspreis liegt bei rund 60 Singapur-Dollar (40 Euro) pro Quadratmeter, im Vergleich dazu wirkt unsere Heimatstadt München mit 20 Euro pro Quadratmeter fast niedlich.

Doch staunen wir nach den ersten Besichtigungen nicht schlecht: Zum einen sind ausreichend leer stehende Wohnungen vorhanden, Bezug sofort möglich. Ein Wohnungsproblem wie in deutschen Großstädten kennt man hier nicht. Schließlich entstehen Privatwohnungen im Akkord, und in so einem vielstöckigen Hochhauskomplex sind auf einen Schlag bis zu 700 Wohneinheiten verfügbar, die Wohnraum für über 2.000 Menschen bieten.

Die meisten Nicht-Singapurer wohnen in sogenannten *Condominiums.* Diese *Condos* sind in der Regel Mehrfamilienhäuser mit teilweise bis zu 40 Stockwerken, die Eigentumswohnungen darin können im Gegensatz zu den Apartments des staatlichen Wohnbauprogramms (siehe 12. Grund) auch von Ausländern gekauft und an ebensolche vermietet werden. Deshalb rotten sich praktisch alle beruflich ins Ausland Entsandten in solchen Wohnsiedlungen zusammen. Da hier der Kaufpreis und dementsprechend die Mieten im Gegensatz zu den staatlichen Wohnungen deutlich höher liegen, wird mit allen Mitteln um zahlungskräftige Käufer und Mieter gebuhlt.

Deshalb sind die *Condominiums* ausgestattet wie Hotelanlagen:

Wirklich jedes verfügt über einen eigenen Pool, der standardmäßig immer über mindestens eine 50-Meter-Bahn sowie ein Kinder-/Nichtschwimmerbecken verfügt. Liegestühle inklusive.

Ebenso standardmäßig gibt es immer einen klimatisierten (!) Fitnessraum mit Laufbändern, Ellipsen- und Hometrainern, Fitnessgeräten und Hantelbänken. Das *Gym* unseres Hauses ist im 24. Stock gelegen und rundum verglast – von dort aus hat man auf dem Laufband einen ziemlich spektakulären Blick über Singapur.

Viele *Condos* haben zusätzlich im Hof eigene Tennis- und Mehrzwecksportplätze für die Bewohner. Zur Grundausstattung gehören außerdem oft großzügige Spielplätze und Outdoor-Küchen mit Essbereichen. Ideal, möchte man eine Gruppe Freunde zum Abendessen einladen und hat selbst nicht genug Platz in der Wohnung.

Grillen auf den großzügigen Balkonen der eigenen Wohnung ist zwar meist nicht gestattet, doch gibt es in den Gemeinschaftsbereichen Grillmöglichkeiten en masse. Ideal für Kindergeburtstage und andere Partys. Alle diese Bereiche sind meist kostenlos (manchmal gegen Hinterlegung einer Kaution) für alle Bewohner verfügbar. Je größer der Wohnkomplex, desto vielfältiger und größer die Gemeinschaftsanlagen.

An der Hofeinfahrt wacht 24 Stunden täglich ein Team aus *Guards* (Wachpersonal) darüber, dass keine Unbefugten das Gelände betreten. Sie nehmen Pakete an und weisen Besuchern den Weg. Der Hausmeister kümmert sich um Reparaturen, die Reinigungskräfte sorgen für Sauberkeit, leeren täglich Mülltonnen und schrubben nach Feierlichkeiten auch den Grill.

Festangestellte Gärtner pflegen täglich die großzügigen Grünanlagen und tropischen Pflanzen, die vielen Palmen rund um den Pool lassen bei uns häufig das Gefühl aufkommen, in einer sehr gepflegten Hotelanlage zu relaxen. Dafür lohnt sich die saftige Miete doch durchaus!

111. Grund

Weil Singapurer Abkürzungen lieben

MOM, CPF und HDB
NDP, LTA und MRT,
ACM, PR und MBS,
KL, PIE und ACS.*

Was so klingt wie der Songtext des Superhits der *Fantastischen Vier* (*MfG*, 1999), ist Alltag in Singapur. Singapurer lieben Abkürzungen und Akronyme, also Kurzwörter, die aus den Anfangsbuchstaben mehrerer Wörter zusammengesetzt sind.

Im geschäftigen Treiben der Metropole gilt es, möglichst effizient zu sein. Durch Abkürzungen lässt sich Zeit sparen, und viele diese allseits bekannten, abgekürzten Begriffe gehören fest zum Singapurer Sprachgebrauch.

---

* *MOM = Ministry of Manpower, CPF = Central Provident Fund, HDB = Housing and Development Board, NDP = National Day Parade, LTA = Land Transport Authority, MRT = Mass Rapid Transportation, ACM = Asian Civilisations Museum, PR = Permanent Resident, MBS = Marina Bay Sands, KL = Kuala Lumpur, PIE = Pan Island Expressway, ACS = Anglo-Chinese School*

Wer neu in die Stadt kommt, tut sich zuweilen wirklich schwer damit, Gesprächen zu folgen, denn egal ob Behörden, Stadtautobahnen, Museen, Schulen, Stadtteile, Einkaufszentren – sie alle verstecken sich in wörtlicher und schriftlicher Rede hinter maximal drei Großbuchstaben. Mühsam müssen die Kurzformen aufgedröselt werden, damit man versteht, wovon eigentlich die Rede ist.

Ein Beispiel: Taxifahrer fragen häufig, welche Route sie nehmen sollen. Sitzt man im Auto, hört man: »Madam, PIE or ECP?« Bis ich überhaupt die Frage verstanden habe, dauerte es einige Monate. Inzwischen antworte ich darauf lässig: »Uncle, PIE and CTE, please.«

Die Namen der Schnellstraßen geben nämlich eigentlich Aufschluss darüber, in welche Richtung sie durch den Stadtstaat führen, doch muss man dafür erst einmal wissen, wofür sie stehen: PIE (Pan-Island Expressway), ECP (East Coast Parkway), CTE (Central Expressway) u.s.w.

Das *MOM* ist das *Ministry of Manpower*, eine Art Arbeitsministerium. Es ist der erste Anlaufpunkt für Neuankömmlinge in Singapur, doch findet man es überall tatsächlich nur unter *MOM* ausgeschrieben. *LTA* ist die Nahverkehrsbehörde und steht folgerichtig für *Land Transport Authority*. Klingt logisch, muss man aber wissen.

Wenn ein Treffpunkt mit einem Singapurer besprochen wird, hört man Sätze wie: »Let's meet at ACS / MBS.« Herauszufinden, dass das eine die *Anglo-Chinese School* (nicht zu verwechseln mit *ACSS*, *Anglo-Chinese Secondary School*) und das andere das *Marina Bay Sands Hotel* ist, kostet als Orts- und Abkürzungsunkundiger Nerven und Zeit.

Die Einheimischen kokettieren gar mit ihrer besonderen Liebe zu kurzen Wortneuschöpfungen. Eine Vielzahl an Webseiten schlüsselt die Kreationen auf und kürt dazu auch noch die absurdesten. Außerdem macht man sich einen Spaß daraus, die bestehenden Akronyme umzudeuten: *ERP* (*Electronic Road Pricing*, das Mautsystem für die Schnellstraßen) steht im Volksmund für *Every Road Pay* (»Jede Straße zahlt«) oder *Everyday Rob People* (»Täglicher Raubüberfall«).

Nachwort

112. Weil es keinen besseren Ort zum Drachensteigen gibt
113. Weil die deutsche Schule eine anerkannte Spitzenschule ist
114. Weil Singapurer Taxifahrer chaotisch und gleichzeitig so liebenswürdig sind
115. Weil Behördengänge meistens unnötig sind
116. Weil man beim chinesischen Laternenfest Martinslieder singen kann
117. Weil der Singapurer Brotaufstrich Kaya eine Offenbarung ist.
118. Weil Lieferdienste ihren Service perfektioniert haben …

Ich könnte noch eine ganze Weile so weitermachen. 111 Gründe, Singapur zu lieben, waren tatsächlich schnell gefunden. Obwohl Singapur »nur« ein kleiner Stadtstaat ist, gibt es genug darüber zu erzählen. Offensichtliches, Bekanntes – aber auch kleine Geschichten über Traditionen, Geheimtipps und das Leben in Südostasien im Allgemeinen.

Das Zusammentragen der 111 Gründe hat mich dazu angespornt, Singapur mit sehr offenen Augen und Ohren zu betrachten, mich einzulassen auf diese Stadt und mich aktiv auf Themensuche an teilweise gar nicht so leicht zugängliche Orte zu begeben.

Unsere Besucher und meine Familie können ein Lied davon singen! Dabei sind wir auf viele interessante Ecken und auf Geschichten über Singapur gestoßen, die dem normalen Touristen oder Bewohner vielleicht verborgen bleiben. Für diese Chance bin ich sehr dankbar!

Bedanken möchte ich mich bei allen Freunden und Bekannten aus Singapur und Deutschland, die tatkräftig viele gute Ideen beigesteuert und mich bei den Recherchen begleitet haben. Singapur mit euch zusammen zu entdecken, war und ist mir eine Freude! Ein spezielles Dankeschön an Regina, die beste Korrekturleserin aller Zeiten.

Danke an meine Eltern: »Zwei Dinge sollen Kinder von ihren Eltern bekommen: Wurzeln und Flügel.« – Goethes weise Worte sind wie für euch gemacht.

Danke an Norman: Ohne dich wäre das Abenteuer Singapur gar nicht erst möglich gewesen. Es ist schön, dich an meiner Seite zu haben – du bist für mich persönlich der Hauptgrund, Singapur zu lieben.

Und danke an Titus: Du bist der Antrieb, der mich überhaupt erst dazu gebracht hat, so akribisch alle Geschichten in und um Singapur seit unserem Umzug aufzuschreiben. Sammle weiter so viele Stempel im Pass und bleib neugierig – das ist das Beste, was wir dir für dein Leben mitgeben können.

Quellenangaben

1. Grund: https://malayannals.blogspot.com – https://en.wikipedia.org/wiki/Malay_Annals – https://en.wikipedia.org/wiki/Kingdom_of_Singapura – https://en.wikipedia.org/wiki/Temasek – »Temasek – Die Wiege Singapurs«, erschienen in *IMPULSE – The Magazine of the German-speaking Community in Singapore*, Ausgabe 03/2019
2. Grund: https://en.wikipedia.org/wiki/Sang_Nila_Utama – http://eresources.nlb.gov.sg/infopedia/articles/SIP_1081_2007-01-17.html
3. Grund: https://en.wikipedia.org/wiki/Peranakan https://en.wikipedia.org/wiki/Malay_trade_and_creole_languages#Baba_Malay – https://en.wikipedia.org/wiki/Chitty – https://en.wikipedia.org/wiki/Kristang_people – https://en.wikipedia.org/wiki/Portuguese_Malacca – https://en.wikipedia.org/wiki/Baba_House – https://en.wikipedia.org/wiki/Peranakan_cuisine – https://en.wikipedia.org/wiki/Kebaya – https://babahouse.nus.edu.sg – www.peranakanmuseum.org.sg – http://the-intan.com – www.peranakan.org.sg
4. Grund: https://en.wikipedia.org/wiki/Flag_of_Singapore – https://en.wikipedia.org/wiki/Majulah_Singapura – https://en.wikipedia.org/wiki/Singapore_Portrait_Series_currency_notes
5. Grund: www.maritimegallery.sg/web/portal/home – https://en.wikipedia.org/wiki/Port_of_Singapore – www.straitstimes.com/singapore/full-steam-ahead-for-new-tuas-mega-port
6. Grund: www.battlebox.com.sg – https://en.wikipedia.org/wiki/Fort_Canning_Hill – https://en.wikipedia.org/wiki/The_Battle_Box – www.welt.de/geschichte/zweiter-weltkrieg/article162090342/Singapur-Die-groesste-militaerische-Katastrophe-der-Briten.html – https://en.wikipedia.org/wiki/Battle_of_Singapore – https://winstonchurchill.org/publications/finest-hour/finest-hour-169/churchill-and-the-fall-of-singapore
7. Grund: https://en.wikipedia.org/wiki/Secret_societies_in_colonial_Singapore – https://de.wikipedia.org/wiki/Kuli_%28Tagel%C3%B6hner%29 – http://eresources.nlb.gov.sg/infopedia/articles/SIP_622_2004-12-16.html
8. Grund: www.nparks.gov.sg/pulau-ubin/heritage/places-of-interest/german-girl-shrine – http://pulauubinstories.blogspot.com/2005/12/white-girl-of-pulau-ubin.html – https://remembersingapore.org/2012/10/13/german-deity-at-ubin
9. Grund: https://fashionunited.uk/news/fashion/singapore-airlines-celebrates-50-years-of-pierre-balmain/2018111940028 – www.singaporeair.com/de_DE/de/flying-withus/our-story/singapore-girl – https://en.wikipedia.org/wiki/Singapore_Girl – www.welt.de/reise/article111535946/Singapore-Girls-gedrillt-zu-Elite-Stewardessen.html
10. Grund: https://en.wikipedia.org/wiki/Singapore_Sling – www.sun-sentinel.com/news/fl-xpm-1987-02-08-8701080839-story.html – https://famoushotels.org/news/raffles-singapore-the-making-of – https://en.wikipedia.org/wiki/Raffles_Hotel – www.diffordsguide.com/people/51771/ngiam-tong-boon – www.dailymail.co.uk/travel/travel_news/article-2993296/A-rare-glimpse-colourful-colonial-life-Singapore-s-infamous-Raffles-Hotel-Liz-Taylor-Charlie-Chaplin-stayed.html
11. Grund: www.lta.gov.sg/content/ltaweb/en/public-transport/mrt-and-lrt-trains/graciousness-on-pt.html – http://na-scribbles.blogspot.com/2008/10/entry-5.html – www.nea.gov.sg/corporate-functions/resources/educational-materials/posters
12. Grund: https://en.wikipedia.org/wiki/Housing_and_Development_Board – https://en.wikipedia.org/wiki/Public_housing_in_Singapore – www.hdb.gov.sg/cs/infoweb/about-us/history
13. Grund: https://en.wikipedia.org/wiki/Religion_in_Singapore – www.smu.edu.sg/perspectives/2012/06/26/keeping-god-place-how-religion-managed-singapore
15. Grund: www.singstat.gov.sg

16. Grund: www.stuttgarter-nachrichten.de/inhalt.singapur-lockruf-aus-singapur.3ae957ef-28ac-418c-b0ed-26dc40b5251e.html – IMPULSE – The Magazine of the German-speaking Community in Singapore, Ausgaben August bis Dezember 2018 – http://eresources.nlb.gov.sg/infopedia/articles/SIP_1168_2009-02-13.html

18. Grund: www.welt.de/vermischtes/article138050247/Du-bist-nicht-sicher-wie-weh-das-tut.html – https://de.wikipedia.org/wiki/T%C3%B6tungsrate_nach_L%C3%A4ndern – www.tagesschau.de/ausland/singapur-muell-101.html – https://en.wikipedia.org/wiki/Caning_in_Singapore – www.transparency.org/country/SGP

20. Grund: »Klettern bis zum Dach«, Süddeutsche Zeitung, 1.3.2019 – The More We Get Together: Singapore's Playgrounds 1930-2030, National Museum of Singapore

21. Grund: https://en.wikipedia.org/wiki/President_of_Singapore – www.handelsblatt.com/politik/international/wahlen-in-singapur-nur-eine-zugelassene-kandidatin/20311992.html – www.straitstimes.com/politics/halimah-yacob-arrives-at-election-department – www.istana.gov.sg/Visit-And-Explore/Istana-Open-House

22. Grund: https://remembersingapore.org/2011/04/04/old-names-of-places

23. Grund: https://en.wikipedia.org/wiki/Fatimah_binte_Sulaiman – http://eresources.nlb.gov.sg/infopedia/articles/SIP_259_2005-01-06.html – https://en.wikipedia.org/wiki/Lee_Choo_Neo – www.chezahara.com/fabulous-muslima-che-zahara.pdf – https://en.wikipedia.org/wiki/Singapore_Women%27s_Hall_of_Fame – www.bicentennial.sg/article/5-women-who-shaped-singapore

24. Grund: http://thepatientfactor.com/canadian-health-care-information/world-health-organizations-ranking-of-the-worlds-health-systems – www.straitstimes.com/lifestyle/age-of-golden-workers – www.straitstimes.com/opinion/many-working-out-of-need-not-out-of-choice

25. Grund: https://docserv.uni-duesseldorf.de/servlets/DerivateServlet/Derivate-14782/Dissertation_Vierk%C3%B6tter%20_Jan2010.pdf

27. Grund: www.hpb.gov.sg/healthy-living/food-beverage – https://en.wikipedia.org/wiki/List_of_countries_by_body_mass_index – www.straitstimes.com/singapore/singapore-risks-hitting-obesity-rates-of-15-in-seven-years – https://knoema.de/WHOGDOBMIMay/who-global-database-on-body-mass-index-bmi?country=1001970-singapore – www.healthhub.sg

28. Grund: https://en.wikipedia.org/wiki/Yusheng – https://roots.sg/learn/stories/lo-hei/story

29. Grund: https://en.wikipedia.org/wiki/Languages_of_Singapore – https://en.wikipedia.org/wiki/Singlish

30. Grund: www.myrecipes.com/extracrispy/why-mandarin-oranges-mean-luck-in-the-new-year – www.womensweekly.com.sg/family/10-lucky-foods-to-eat-during-chinese-new-year – www.nationsonline.org/oneworld/Chinese_Customs/food_symbolism.htm – www.tripsavvy.com/red-envelopes-at-chinese-new-year-1494981 – www.youngparents.com.sg/family/8-chinese-new-year-traditions-to-explain-to-kids/?slide=8

32. Grund: https://en.wikipedia.org/wiki/Ghost_Festival – www.chinahighlights.com/festivals/hungry-ghost-festival.htm – https://en.wikipedia.org/wiki/Joss_paper

35. Grund: https://de.wikipedia.org/wiki/Ayurveda – https://de.wikipedia.org/wiki/Traditionelle_chinesische_Medizin – https://de.wikipedia.org/wiki/Gua_Sha

36. Grund: https://en.wikipedia.org/wiki/Languages_of_Singapore – https://en.wikipedia.org/wiki/Demographics_of_Singapore#Languages – www.singaporeexpats.com/about-singapore/culture-and-language.htm

37. Grund: www.kebunbarubirdsingingclub.weebly.com

40. Grund: www.welt.de/reise/staedtereisen/article11948989/Geisterjaeger-zeigen-Touristen-das-dunkle-Singapur.html

42. Grund: www.lisfengshui.com/five-elements-of-orchard-roads-buildings.html – https://wayfengshui.com/orchard-road – www.marinabaysands.com/singapore-visitors-guide/culture/feng-shui-in-singaporean-architecture.html

45. Grund: www.oursgheritage.sg/hawker-culture-in-singapore – https://en.wikipedia.org/wiki/Hawker_centre – https://roots.sg/singapore-hawker-centres – https://coconuts.co/singapore/news/singapore-plans-get-hawker-culture-officially-recognized-unescos-intangible-cultural-heritage-list
46. Grund: www.bbc.com/news/world-australia-43940122 – www.thejakartapost.com/news/2018/11/06/smell-of-durian-delays-flight-after-passengers-protest.html
47. Grund: https://en.wikipedia.org/wiki/Kopi_tiam – https://en.wikipedia.org/wiki/Teh_tarik
49. Grund: https://en.wikipedia.org/wiki/Beer_in_Singapore – https://medium.com/@audreang/the-history-of-tiger-beer-advertisements-in-the-1930s-1c8f9847e17e – www.apbsingapore.com.sg/our-heritage
50. Grund: »Gebäck voller Glück zum Mid-Autumn-Festival«, erschienen in *IMPULSE – The Magazine of the German-speaking Community in Singapore*, Ausgabe 09/2018 – https://de.wikipedia.org/wiki/Mondkuchen
52. Grund: www.deutschlandfunknova.de/beitrag/singapur-gruene-stadt – www.bca.gov.sg/greenmark/green_mark_buildings.html – www.nparks.gov.sg/skyrisegreenery/incentive-scheme – www.cbd.int/doc/meetings/city/subws-2014-01/other/subws-2014-01-presentation-singapore-en.pdf – http://eresources.nlb.gov.sg/history/events/a7fac49f-9c96-4030-8709-ce160c58d15c – www.nationalgeographic.com/environment/urban-expeditions/green-buildings/green-urban-landscape-cities-Singapore – www.straitstimes.com/singapore/environment/moving-garden-as-singapores-first-public-bus-with-green-roof-hits-the-road
53. Grund: https://mothership.sg/2016/05/singapore-is-the-lightning-capital-of-the-world
54. Grund: www.daserste.de/information/politik-weltgeschehen/weltspiegel/sendung/singapur-der-urwald-kehrt-zurueck-100.html
57. Grund: www.spiegel.de/reise/staedte/wandern-in-singapur-ein-ganzes-land-an-einem-tag-a-1250818.html – www.facebook.com/MySwitzerlandSEA/videos/314558652550143 – www.straitstimes.com/singapore/environment/coast-to-coast-trail-launched
62. Grund: www.welt.de/wirtschaft/article120245455/Nur-drei-deutsche-unter-den-100-weltbesten-Unis.html – www.faz.net/aktuell/beruf-chance/campus/studieren-im-ausland-7-singapur-auf-dem-tropenuebungsplatz-14448528.html
63. Grund: https://en.wikipedia.org/wiki/Albert_Winsemius – Wirtschaftliche Entwicklung und Strukturwandel Singapurs von 1819 bis heute – ein neues Entwicklungsmodell? – www.wigeo.uni-hannover.de/fileadmin/wigeo/Geographie/Studium/Lehre/Berichte/malaysia_singapore/5_referat.pdf
64. Grund: Kevin Kwan, Crazy Rich Asians (Anchor, ISBN 978-0804171588) – www.ft.com/content/8665efbc-a140-11e8-85da-eeb7a9ce36e4 – www.welt.de/print/die_welt/finanzen/article190557013/Paris-Singapur-und-Hongkong-am-teuersten.html – www.sozialpolitik-aktuell.de/tl_files/sozialpolitik-aktuell/_Politikfelder/Familienpolitik/Datensammlung/PDF-Dateien/abbVII23.pdf – www.singstat.gov.sg/find-data/search-by-theme/households/household-income/latest-data – www.straitstimes.com/business/economy/number-of-millionaires-in-singapore-up-11-to-183737-in-year-to-mid-2018-credit – www.lta.gov.sg/content/dam/ltaweb/corp/PublicationsResearch/files/FactsandFigures/MVP01-6_Cars_by_make.pdf – https://en.wikipedia.org/wiki/Income_tax_in_Singapore
65. Grund – https://en.wikipedia.org/wiki/Transport_in_Singapore
66. Grund: »Singapur führt die Auto-Obergrenze ein«, Süddeutsche Zeitung, 01.02.2018 – »Wer fahren will, muss viel zahlen«, Süddeutsche Zeitung, 26.12.2018 – »Auf Kollisionskurs mit Fußgängern und Kleinrollern«, Süddeutsche Zeitung, 17.11.2018
67. Grund: www.worldairportawards.com – www.changiairport.com/en/airport-experience/attractions-and-services.html – https://en.wikipedia.org/wiki/Jewel_Changi_Airport
68. Grund: https://thelongnwindingroad.wordpress.com/tag/the-old-christian-cemetery-on-fort-canning – http://eresources.nlb.gov.sg/infopedia/articles/SIP_1685_2010-07-14.

html – www.fr.de/panorama/letzte-ausfahrt-
bukit-brown-11047580.html – www.campus.
sg/dead-end-what-happens-to-old-cemete-
ries-in-singapore – https://en.wikipedia.org/
wiki/Former_cemeteries_in_Singapore –
www.nea.gov.sg/our-services/after-death/
choa-chu-kang-exhumation-programme –
www.straitstimes.com/singapore/singapo-
res-biggest-and-only-active-public-cemetery-
will-shrink-by-one-third-to-make-way

69. Grund: www.nzz.ch/wirtschaft/
die-utopie-wird-realitaet-in-asiens-shop-
ping-centers-haelt-die-gesichtser-
kennung-einzug-ld.1464216?fbcli-
d=IwAR3T9gQWhE6YhynNRxZ5NAu-
h5tTrZBm2jDPU3-VUiuIq6jRrj5hup-
vqjwUU – www.spiegel.de/netzwelt/netz-
politik/singapur-will-gesichtserkennung-tes-
ten-kameras-an-strassenlaternen-a-1202769.
html – www.welt.de/reise/Fern/artic-
le182764550/Airport-in-Singapur-Gesichtser-
kennung-spuert-Flugpassagiere-auf.html

72. Grund: www.laenderdaten.info/durch-
schnittliche-koerpergroessen.php – www.
healthhub.sg/programmes/93/bmi-calculator

74. Grund: www.nea.gov.sg/dengue-zika/den-
gue/dengue-cases – www.beyondpesticides.
org/assets/media/documents/mosquito/
documents/citizensHealthEffectsMosqP.
pdf – www.todayonline.com/voices/widespre-
ad-fogging-may-do-more-harm-good – www.
who.int/bulletin/volumes/85/7/07-020707/en

75. Grund: www.dw.com/en/germans-senten-
ced-to-prison-caning-in-singapore-for-graf
fiti/a-18294452 – http://eresources.nlb.
gov.sg/infopedia/articles/SIP_1160_2008-
12-05.html – www.bbc.com/capital/
story/20181025-the-cost-of-keeping-singapo-
re-squeaky-clean?fbclid=IwAR0VWk_SAm_
QHpGFhVfzNiACrVmwxmwDSInmcNs-
XFgqkYhu8I9lQXoUTygk – www.faz.
net/aktuell/wirtschaft/unternehmen/
insel-aus-muellasche-energie-experimen-
te-in-singapur-15280363.html

78. Grund: www.straitstimes.com/singapore/
new-covered-walkways-to-hit-200km-mark –
https://landtransportguru.net/acronyms

79. Grund: www.justtheflight.co.uk/fun-stuff/
tap-water – https://en.wikipedia.org/wiki/
Water_supply_and_sanitation_in_Singapore –
https://en.wikipedia.org/wiki/NEWater – www.
pub.gov.sg/watersupply – www.welt.de/wissen-
schaft/article126079283/In-Singapur-wird-so-
gar-Toilettenabwasser-recycelt.html

81. Grund: www.spiegel.de/wissen-
schaft/mensch/hektik-ranking-sin-
gapur-hat-die-schnellsten-fussgaen-
ger-a-480616.html

83. Grund: www.bworldonline.com/may-remit-
tances-signal-gdp-boost – https://research.
uwcsea.edu.sg/G8Migration/FDW –
www.mom.gov.sg/passes-and-permits/
work-permit-for-foreign-domestic-worker/
employers-guide

86. Grund: www.independent.co.uk/travel/asia/
tiong-bahru-singapore-explore-an-art-de-
co-enclave-10448335.html – https://remem-
bersingapore.org/2011/11/17/old-neighbour-
hood-tiong-bahru – https://roots.sg/Content/
Places/landmarks/tiong-bahru-heritage-trail/
the-architecture-of-tiong-bahru – https://
en.wikipedia.org/wiki/Tiong_Bahru

89. Grund: www.marinabaysands.com – https://
en.wikipedia.org/wiki/Marina_Bay_Sands –
https://de.wikipedia.org/wiki/Marina_Bay

94. Grund: www.zdf.de/nachrichten/heute-jour-
nal/moderne-architektur-in-singapur-100.html

95. Grund: www.wrs.com.sg/en/singapore-zoo –
www.asiaone.com/singapore/mandai-host-5-
parks-one-location-2020

98. Grund: https://en.wikipedia.org/wiki/
Mustafa_Centre – www.mustafa.com.sg/
AboutUs.aspx

103. Grund: https://en.wikipedia.org/wiki/
Sembawang_Hot_Spring – www.channelnew-
sasia.com/news/singapore/sembawang-hot-
spring-to-be-developed-into-1-hectare-park-
by-2019-9439366

104. Grund: www.theculturetrip.com/asia/
singapore/articles/history-of-the-buddha-
tooth-relic-temple-and-museum-in-1-minute

108. Grund: https://eresources.nlb.gov.sg/info-
pedia/articles/SIP_932_2005-01-24.html

111. Grund: https://en.wikipedia.org/wiki/
List_of_Singapore_abbreviations – https://
singaporeabbreviations.blogspot.com –
www.angmohdan.com/singaporeans-
love-initialisms/

111 GRÜNDE, AUSTRALIEN ZU LIEBEN

EINE LIEBESERKLÄRUNG AN DAS SCHÖNSTE LAND DER WELT
EINE LIEBEVOLLE HOMMAGE AN DEN INSELKONTINENT

111 GRÜNDE, AUSTRALIEN ZU LIEBEN
EINE LIEBESERKLÄRUNG AN DAS SCHÖNSTE LAND DER WELT
Von Barbara Barkhausen
312 Seiten | Premium-Paperback
Plus zwei Farbteile á 16 Seiten
ISBN 978-3-942665-47-6 | Preis 14,99 €

Australien, das Land der Kuriositäten und Gegensätze, ist bekannt für seine vielfältige Natur, weiße Strände mit endlos vielen Surfern, das abenteuerliche Outback, die außergewöhnlich lässige Bevölkerung. Wer einmal herkommt, will selten wieder nach Hause.

111 Gründe hat die Australien-Korrespondentin Barbara Barkhausen, die seit über 15 Jahren am anderen Ende der Welt lebt, in diesem Buch gesammelt, um ihre Liebe zum fünften Kontinent zu teilen. Die Autorin nimmt die Leser mit auf eine literarische Reise ins Land der Extreme: zu den knuddeligsten, aber auch gefährlichsten Tieren, den hilfsbereitesten Menschen, der ältesten Kultur und epischen Landschaften und Orten.

111 Geschichten beschreiben auf amüsante Weise, warum Australien ein so liebenswertes wie faszinierendes Land ist. Eine literarische Reise ans Ende der Welt.

WWW.SCHWARZKOPF-SCHWARZKOPF.DE

111 GRÜNDE, NEUSEELAND ZU LIEBEN

EINE LIEBESERKLÄRUNG AN DAS KLEINE GRÜNE LAND AM ANDEREN ENDE DER WELT, DAS IMMER IM HERZEN BLEIBT, WENN MAN EINMAL DORT GEWESEN IST

111 GRÜNDE, NEUSEELAND ZU LIEBEN
EINE LIEBESERKLÄRUNG AN DAS SCHÖNSTE LAND DER WELT
Von Jenny Menzel
320 Seiten | Premium-Paperback
Plus zwei Farbteile á 16 Seiten
ISBN 978-3-942665-46-9 | Preis 14,99 €

Neuseeland ist kein einfaches Reiseziel; dagegen spricht als Erstes der elendig lange Flug. Aber oh, es lohnt sich! Neuseeland verzaubert unweigerlich, und das nicht nur mit seinen grandiosen Landschaften. Wer einmal da ist, will nicht mehr weg; und wer von dort zurückkommt, hat für immer diese Sehnsucht im Blick …

Die Autorin ist mehrere Monate lang im Wohnmobil über beide Inseln gereist und hat sich Zeit genommen für Entdeckungen fernab der bekannten Touristenrouten, für faule Nachmittage am Strand, für Nächte unter der Milchstraße und für Begegnungen mit den Menschen Neuseelands.

Lange nicht genug Zeit, um alles zu sehen, was Neuseeland zu bieten hat, aber doch lange genug, um sich unsterblich in das Land zu verlieben. 111 Gründe dafür listet Jenny Menzel auf – und das sind noch längst nicht alle.

WWW.SCHWARZKOPF-SCHWARZKOPF.DE

NADINE DIETL-AUGST, geboren 1980 in Bayern, ist bei jeder Gelegenheit mit ihrem überaus reiselustigen Ehemann und seit 2014 mit ihrem Sohn, bereits ein erfahrener Weltenbummler, rund um den Globus unterwegs. 2017 geht für die Familie ein Traum in Erfüllung: ein beruflich bedingter Umzug nach Singapur. Vom Leben im Herzen von Südostasien berichtet die Autorin auf ihrem Blog *www.singapurhochdrei.com*.

Nadine Dietl-Augst
111 GRÜNDE, SINGAPUR ZU LIEBEN
Eine Liebeserklärung an das schönste Land der Welt

ISBN 978-3-86265-792-6

BILDNACHWEIS
Coverfoto: © efired/stock.adobe.com | Bildleiste von oben nach unten: © ThamKC, © ronniechua, ©miles_around, ©beeboys, © Val Thoermer, © zhnger (alle vorherigen: www.stock.adobe.com), rabbit75_dep/www.depositphotos.com | Alle Fotografien im Buch und im Bildteil: © Nadine Dietl-Augst

VERLAG
Schwarzkopf & Schwarzkopf Verlag GmbH
Kastanienallee 32, 10435 Berlin
Telefon: 030 – 44 33 63 00
Fax: 030 – 44 33 63 044

INTERNET | E-MAIL
www.schwarzkopf-schwarzkopf.de
www.facebook.com/schwarzkopfverlag
info@schwarzkopf-schwarzkopf.de